罗斯巴德传

〔美〕贾斯廷·雷蒙多 著
朱海就 何雪凝 吴未 译

JUSTIN RAIMONDO

An Enemy of the State:
The Life of Murray N. Rothbard

上海社会科学院出版社
Shanghai Academy of Social Sciences Press

图书在版编目（CIP）数据

罗斯巴德传 /（美）贾斯廷·雷蒙多（Justin Raimondo）著；朱海就，何雪凝，吴未译. —上海：上海社会科学院出版社，2019

书名原文：An Enemy of the State: The Life of Murray N. Rothbard

ISBN 978-7-5520-2585-9

Ⅰ. ①罗…　Ⅱ. ①贾…　②朱…　③何…　④吴…　Ⅲ. ①默里·罗斯巴德－传记　Ⅳ. ①K837.125.3

中国版本图书馆 CIP 数据核字（2018）第 293045 号

上海市版权局著作权合同登记号：图字09-2018-1210

罗斯巴德传

著　　者：〔美〕贾斯廷·雷蒙多

译　　者：朱海就　何雪凝　吴 未

责任编辑：周洁磊

出 版 人：佘　凌

出版发行：上海社会科学院出版社

上海顺昌路 622 号　　邮编 200025

电话总机 021-63315900　　销售热线 021-53063735

http://www.sassp.org.cn　　E-mail: sassp@sass.org.cn

印　　刷：山东鸿君杰文化发展有限公司

开　　本：890 毫米×1240 毫米　1/32 开

印　　张：12　　插　页：3　　字　数：260 千字

版　　次：2019年5月第1版　　2019年5月第1次印刷

ISBN 978-7-5520-2585-9/K·491　　定价：79.80 元

20 世纪 90 年代的罗斯巴德

罗斯巴德生平概要

1926 年 3 月 2 日　出生于纽约一个波兰犹太人移民家庭

1942 年　入哥伦比亚大学学习数学与经济,1945 年获本科学位,1946 年获硕士学位,1956 年获博士学位,论文题目《1819 年大恐慌:应对与政策》

1948 年　在哥伦比亚大学与乔安・舒马赫相遇,1953 年结婚,相守终身

1949 年　与米塞斯相识,之后加入其研讨班,成为奥地利经济学派的重要传人

1952 年　开始撰写《人、经济与国家》,1962 年出版。这部著作被视为米塞斯《人的行为》的解释版

1954 年　结识安・兰德,很快分道扬镳

1963 年　出版《美国大萧条》,从奥派理论视角解释经济危机

1965 年　撰写《捍卫极端先验论》,扛起了米塞斯行为学方法的大旗

1965 年　与卡尔・赫斯合作创办《左与右:自由意志主义思想期刊》,与新左派结盟

1973 年　加入自由意志党,1976 年创办自由意志主义研究中心,1977 年创办《自由意志主义研究期刊》,1989 年脱离该党

1982 年　与他人共同创办米塞斯研究所;代表作《自由的伦理》出版

1987 年　创办《奥地利学派经济学评论》,后更名《奥地利经济学派季刊》

1992 年　"思想的儿子"、同事罗伊・柴尔兹去世,他深受打击

1994 年　罗克福德研究所颁发英格索尔奖给他,以表彰他的"作品确立了西方文明的根本原则"

1995 年 1 月 7 日　因心脏病发作在纽约曼哈顿去世,葬于弗吉尼亚州奥兰治县的橡树公墓

出版说明

默里·罗斯巴德是美国战后重要的理论家,被认为是米塞斯之后奥地利经济学派的领袖人物,同时又自成一家,是自由意志主义(又译为自由至上主义)思潮的理论导师。

罗斯巴德知识极为渊博,是一位百科全书式的学者,在诸多专业有很高的造诣。他著述繁多,成就卓著,尤其在政治经济学领域独树一帜。罗斯巴德企图打通各学科的疆界,建构体系庞大的“自由的科学”。他见解独到,逻辑性强,词锋犀利,思想颇具魅力,因此他的追随者不少,而且经久不衰。在中国学术界,关注他,引用他的观点的人越来越多。

罗斯巴德对社会现象、经济体制以及政府功能有深刻的洞察,敏锐地揭示了政府的本性,探明了人、市场、政府的关系。他以奥地利经济学派的视角梳理经济史,特别是亚当·斯密之前的经济史,可谓别开生面,具有非常高的学术价值。他对美国大萧条的分析至今是这个领域重要的成果。他的经济学理论承前启后,发展了奥地利学派经济学,丰富了市场经济的理论体系。

罗斯巴德与米塞斯、安·兰德等人共同构成了美国右翼思想谱系，但是他的思想走得更远，更彻底，进而提出“无政资”的主张，应者颇众。与米塞斯相比，他没有那么沉重的历史负担（或者说是与旧时代的渊源）；与安·兰德相比，他没有那么深切的生活体验和感悟。罗斯巴德博览群书，熟谙文献，长于分析，善辩好斗，热衷政治，参与社会。既是典型的书斋学者和沙龙思想家，也是一名活跃的“行动者”。罗斯巴德具有非常典型的犹太激进知识分子特征，阅读他的作品令人感到他与他所批判的对象之间存在同质关系。他的许多观点过于偏激，甚至非常极端。他对政府的性质和职能不加区分，一概彻底否定，落入无政府主义的窠臼。同时极度崇尚个人价值、推崇自由意志，否定集体的力量和作用，主张极端个人主义，对集体主义怀有严重的偏见。他维护资本主义，对马克思主义理论持怀疑态度，甚至怀有敌意。种种这些都是我们不能同意、不能接受的，希望广大读者以批判的眼光、正确的态度看待罗斯巴德的观点。

罗斯巴德的著作已经有不少译成中文出版，但关于他的传记在中文世界一直空缺。本书是第一本罗斯巴德传记，因其著述严谨，材料详实，学术价值较高，汉语学界一直期盼中文版面世。经译者、编校者、出版社及启蒙编译所一起努力，默契协作，终于完成了这一任务。译事不易，岂敢自信；疏漏之处，切望读者不吝指正。

献给安部义则（Yoshinori Abe）

目　录

致 谢

本书面世得益于许多人的宝贵协助,尤其是默里的夫人乔安·罗斯巴德,她的合作对本书的构思和写作至关重要。我们做过4天的马拉松式访谈,她给了我本书的框架,还有完成写作的激励和精神支持。

我要感谢米塞斯研究所所长小卢埃林·H.罗克韦尔(Llewellyn H. Rockwell Jr.)。他不仅许可我引用罗斯巴德的信件和未出版手稿,还在这个项目的研究阶段给予了宝贵的帮助。我还想感谢研究所全体成员,尤其是杰夫·塔克(Jeff Tucker)和朱迪·汤姆森(Judy Thommesen),他们给我提供了宝贵的照片资料。我也永远不会忘记马迪(Mardie)那非凡的友善。

罗伯特·凯普哈特(Robert Kephart)允许我查阅罗斯巴德的一大批未出版信件和手稿,还有其他相关物件,在此我深表感谢。他是罗斯巴德的挚友,也是自由的挚友。

我尤其要感谢拉尔夫·雷克(Ralph Raico)通读本书手稿,并提出富有洞见的建议。

我非常感激威廉森·埃弗斯(Williamson Evers),他让我查阅了他收藏的罗斯巴德信件等相关文档。

我也要感谢阿尼塔·安德森(Anita Anderson)为我提供住处,感谢杰弗里·罗杰斯·哈梅尔(Jeffrey Rogers Hummel)将他收藏的部分自由意志主义刊物供我查阅。

我尤其要感谢普罗米修斯书屋主编史蒂芬·L.米切尔(Steven L. Mitchell),感谢他对本书的信任。

上述人士均对本项目的完成有巨大贡献。不过,那位付出最多的人的名字写在本书献辞页。

尽管没有他们的帮助,我就不可能写成本书,但除了我本人之外,上述任何个人或组织都无需为本书内容负责。

引　言

用一句话、一本书概括一个普通人的生平与工作并不容易，即使一部传记相当详尽，也无法完整把握一个稀松平常的人物的复杂性。那么，我们又该如何总结写了 28 本书、上千篇论文的罗斯巴德的生平与工作呢？更何况，他的一整套理论构建了一个庞大的思想体系，不仅囊括经济学、政治经济学，还涉及哲学、伦理学、历史学和包罗万象的社会思想。

人类错综复杂、神秘多样，其个性和动机被层层包裹起来，以至于我们很难看清其实质。这是传记作家所面对的问题。不过，有极少数人终生秉承一种风格，有着内在一致且看似与生俱来的精神品质，让他从一开始就迥异于人，而有着清晰的目的感。这种风格是创新头脑的标志，是一切领域的思想家、艺术家、理论家、改革家的标志，他们不是片面地反抗现有秩序，而是同时提出自己对理想秩序的看法。简而言之，他们体现了阿克顿勋爵笔下古典自由主义者富有活力的精神："展望应然，忽略实然。"[1]

如果要找一句格言概括罗斯巴德的心境，那么阿克顿勋爵这句话便是了。这种年轻的精神是我们理解他的人格和观念发展的关键所在。这是他的生平和工作的主旋律,蕴藏在他的风格和他的思想方法中,也在他最有影响力的政治论文《左与右:自由的前景》结尾处点明了。他大段引用了19世纪与20世纪之交的伟大记者、美国自由主义的良心兰道夫·伯恩(Randolph Bourne)的话作为结论:

> 年轻人无休无止地质疑一切老而确定的东西——为什么?这样做有什么好处?当他们听到辩护者含糊其词的答复,他们会用自己的血肉和理性精神来检讨这些制度和观念,发现它们是愚蠢的、空洞的、有害的,然后出于本能将它们推翻。[2]

新鲜、纯净的理性探究精神,根据新证据反复检验旧观念、挑战最根本的假设的精神,即是罗斯巴德本人的方法,而这个方法也总能产生有争议的结果。他敢问不可问的问题:国家——有什么用呢?他的回答:毫无用处。

"年轻人就好比酵母,让所有质疑和检验的态度在世界中发酵。"伯恩写道。"发酵"恰如其分地描述了罗斯巴德对新一代自由运动的影响,多年来这场运动都处在表面之下,几乎是由罗斯巴德独力产生的一种地下热能。"要是年轻人不再找麻烦,"伯恩继续写道,"要是他们对烦冗的诡辩和注释不再厌恶,要是他们不再坚持事物的本然面目,社会就会直接走向腐朽、死亡。"[3]

罗斯巴德的思想奥德赛的历程——从老右派到新左派再回到老右派——正是这种"找麻烦"的活动。用"找麻烦"来形容罗斯巴德的活动再贴切不过了,他不仅找各类国家主义者的麻烦,甚至他最亲密的盟友也未能幸免。撇开这些关系波动中的个人恩怨不谈,罗斯巴德之所以这样做,是因为他在不断根据经验检验自己从逻辑中推演出来的理论,不断磨砺和完善自由的理论,随着局势推移而改变战术。罗斯巴德是那种罕见的人,集理论家与思想企业家于一身。他在20世纪70年代中期为推崇自由意志主义的加图研究所内部圈子写过一个书籍篇幅的备忘录(所以从未出版),其中讲述了"企业家式的战术灵活性"的重要性,指出了他所说的"思想企业家"的关键角色。"正因为企业家精神归根结底是一门艺术而非生搬硬套就可以学会的科学,所以意识形态战术,即在正确的时机发现正确的路线,也是一种企业家艺术。而在这个领域,有的人会比其他人更为擅长。"罗斯巴德在手稿《走向自由意志主义社会变迁理论》("Toward a Theory of Libertarian Social Change")中写道。"[路德维希·冯·]米塞斯洞察到时机把握是企业家精神的实质",这种精神不仅适用于经济领域,也适用于意识形态领域。[4]

罗斯巴德身后的传记作家有丰富的材料可以利用,他不仅就广泛多样的主题写过论著,还留下了大量的通信。要是打算追踪他的思想发展轨迹(尤其是政治思想),还有额外的宝库可以动用,也就是《左与右》《自由意志主义论坛》以及《罗斯巴德-罗克韦尔报告》等报刊中罗斯巴德的著述。只要见过他在报纸杂志上的高产程度,就不难确信他曾经多么成功地将思想企业家的原理付诸实践。在各个关键的时刻,在国家权力的思想爪牙难以驾驭群众、体系出现裂缝的时刻,我们总能见到罗斯巴德的分析,看到他在策划如何扩大自由意志主义思想的影响。随着保守主义运动日益面临来自“新右派”的攻击(包括其鼓吹者小威廉·F. 巴克利[William F. Buckley Jr.]及前托派理论家詹姆斯·伯恩哈姆[James Burnham],他们无不对自己的帝国主义信条直言不讳),罗斯巴德捍卫了保守主义运动的遗产,这些遗产曾经令像约翰·T. 弗林(John T. Flynn)、加雷·加勒特(Garet Garrett)和罗伯特·麦考密克上校(Colonel Robert McCormick)这些反对罗斯福新政和参战的老右派“孤立主义者”感到无比光荣。罗斯巴德创办《左与右》这份刊登自由意志主义观点和分析评论的季刊的时候,正值美国深陷越南战争的泥淖,无法取胜又道义尽失,也正当20世纪60年代第一波学生反叛运动席卷全国大学校园。对于年轻人的不满浪潮,他没有主动迎合他们的偏见,而是小心翼翼、绘声绘色地解释了他们的愤怒是从哪里来的——来源于集权化的国家安全机器的暴政,它渗透到了大学,慢慢将大学揽入怀中。早在新左派不复流行以前,罗斯巴德就将目光转向了巩固20世纪60年代的战果,将其转化为一场目标一致、学理独立的运动,而且要有自己的组织和建制。随着冷战结束,米塞斯和奥地利学派的预言①(即计划

① 这是米塞斯在1921年的论文《社会主义国家的经济计算》(Economic Calculation in the Socialist Commonwealth)中的预言。尤里·马尔采夫(Yuri Maltsev)在该文章1991年版的序言中也指明,计划经济是“一个空想计划,其核心不合逻辑、不经济,也不切实际”,因为“它不给经济计算的客观基础提供任何方法,从而无法将资源配置到最有生产力的用途”(http://www. mises. org/Econcalc/FOREWORD. asp)。——原书

经济必然崩溃）成真，罗斯巴德又作了一个转向——在某种意义上，是回归他青年时代的老右派。

带着伯恩笔下那种年轻人的不耐烦，那种“打破砂锅问到底”的闯劲，罗斯巴德不断挑战常规思维，而不论这属于谁的地盘。他最爱的莫过于将骷髅从最深、最暗的橱柜里揪出，用新的事实和新的看待权力的视角来修正官方版本的历史。他尤为懊恼的是发现20世纪两场世界大战被各种谎言所包裹。战争是国家强制力所崇拜的神明，而反战恰恰是罗斯巴德哲学的核心，一直处在其意识形态－政治议题的首位。作为世界大战修正史观大师哈里·埃尔默·巴恩斯（Harry Elmer Barnes）的支持者，他为庆祝巴恩斯教授荣休的纪念文集供稿，文中指出“总的来说，知识分子可以扮演也一直在历史中扮演两种相互排斥的角色：或是独立的真理寻求者，或是宫廷的宠儿”。“御用历史学家”是巴恩斯造的词语，而罗斯巴德将这个概念扩大为“御用文人”，他们粉饰国家及其代理人的掠夺、压迫和凶杀行为，“从而换得财富、权力与声望”，即讨好“国家及其同盟的当权派”。[5]

要说有谁是御用文人的对立面，那个人非默里·牛顿·罗斯巴德莫属。他撰写的两卷本权威巨著《经济学思想史》让人不禁要问：他怎能如此博学？毕竟，他只是在一所对经济学不感兴趣的工科院校做了35年教师。[6]但看似不起眼的工作并不妨碍他成为名副其实的多面手和产出丰厚、文笔非凡的作家。不过，他从学术和写作中取得的收入依然让日子有些捉襟见肘。

伯恩还讲到了一点，能让人强烈地回想起罗斯巴德的心理：“我们的长辈，对现状总是十分乐观，对未来十分悲观；年轻人则对现状悲观,对未来充满希望。正是这份希望在撬动进步——也许可以说它是进步的唯一杠杆。”尽管第二种情绪确切地表达了罗斯巴德的看法,但是伯恩指出这种乐观主义“可能覆盖很大的范围”。尽管罗斯巴德显然相信18世纪自由主义革命是不可逆转的,但他在《左与右》这篇论文中警告读者,既然人生来具备自由意志,那么,简单地站在真理和正确的一边,或者是等着国家主义危机降临到我们头上是不够的。我们还必须完全揭露国家作为致命的寄生虫的一面,而这就需要有正确的领导——敏锐地把握时机的思想企业家。他在思想上由衷地忠于自由意志主义原则,最重要的是,他还有一项更罕见的品质,也就是罗斯巴德所说的“对正义的热情”。

在为加图研究所领导层写的一份从未出版的战略备忘录中,罗斯巴德直抒胸臆,也发泄了他对自由意志主义运动的不满。在这份备忘录中,罗斯巴德强调将自由的胜利作为目标是重中之重。“这看似不言自明,”他写道,又长叹一声表达了自己愤怒的疑惑,“如果胜利不是最终目标,为什么还要费力气加入一个目标永远实现不了的运动呢?”此外他还注意到,有的人“更多是把自由意志理想当成是智力游戏”,有的人则被“深刻的悲观主义”所感染,本就认为运动不可能胜利。“只有那些受对正义的热情的激发和塑造而形成了自由意志主义的人,才有可能将自由的胜利当作自己的首要目标。他们意识到国家主义是非正义的,他们渴望尽快消除这种刺眼的非正义。”[7]

正是这种热情鼓舞着罗斯巴德。这不只是一个抽象概念,还是一个他深切感受到的个人信条。他的热情也鼓舞了很多人，尤其是年轻人。每逢研讨班和会议，这些年轻人就围在他身旁，热切地从罗斯巴德那里吸取源源不断的知识。一位 20 岁、身材瘦长的学生曾有幸在早上 4 点 30 分听 20 世纪最伟大的思想家之一讲解奥地利学派商业周期理论，而有好几次人们都不得不将罗斯巴德从两人热烈的交谈中拽出来。在学术会议和政治大会上，罗斯巴德总是最后一个退场，之后还在酒店、酒吧主持讨论，然后深夜出去寻找尚在营业的馆子，继续讨论到黎明。

年轻人很受罗斯巴德的吸引，罗斯巴德也乐于接待年轻人，慷慨接待的同时他也能保持高质量的文字产出。他之所以有这样的吸引力，首先是因为他非常热情。他不仅对正义有热情，也对谈笑、美食和好时光有热情。他那与众不同、中气十足的笑声极具穿透力，他那么受年轻人欢迎，很重要的一点在于他就是年轻人中的一员。就如阿克顿勋爵一样，罗斯巴德越老越激进，再加上倔强的中产阶级品味和生活作风，这位老派人物在年轻人中魅力非凡。年轻人最好的品质都能在他那里找到共鸣：年轻人的理想主义，无所畏惧，觉得生活有无限可能。罗斯巴德懂得伯恩所兜售的那种“生活的秘密”，也就是——

> 这美好的青年精神永不褪色。狂乱的青年时代过了，剩下的应该是这美好的沉淀物——一种理智、强大、进取的精神，敢作敢为。它必定是一种灵活而不断生长的精神，善于接纳新观念，又对经验有敏锐的洞察力。人对于世事保持热切而真诚的反应，也就发现了永远年轻的秘诀，而永远年轻即是得救。[8]

罗斯巴德这里引用伯恩的这段话，显然意味着这是他心目中自由意志主义者理想形象。事后来看，罗斯巴德甚至还超越了自己的理想。

罗斯巴德的精神没有随着年龄增长而黯淡，反而燃烧得更为猛烈。在他生命的最后10年，苏联这只一直以来将阴影投向美国政坛的巨型怪兽应声而倒，让所有专家大跌眼镜。随后，美国爆发了今天称为"反政府"民粹主义的浪潮，并在1994年共和党革命时达到了高潮。这波浪潮导致右派重组，巴克利派的全球干预主义失宠，给了罗斯巴德机会去做（我认为）他一直惦记的事：归根老右派。已过耳顺之年的罗斯巴德与很多支持者决裂，改变了战略路线，转入新的社会和政治环境。罗斯巴德忠于原则，但不囿于教条，直到他生命的最后一天，他都热切地对世事做出反应。

在这个庸人无不在抱怨缺少"榜样"（role models）的时代，这个词本身也显得十分可憎了。但就其本意来说，它还是有价值的。对于茁壮成长的新生代个人主义者来说，罗斯巴德完全算得上是老派意义上的"榜样"。他的生平故事不仅激动人心，也很有教育意义——这也是我写作本书最明显的意图。

这里我有必要坦承自己的偏见：我与罗斯巴德以多种形式共事多年，共同参与并致力于自由意志主义运动。我们在1978年相识，除了有一个间断期我们几乎没有私人联系，此后大部分时间里我们一直都是好友与政治盟友。虽然时常有分歧，但我们合作密切、协调一致，所以我完全算是罗斯巴德主义者，至今仍是如此。不过，就如伯恩笔下典型的年轻人，亦如罗斯巴德的个性，我也厌恶“注释”，所以我也不会对我的主题做注释。以下描述可以展现罗斯巴德的光彩与古怪：乐观，但偶尔绝望；英雄主义，但经常有堂吉诃德的影子。我无意写一部面面俱到的传记，虽然就传主而言，这完全有必要；我的意图既非评价罗斯巴德的思想（这个任务我难以胜任），也非编织他的生平事件，并在那样一部传记的第三卷结尾处归纳出一种模式。相反，我希望在这样一部比人物生平素描更详尽些的书中，捕捉到罗斯巴德的神髓。这不仅包括他的观念，还有他的个性和历史意义。那些不了解这个人及其作品的读者，可以把本书看作是一个门路，用来探索现代思想史中最重要也最有趣的发展，即罗斯巴德的纯粹自由体系（或范式）。

即使是最普通的人，他的一生也极为复杂，所以传记写作是一门难以驾驭的艺术。在重构主题和情境的时候，作家面对着过分充裕的材料。在建构叙述的时候，作家必须面对“取舍”这一难题。如果偏爱“取”，只会让传记长篇累牍没有主旨，让读者感到乏味；过分地“舍”，则有为了故事的趣味而牺牲重要事实的危险，故事也就多少会浮于表面。

这种复杂性在罗斯巴德身上格外显著。罗斯巴德有那么多的维度，不可能在一部常规的传记中涵盖所有维度而又不失深度。作家的本职是讲一个故事，但罗斯巴德的传记作家面对的问题是讲哪个故事。

这里有奥地利学派理论家罗斯巴德的故事。罗斯巴德不仅整理和完善了米塞斯及其学派的纯粹自由市场经济学，还努力在美国为米塞斯学派建设滩头堡——这几乎是他独力完成的。

这里有政治哲学家罗斯巴德的故事。虽然有人用正义和繁荣的名义为私有财产辩护，但是罗斯巴德最早发现了私有财产对于人类社会这一概念的中心地位。他证明，不仅自由与繁荣的国度离不开私有财产，而且私有财产原则必须一以贯之地运用到人类活动的一切领域。国家是最大的掠夺者，本质上是私有财产的主要侵犯者，因此——罗斯巴德总结道——也就是自由的主要敌人。

他得出这个结论，并不完全依靠坐在扶手椅上空想，而是有扎实的历史研究为基础——这是另一个故事：历史学家罗斯巴德的故事。他的《经济学思想史》自成一体，而那几部讲美国革命起源的书就足以奠定他一流史学家的地位。无论是美联储体系的历史，还是关于胡佛经济干预政策是新政源头的研究，他都能看穿政府喉舌的宣传，无畏地拆穿现代历史观念，即一部为我们的领导人歌功颂德的编年史。

但我们还要讲一个故事，即政治和文化观察家罗斯巴德。罗斯巴德是与米塞斯和哈耶克[①]比肩的自由学者，但也介入日常的观念之争。他从 20 世纪 50 年代早期到临终前留下了大量政治评论，为我们绘制了 40 年来挑战左右两派传统权威的自由意志主义运动的上升路线图。

他的政治记者和政论家的角色自然而然地结合，引出了另一个重要故事：作为一场意识形态运动的思想源泉的罗斯巴德。

---

① 弗里德里希·冯·哈耶克是米塞斯的学生，著有《通往奴役之路》(1944)和《自由宪章》(1959)。——原书

从全副武装的老右派到新左派,参与加图研究所和自由意志党,冷战后又重新接近右派——这个历程清楚地反映出罗斯巴德的政治行动模式:战争和集体主义的敌人不论在哪个立场,只要他们联合起来准备斗争,罗斯巴德就站到那一边。罗斯巴德是理想主义者,但不迷信乌托邦。他认为自己所构想的自由完全有可能实现,并且据此而行动,支持当下任何反对国家权力的民众运动。他会随着形势而改变战略视角,但他自始至终都恪守和践行原则。

将所有的故事无缝衔接,为这个人及其思想描绘一幅肖像画是有待罗斯巴德的传记作者完成的任务,即使最有雄心的作者也会感到为难。但有两个因素是让人知难而上的关键所在:自负,以及对主题有莫大的兴趣。就我而言,两个因素都具备。

日后,学者会长期讨论他对经济思想和政治哲学的贡献。罗斯巴德在思想史中的地位究竟如何?我把下定论的任务留给他们。由于篇幅有限,我在本书中更多的是按照自己的倾向,为他的一生作总体回顾。对我而言,他是学者和多产的作家,更是一个鲜活的人。我希望本书兼具启发和说明的作用。

有人徜徉书海,为的就是寻找他还不知道的东西,也许就是有关人类自由的秘密与意义的一点小线索。他很有可能不理解自由为何缺乏,尤其是当每个人都表示热爱自由的时候。如果他遇上了本书,从某种意义上讲,求索已经告一段落了;而从另一个意义上讲,求索又刚刚开始。新一代自由意志主义者可以从罗斯巴德身上收获很多。如果这册不算太厚的书能让更多人了解他的社会思想和政治思想,那么它的使命也就完成了。

注释

1. Murray N. Rothbard, "Left and Right: The Prospects for Liberty," *Left and Right: A Journal of Libertarian Thought* 1, no. 1 (spring 1965): 8. 加图研究所在 1979 年重印成了小册子,有关注释指的都是这个版本。
2. 同上。
3. 同上。
4. Murray N. Rothbard, "Toward A Theory of Libertarian Social Change," 作者所藏的未出版手稿, April 1978, pp. 22 – 24. 文中提到的是路德维希·冯·米塞斯,"奥地利学派"或纯粹自由市场经济学理论的领袖,罗斯巴德的老师和人生导师。
5. Murray N. Rothbard, "Harry Elmer Barnes as Revisionist of the Cold War," in *Harry Elmer Barnes, Learned Crusader*, ed. Arthur Goddard (Colorado Springs: Ralph Myles, Publisher, Inc., 1968), p. 314.
6. Murray N. Rothbard, *An Austrian Perspective on the History of Economic Thought*, 2 vols. (London: Edward Elgar, 1995).
7. Rothbard, "Toward a Theory of Libertarian Social Change," p. 4. 着重号为罗斯巴德所加。
8. Rothbard, *Left and Right*, p. 31.

第一章　青年罗斯巴德

谈到他成长的政治环境，默里·罗斯巴德说得特别耿直："我是在共产主义文化中长大的。我身边的那帮纽约中产阶级犹太人，无论是我的家人、朋友还是邻居，不是共产主义者就是其同道中人。我两边的家人中，都有长辈是共产党员。"[1]

1926 年 3 月 2 日，罗斯巴德出生在布朗克斯（Bronx）。这位马克思的对立人士，却成长在左翼犹太移民的环境。这件事暗含的那种讽刺，现代"心理"传记学派肯定会极为重视。对于罗斯巴德成为他那个时代的自由意志主义思想领袖的原因有多种解释，相较于将他的反政府主义归结为模糊不明的心理成因，有个解释更直白，也更符合事实：他拥有超凡的头脑。他从小能言善辩，他记得自己在"八年级"时就论述过刚刚兴起的资本利得税。这一点证明他具有超出同龄人的才智。[2]这样一位年轻人批判 20 世纪 30 年代那个"红色十年"风靡纽约左翼圈子的社会主义正统理论，并不让人惊讶。知识分子和作家天生厌恶政党和思想运动，乔治·奥威尔就称它们为"散发着腐臭味的所谓的正统观念”。任何形式的正统观念都是对理性和批判思维的无声诛戮,所以也是罗斯巴德毕生讨厌的东西。

30 年代末,青年罗斯巴德已经足够成熟,他不仅有独到的政见,而且言辞犀利,口才了得。有一次家庭聚会,密商要事的成年人一直恭维西班牙左翼“忠诚派”政府,他当即质问道:“佛朗哥有什么问题吗?”①他在 1994 年出版的回忆录里也提到了这件事:“我认为论罪行的恶劣程度,西班牙共和党人与佛朗哥相比恐怕不遑多让。我的发问终止了谈话,但却没有人作答。”[3]

个人主义家庭

若从祖上寻找罗斯巴德的人格和智慧根源,他的父亲是主要来源。罗斯巴德说:“(父亲)是这种共产主义氛围中的一个例外。”他的父亲大卫·罗斯巴德是一位中产阶级石油化学家,在政治和性格上不同于左派亲友。他出生于华沙附近,1910 年从波兰移民到美国,意在快速学习英语,并“摒弃意第绪语言和文化,消除外国口音”。[4]

大卫·罗斯巴德出生在与世隔绝的犹太人世界。如他儿子所言,那是“一个非常保守的环境,一群狂热的犹太人将自己与波兰人隔绝,整日和子女们封闭在希伯来语圈子里”。在高中最后一年写的一篇名为《我的自传》的回忆文章中,年轻的默里

---

① 1936 年西班牙内战,国内分为左翼忠诚派和右翼法西斯派。右翼领袖佛朗哥带领长枪党获得胜利,开始了西班牙的独裁统治。——译者

说，对他父亲来说，祖母是家庭精神的典范，勇于反抗封闭社区盛行的褊狭思想。罗斯巴德将这种看起来先天的个人主义归因于不甚优越的家庭状况，迫使他们“去改善命运，吸收文化和西方文明。我祖母就是一个例子，她把未竟的夙愿寄托在了孩子身上”。

大卫踏上新大陆之后，经过一番努力，很快脱去了狭隘的波兰犹太人心态。用他儿子的话说就是：“他面临着重重困难，因为他在波兰除了犹太意第绪语外其他语言都不会。犹太人的孤立阻碍了他们学习波兰语。”[5]这篇自传其实是罗斯巴德的一份高中作业，最后一页上有他的成绩 A +，接着是老师的评语：“这份作业十分出色，构架细致，表达清晰、有趣。这证明了你的思考、观察与评价能力。大学里的问题是不会难倒你的。”

如果忽略这段评语，你很可能会把罗斯巴德这篇少年时期的文章当成一篇成年人几近成熟的作品。其逻辑清晰，行文严谨，叙事节奏轻松明快，加之自传散文风格老练，无疑证明他是一个天才作家。他非常善于捕捉人类微妙的心理动机，就比如 17 岁时对他母亲性格的洞察。他的母亲拉娅·巴布什金出生在一个靠近俄罗斯与波兰边境的犹太小镇上，于 1916 年和她的母亲与姐姐来到美国。“她无忧无虑地长大，因而常常沉浸在书和文学的梦境中，仿佛济慈①躲进梦中的美好世界里。”[6]

罗斯巴德家族决心融入美国生活，这意味着政治和文化的同化。按照他的话说：“忠诚于基本的美国道路——极简政府，

① 约翰·济慈（John Keats）是 18 世纪末英国著名浪漫主义诗人。——译者

尊重和信任自由企业与私人财产。”罗斯巴德提到:“第一次世界大战前,俄罗斯和波兰犹太人被共产主义、社会主义和犹太复国主义或这三者混合的意识形态和思想运动所笼罩。”他很自豪的事情是:“我的父亲从未听信任何主义。”和那种抵触家庭传统观念的典型叛逆青年很不一样,罗斯巴德与父母始终非常亲近。[7]根据他的记录,青年时期“最享受的事就是经常和父母讨论交流,并从中获益良多”。他写道:“我们互相理解,就算是沉默不语,我们也都能做到心有灵犀。”[8]

父亲给罗斯巴德的影响和支撑,既是心理上的,也是政治和思想上的。罗斯巴德指责俄罗斯文学和其“负面的理想主义”妨碍她的母亲完全脱离对故国风俗的迷恋,他的父亲则全心融入了美国文化。默里以父亲追求自由为荣。尽管障碍重重,大卫·罗斯巴德仍旧“凭借纯粹的个人意志和品格力量,摆脱了民族主义的禁锢。他掌握了丰富的英语知识,一点儿口音也没有,他的词汇量让许多本土美国人都自叹弗如。他最终凭借自己的能力和毅力,从一个贫穷的移民变成一个有价值、有责任的公民”。[9]

他的父亲笃信科学和理性主义,于是给他起名默里·牛顿。罗斯巴德夫妇培养了儿子早熟的智慧,家庭讨论主题广泛,从文学到哲学和时事,还有“性格分析和自我剖析”。当聊到政治时,父子俩心有灵犀:“父亲20岁的时候是个激进分子,但他很快从荒唐事中汲取了经验教训。说来奇怪,我总是用他的经历来衡量我自己的信念和行动。”年轻的罗斯巴德坦言:“父亲客观地教导我政治的错综复杂。”他说:“当我已经成熟到足以形成自己的结论时,并无太多惊讶地发现,我认同父亲的基本政治原则。”不过他用那讨人喜欢的率直补充道：“但有时候，我认为父亲略有帝国主义倾向。”[10]

父亲的政治观念虽然略有瑕疵，但是“我们对于社会主义的态度是一致的。自由企业是父亲的基本信念，也是我政治哲学一直以来的根基”。他断言，计划经济与平等主义破坏激励，“终将导致政府拥有极大的权力，最终走向极权主义”。这种知识分子立场，即对自由的热爱、对集体主义的憎恶以及对犹太旧世界“宗教狂热”的反抗，是他一生的执着。[11]

父子俩不仅在精神层面颇为相似，外形上也很相像。照片中年轻的罗斯巴德与父亲如同一个模子刻出来的：一张明朗的脸庞，干净的面颊，一对明眸洞悉着周遭的一切。高高的额头，鼻子精致高挺，微微一笑显得真诚而睿智。在默里身上，这些特征更加深邃精细，坚毅的下巴让他看起来不仅明慧无比，而且更显诚实无畏。

罗斯巴德与公立学校

默里·牛顿·罗斯巴德从小聪明活泼，富有主见。据他说，自儿时起，“但凡遇到任何让我困惑的事情，我得不到满意的答案就不会罢休”。这个心理习惯伴随了他一生。他从 5 岁起开始阅读，不久便能够借助于字典和《大不列颠百科全书》在求知道路上追本溯源。[12]

尽管总是名列前茅，但他不是书呆子和孤僻的聪明人。他善于社交，如果在赛场上做不了明星运动员，也会努力成为最好的记分员。他小学时表现出对戏剧和音乐的喜爱,但他坦白说:“我的社交并不成功。我总是被小伙伴欺负,最后只能从书本中寻找慰藉。每个新学期,这种情况都会变本加厉。”后来,罗斯巴德搬到了斯塔顿岛①,当时那个地方“充满种族歧视”(反犹太主义),这让罗斯巴德愁肠百结。“在公立学校就读期间,我始终有社会适应不良的问题。我和这罪恶的公立学校系统之间的冲突,是我这辈子最不开心的经历。”罗斯巴德后来反对平等主义,也是受这段痛苦经历的影响。公立学校的“一视同仁”——

> 对资质优越的孩子简直就是摧残。整个教学方法,劣质的课程质量,严苛的控制手段和狭隘的心态都严重地制约着我,让我如同身陷囹圄。冗杂繁琐的公立学校限制,还有整日重复我所知道的事物,桎梏了我那想要提升的思维……这套体系完全忽略了个人……一个班五十人,他淹没在了这堆灵魂里。我还记得老师每天让我们背乘法表的样子。二乘二得四,三乘二得六——这对我来说完全是浪费时间。[13]

对罗斯巴德来说,另一个大问题是,他的早慧使他连连跳级。忽然间,他遇上了一群比自己大的学生。“这个结果对我来说是灾难性的。我没有克服幼儿园时的羞怯感,反而更招人欺侮殴打,这次是年龄比我大得多的男孩们。因此,我在童年初

---

① Staten Island,美国纽约湾对面的岛屿,旧称里士满区。——译者

期感受到的不快，与在公立学校遭受的苦难相比就是小菜一碟。”[14]

罗斯巴德童年的低谷出现在四年级。“显然必须立即采取行动了”，他写道，但要父母拿出一个实际的办法还需要一阵子。他们最初的反应是，为孱弱的儿子找个拳击教练。罗斯巴德后来回忆道：“他似乎是什么轻量级冠军。但我以后并不想成为拳击运动员。”[15]

公立学校老师当年的评语同样揭露了罗斯巴德童年的处境。有位老师这样写道：“他养成了一种对抗精神，这点必须注意。虽然这种态度本身是不好的，但看到他的胆子在变大，我很欣慰。虽然他的好斗主要来自保护弱小的孩子在比赛中不被强势团体所欺负，但我们仍需保持警惕，以防对强势团体产生敌意。”[16]

他父母很快意识到，问题“更多出在情绪上，而非身体上”，于是，他们很快向校方表达了他们的担忧。学校管理层并不是很同情罗斯巴德：“他们认为我不高兴的原因是我始终特立独行，和班里的人格格不入。只要我愿意随大流，我自然就适应了。”学校还认为罗斯巴德在文中抒发的不满可能只是为了制造戏剧效果，就其自身来看，其实还好，并没有那么糟糕。他四年级的老师也在评语中提到：“默里在班里表现得很兴奋，有时很难控制他的活动。”有一个老师写道：“他的朗读很好懂，很有欣赏性和戏剧性。他聊天很有趣，有内容，有思想！”学校管理层“断定问题全出在我身上，是我夸大其词”。罗斯巴德的父母遭到冷落之后，开始着手尝试系统地解决儿子的教育危机。他们咨询了"心理学家、朋友、熟悉这个问题的记者,以及学生和家长协会",最后找到了儿童指导领域的权威心理专家——约翰·利维博士。"我那天独自坐在一个房间里,那个房间的轮廓至今还记得真切,还有隔壁房间的喃喃细语。我人生的转折点就在那一天降临了。利维博士毫不含糊地建议我转到私立学校。"[17]

解放

利维博士意识到罗斯巴德是一个早熟且非常聪明的孩子,他需要的个人关注远远不是公立学校能够或者会给予的。他的父母觉得,斯塔顿岛的河边学校(Riverside School)可能是理想的选择。这所学校是小班制,四年级班只有7个学生,非常注重每个学生的学习和情绪需求。当时罗斯巴德喜不自禁:"我想我终于摆脱了毫无意义的思想和身体约束。我可以想我所想了!"[18]

那时正值美国经济大萧条的顶峰。虽然罗斯巴德争取到了半额奖学金,他父亲也有一份稳定而体面的工作,但是私立学校的费用对于一家人来说仍是不小的负担。但只要是为儿子好,什么样的牺牲都值得。

在河边读书的两年使罗斯巴德的情绪和才能都得到了解放。在课堂上,他可以自由地运用并锻炼自己的表达能力,再也没有"在公立学校时感受到的那种心理恐惧"。在这里,他能与才智相当的同伴交流,也能得到相应的赞许。他写道:"我欣慰地发现，同学们都喜欢我。”罗斯巴德在同辈中不再有强烈的疏离感，他点明了这一融洽气氛产生的原因：“我和他们有同等的才智，于是也有相似的兴趣。因此，融入集体成为班级的一分子，同时又不丧失自己的个人特质，这对我来说很容易。”[19]

在这样可贵的开明氛围里，罗斯巴德加入了合唱团。他开始对政治学产生兴趣，当然不可避免，还有经济学。他成绩优异，兴趣广泛，开始在社交中培养个人魅力。然而到六年级期末，他开始摸到了新找到的自由的边界。“河边很不错，比公立中学强，但是它能提供的施展余地越来越窄了。”他更加不满的是老师，但主要问题似乎是班级太小了。他发现在这片小天地里伸展不开双翼，渴望飞向更广阔的天空。

为了给儿子选一所合适的中学，默里的父母进行了系统的调查。他母亲青睐位于曼哈顿中心的博奇 - 沃森（Birch-Wathen）中学，于是他开始在这里读七年级。“我清楚记得我到那里的第一天。在大厅的楼梯口，我认识了拉塞尔 · 布利斯（Russell Bliss），也是一名新生。”后来，布利斯成了他的好朋友，这份友谊会持续到高中和大学。“在一位体贴的老师的带领下，我们庄重地走上了楼梯。”自此，他通往了一个新世界。[20]

那个年代，富裕家庭的男孩常被送出去读寄宿学校，女孩则去周边的走读学校。博奇 - 沃森中学险些全是女学生，直到学校开始给优秀的男学生颁发奖学金。罗斯巴德回忆道：“结果是生源社会结构异常，女学生都出身优渥，坐豪车上下学，然而至少一半的男学生依靠奖学金，比如我。”无论学生团体中存在什么样的阶级差别，他们大多都有相同的族裔——俄罗斯和波兰犹太人,政治观点也很相近。他后来感叹道:"他们都是左翼自由派,在纽约也叫作'公园大道'自由派或者'豪车'自由派,这些名号用在他们身上倒也贴切。我不久成了学校的保守派,在八年级时强烈质疑过罗斯福在1938年引入的资本利得税,后来还反对市长菲奥雷洛·拉瓜迪亚推行的纵容罪犯的左翼政策。"[21]

年轻的异见人士

罗斯巴德的政治观点在演变中越发右倾。这肯定让他成为了少数派,尤其是在他和他的家庭所属的纽约犹太人圈子中。他父母两边亲戚采取的左翼立场,对他的观点的发展起了很大的推动作用。在叙述了家庭生活、学校以及暑期野营的不幸经历之后,年轻的罗斯巴德写道:"我的亲戚算是另一股人。"事实的确如此。他在一种强烈的政治氛围下长大,他的亲戚即便不是左翼分子,也"绝对是其追随者,或者'粉红色的'激进分子"。他有个伯父是工程师,参与建造了著名的莫斯科地铁,这是苏联效率和现代性的标志。他的一个叔叔是医药工人联合会报纸的编辑,该报是美国左翼的喉舌。在满是斯大林主义者的一家人中,唯独大卫·罗斯巴德是个人主义者;他的有力异见富有争议,有时甚至还会引起摩擦。"因此我的爸爸经常卷入激烈的政治辩论,"罗斯巴德描述道,"每当他们忍不住去看我父亲的论证逻辑时,就会给他贴上反动分子、共和党人(在亲戚眼里是贬义词)等标签,然后便躲在这些大帽子后头了。我也经常参与辩论，或义愤填膺，或斗志昂扬。”[22]

罗斯巴德对人类自由的信念由来已早。这个信念在他童年与公立学校系统迎合大众的平等主义的斗争中形成，在这些家庭辩论中得以体现。他的父亲是他第一个思想上的灵魂伴侣和政治盟友。在那个时代，就算是质疑平等主义与资本主义相比在道德和实践上的优越性，也只是由极少数人提出的非主流观点，而且正在销声匿迹。在20世纪30年代的纽约，这群少数派越发稀少，因此有美国思想史上的“红色十年”一说。在这种情况下，畅所欲言是有风险的，甚至是危险的，而且会树敌众多。然而，大卫没有噤声，他的儿子也以此为榜样。

从博奇－沃森中学毕业的时候，罗斯巴德自称保守派，旗帜鲜明地反对新政以及所有形式的平等主义。在20世纪70年代末写就的一本未出版的回忆录中，他写道：“在高中和大学时期，我只能接触到自由派和左派，这让我的信念更加坚定了。”[23]不过他那时还没形成一个积极坚定的政治选择，他的自由意志主义得以发展的思想情感基础在1940年才最终形成。他是约翰·T.弗林报纸专栏的忠实读者，并且定期收听他的电台评论。他也喜欢赫斯特出版社（Hearst）和“无与伦比的《纽约太阳报》（*New York Sun*）”。[24]那之后不久，也就是战争结束后，他开始订阅自己最喜欢的报纸——《芝加哥论坛报》（*Chicago Tribune*）。这是美国中西部一份反帝国主义和反禁酒的共和党老牌报纸。当他准备离开象牙塔博奇－沃森时，战争阴云笼罩了整片大地。但是在少年时期，罗斯巴德没有提到“干预主义”和“孤立主义”之辩。在青年时期的《自传》中，他断言：“我相信战争的到来没有改变我的观念。相反,它让我更加专注,观点也得到了升华。我现在更加坚定了为国家鞠躬尽瘁的决心。”展望大学,他告诫读者“大学在战时会越来越重要”,因为“青年人会越来越需要通识教育”。[25]

罗斯巴德人生中的观念形成期早在美国参战前就开始了,他从一个羽翼未满的“老右派”转变成一个坚定的自由意志主义者也是如此。这个转型可谓万事俱备,只欠战争这阵东风。

家人希望他未来经商,但并不顺利。有一年夏天,父亲送他到石油公司的曼哈顿办事处做一些文书工作。但这一安排并没有持续太久,因为年轻的罗斯巴德一想到以后要在办公室工作就很头疼,更别说是要他每天早上 9 点准时到了。显然,他注定要做其他事情,于是他决定考入哥伦比亚大学。至于选什么专业,用他自己的话说:“现在来看有些匪夷所思,我在大学学过统计学专业。修完所有本科课程后,我在哥伦比亚又修了数学专业,师从著名的哈罗德·霍特林(Harold Hotelling),现代数理经济学的奠基人之一。听完霍特林的几堂课之后,我茅塞顿开,突然意识到整个‘科学’的统计推断都基于一个关键假设,然而这个假设毫无根据。所以我走出了霍特林的课堂,也走出了统计学的世界。”[26]

他四年级的一位老师评价过这个早熟的年轻人的“探究心”:“他渴望知道所有原因、起源和特例。别人可以接受的事实,他似乎从来都不满意。”[27]进入大学之后,这种特质更加凸显。正因如此,罗斯巴德得以避开不止一个知识陷阱。比如统计学,他对“可以根据所谓的正态曲线或‘钟形曲线’的无误性从统计抽样中推断真值”这一预设持怀疑态度。这种预设意味着,统计学家可以衡量从失业率到政治观点的一切事物,还有一定的“自信”宣称掌握绝对知识。因为所有这些特征在人群中的分布总是呈现所谓的正态曲线,也就是教科书中所说的完美对称的钟形。罗斯巴德问道:

> 有证据支撑正态曲线分布的这一重要假设吗?根本没有!这纯粹是一种神秘的信仰行为。在我以前的统计学资料中,证明正态曲线的普遍真理的唯一“证据”是这种说法,即枪手射击靶心时,射击轨迹会趋向于像正态曲线那样分布于靶心四周。这个基础无比薄弱,却支撑着一个对所有统计推断的有效性来说至关重要的假设。[28]

战时美国:“老右派”的青年人

罗斯巴德在小学和中学都名列前茅,他在大学时代也延续了这个状态。他大一的成绩大部分是 A 和 B +,但到了 1945 年夏天,他几乎所有课程都是 A(还有少量 A +,只有一门得到 B +)。在概率论、经济分析以及经济学理论和历史课程中,他都取得了荣誉等级的成绩。不过有一个例外,他的体育课总是得到 C,有的时候甚至是 C -。

罗斯巴德在 1942 年 9 月进入哥伦比亚大学时正值征兵年龄。他得以逃离残酷战场的唯一原因是极差的视力,这让他没有通过征兵体检。1942—1945 年的哥伦比亚大学学生都是类似的情况,但这不意味着可以完全避免军事化过程。美国政府在校园内开展了体能训练和军备计划,目的是把这些肌肉松弛的懒虫训练成可以入伍的预备兵。有一天,罗斯巴德被要求徒手攀上一张由左右两根绳索拉伸的绳网,并从另一面翻下来。他走近抬头看了看说:“这是在逗我吧!”然后绕着走开了。

在战时美国的紧张气氛中,这个行为有可能构成公诉罪行。但是罗斯巴德也不具备通过其他训练所必需的体力与耐力,所以当局只是把他当作了失败案例。

在战时宣传的无情冲击下,美国的政治情绪氛围给年轻的罗斯巴德留下了生动而难以磨灭的印象。那个时候,他的舅舅——一个罗斯巴德口中的“左翼老党员”,可以宽宏大量地宣称,只要大卫·罗斯巴德“对政事保持沉默”,就能保证他在战后安然无恙。[29]

从那以后,罗斯巴德反对军国主义的信念已然不会动摇。他坚决反对在罗斯福半专制的战时政权的熔炉中铸就的全球主义和帝国主义,这个一贯的主题解释了他那些年从“老右派”到“新左派”的政治热情。

战后的《芝加哥论坛报》是美国精神和编辑自主权留下的一点火种。罗斯巴德订阅过一段时间,他很喜欢阅读威廉·富尔顿等撰写的《罗德学者项目的目标:让美国回归大英帝国》(“Rhodes’ Goal: Return U. S. to British Empire”)系列文章,该系列文章追溯了罗德学者计划的历史以及它对美国外交政策的影响。在罗斯巴德晚期的作品,比如《华尔街、银行和美国外交政策》(*Wall Street, Bank and the American Foreign Policy*)[30]、《对美联储说不》(*The Case Against the Fed*)[31]以及其他政治新闻作品中,他对“孤立主义”的钟情和揭发丑闻的文风,都有老《论坛报》的影子。他总是在问:谁受益?和《论坛报》总编辑罗伯特·R.麦考密克一样,罗斯巴德不怕点名批评洛克菲勒、摩根、库恩雷波等集权制下的大财阀。就像罗斯巴德后来所说,对于“仍在掌控这个国家的华尔街亲英权势集团”的本质和动机,他年轻时和总编辑的看法一致。[32]

总之,罗斯巴德是一个“老右派”——奉行“美国第一”的一代保守派和古典自由派,反对海外战争和本国的集体主义。然而生不逢时,虽然罗斯巴德英雄少年,但是“老右派”师老兵疲。除此之外,由于战争的影响,美国正不受控制地走向左倾。美国与苏联携手并肩,共同退敌,自由市场理念甚至根本不在讨论之列。正如罗斯巴德在回忆录里提到的:校园里的右派以社会民主党为代表,“左派是共产党及其盟友,这两派设定了政治辩论的基调”。[33]

在罗斯巴德称之为“令人窒息的氛围”里,他第一次意识到自己不是孤身一人,还有一场反对集体主义和促进自由的运动存在。他回忆道,1945 年秋天,“当时我读了研究生,我更像商会、全国制造商协会(National Association of Manufacturers, NAM)那类自由市场的支持者,而不是一个纯粹的自由放任主义理论家,但我在往那条路上迈进”。[34]

1946 年,共和党在国会中期选举取得压倒性胜利。为了庆祝这“光荣的胜利”,罗斯巴德趁机在《纽约世界电讯报》(*New York World Telegram*)上发了一封贺信(属于他早期已发表的作品)。他欢欣鼓舞地写道:“又一次为真正自由的到来点亮了希望之火。1948 年,我热切地希望与期盼美国人民可以把废物总统杜鲁门赶下台,这样共和党就可以把我们从计划经济的奴役之路上解救出来,走上个人自由和政治经济自由的道路。”[35]在罗斯巴德看来,真正的自由主义指的是 19 世纪古典自由主义,主张经济自由和极简政府,与 20 世纪的自由主义不同。

战争结束以后,罗斯巴德加入了纽约青年共和党俱乐部(Young Republican Club)。1948 年,他写了一篇抨击物价管理局的报告,并参加了有关物价管制(战时的“紧急”规定,当时还没有废除)问题的内部辩论。罗斯巴德在抨击杜鲁门计划的论文中问道:如何从经济学的角度看待物价管制?他的回答非常尖锐:

> 让我们试想一下,假设政府通过一项法律,规定汽油的价格不能超过每加仑 2 美分,否则将视为违法。荒谬吗?原则上讲,不见得比任何形式的物价管制来得更荒谬。那么会发生什么呢?
>
> 1. 一开始,消费者会高兴,简单的政府指令神奇地削减了他们的生活成本。
>
> 2. 他们很快发现,再也没有商家生产和贩卖汽油。
>
> 3. 黑市形成,买主需要以卖家愿意接受的价格来购买汽油。但由于这是具有高风险的违法行为,因此为了补偿风险成本,定价会比之前还要高。
>
> 4. 诚实守法的人发现他们根本买不到汽油。

5. 接下来，政府将不得不组织大批警力执法，粉碎黑市。

6. 左翼人士宣称，控价之所以失败是因为汽油生产商开始转行生产煤油了，但政府还没出台煤油控价政策。解决方案是将所有价格都降到接近零。

7. 结果又会形成一个庞大的黑市体系——一个在违法与匮乏之间的普遍选择。道德和有序生活渐行渐远。

最终结果是政府与人民之间的战争状态：“如果人民获胜，结果就是形成一个接近旧自由市场的黑市网络，尽管扭曲了很多。如果爱管闲事的政府胜出，那么人民会面临饥饿和强制劳动。”[36]

当时，罗斯巴德和那些反对物价管控的青年共和党同伴是绝对的少数群体。大多数的青年共和党人，比如纽约那些正在找工作的青年律师，希望能够在托马斯·杜威①的政府机构中谋到一个安稳的工作。然而，即使在这样不利的环境下，罗斯巴德仍孜孜不倦地宣扬自由市场的主张，成为纽约市共和党政体中右派的坚定支持者。在一系列以“共和党路在何方”为主题的座谈会中，罗斯巴德代表右派与左派和中间派的发言人进行辩论。[37]

1946 年秋天，乔治·J. 斯蒂格勒（George J. Stigler）开始在

① 1944 年和 1948 年两度作为共和党候选人参选美国总统，但都败选。——译者

哥伦比亚教课,这位来自布朗大学的年轻经济学教授引起了骚动。他在前几堂课里连续抨击租金管制概念,要知道,租金管制至今仍是纽约人的心头爱。同时,他反驳了最低工资标准绝不会把低收入员工扫出市场这一观点。班里的左派学生吓了一大跳,课后围住斯蒂格勒,对这种异端言论进行激烈争论。罗斯巴德乐观其成。斯蒂格勒曾与米尔顿·弗里德曼(Milton Friedman)合著了一本关于租金控制的小册子《屋顶还是天花板?》(*Roofs or Ceilings?*),已由经济教育基金会(Foundation for Economic Education,FEE)出版。罗斯巴德给基金会写信索要了这本小册子,以及基金会的其他资料。这是他第一次接触有组织的自由意志主义运动。作为哥伦比亚大学经济系的一名博士候选人,罗斯巴德对他接触到的"绝大多数知识分子的态度感到震惊",特别是他在社会科学方面的同学展现出的"对资本主义和民营企业制度的强烈憎恶……对那些冷酷的权力集团的钦佩(如工会组织、苏联)……以及对整个西方自由主义传统的极度无知"。更不要说,"任何人只要支持法治或是政治经济自由原则,都会被立即指责为'法西斯主义者''黑色反动派''全国制造商协会的有偿代理人',从而马上受到知识分子阶层的唾弃"。基金会的存在让罗斯巴德欢欣鼓舞,因为"这类传播经济自由主义思想的组织的存在是非常必要的"。[38]

基金会由伦纳德·E.里德(Leonard E. Read)建立于1946年,坐落在纽约北部的哈得孙河畔。组织成员是一些自由市场农业经济学家,例如康奈尔大学的F. A.哈珀(F. A. Harper),以及里德过去任主席的洛杉矶商会的前首席经济学家奥瓦尔·沃茨(Orval Watts)。这个组织对依旧处于萌芽期但日益壮大的自由意志主义运动来说,就像一盏指路明灯。它还雇用过整整一代年轻的自由意志主义经济学家和活动家,其中有保罗·波洛博士、理查德·科尼埃尔、威廉·马歇尔·柯蒂斯、伊万·比尔利,以及埃利斯·兰伯恩。

一位学术界的自由意志主义者

在学术方面,罗斯巴德就读于哥伦比亚大学研究生院,1946年获得硕士学位,同时得到经济和数学荣誉学位,于同一年开始攻读经济学博士学位。他也在寻找工作,而且是在一些不相关的领域。1945年3月,他给在纽约布鲁克林的斯佩陀螺仪公司人事部写了一封求职信。此时,他的硕士课程只有一门没有完成,这门课是在夜间上的,因此他"可以马上就职"。[39]

罗斯巴德没有获得这份工作,至少没有录用记录保存下来。但这对自由事业来说是件幸事。

1948年4月,他通过了博士资格评审,并忙于写作博士论文《国民对于1819年大恐慌的看法》("National Public Opinion on the Panic of 1819")①。他还遇到了支撑他全部情感生活的女人。她叫乔安·舒马赫,出生在弗吉尼亚州。用乔安的话来说,

---

① 美国当时沉溺于房地产的极度繁荣,主要是在建国伊始的美国西部领土。当泡沫破灭,许多国家银行倒闭,信贷市场崩溃,随后是经济衰退,接着是长达6年的经济大萧条。——译者

那个时候,她刚好在哥伦比亚大学“闲逛”。他们俩是通过共同好友认识的,最终结下了将擦出爱情火花的深厚情谊。他们会在图书馆聊上几个小时,很快变得形影不离。他爱称她为乔伊。罗斯巴德虽然在政治上是孤立的,但在个人情感方面却找到了能够相伴一生的伴侣。在 1963 年的《美国大萧条》(*America's Great Depression*)的题献页上,他写道:“献给乔伊,我不可或缺的精神支柱”。这一献词足以见证他俩关系的特别。

热恋期间罗斯巴德给乔伊写的书信可谓富有激情又不乏幽默,他以饱含热情的叙述方式讲述了战后纽约社会层面和教育层面的趣闻轶事。乔伊本身就是一个非常聪慧且素有教养的女子,与罗斯巴德完美互补。纵观这对夫妻的一生,乔伊安定了丈夫心浮气躁的秉性。每当罗斯巴德表现出过分释放热情的迹象时,乔伊总是轻柔地将他拉回正轨。罗斯巴德应该发现了别人不会忍受他的脾气,但乔伊是个例外。乔伊在哥伦比亚大学获得历史学学士学位之后,便去纽约大学攻读硕士学位。乔伊对于音乐,尤其是歌剧有着浓厚的兴趣,对理查德 · 瓦格纳颇有研究。她本可以有自己的事业,却将自己奉献给了罗斯巴德,悉心照料他的生活起居。

有一天,乔伊回到家发现罗斯巴德坐在门口的台阶上,眼里含着泪。罗斯巴德向他的导师约瑟夫 · 多尔夫曼(Joseph Dorfman)教授提交了博士论文,多尔夫曼教授倾向于让这篇论文通过,但学科负责人、日后的美联储主席阿瑟 · 伯恩斯(Arthur Burns)的一句评价干扰了多尔夫曼。伯恩斯认为这篇论文放在任何一个人身上都是可以接受的,但是罗斯巴德不应该如此平凡。不难想象，问题并不是年轻的自由意志主义者顶撞他信奉社会主义的教授们，如他后来所说，问题出在“更私人的层面……出在专业内，而不是思想观念上”。他与阿瑟·伯恩斯相识甚久，从他高中开始，他们就生活在同一栋住宅楼里。他回忆道：“到了大学我们还住在同一栋楼里。我们相处融洽。我觉得他是一个非常杰出的理论家，他对正统理论的批判非常卓越……但是他没有真正地运用批判，我的意思是他没有在那个领域发表作品。他和多尔夫曼教授的分歧在于，他对我的论文应该是什么样子有不同的看法……而我对他们之间的分歧是无能为力的，因为两个人的谈话以互相反驳而告终了。”[40]

一想到可能不得不重写论文的主要部分，罗斯巴德就感到沮丧。他认为自己完全没有能力完成，自己的学术生涯也将就此止步。但是当伯恩斯 1953 年应邀去华盛顿的时候，阻碍他前进的主要障碍消除了，他重新提交了论文。在伯恩斯到华盛顿担任经济顾问委员会成员时，罗斯巴德也顺利完成了他的论文《1819 年大恐慌：应对和政策》（“The Panic of 1819：Reactions and Policies”），并于 1956 年获得了经济学博士学位。[41]

在罗斯巴德看来，校园的政治派别虽然由右派的社会民主党和左派的斯大林主义者所组成，但与当下自由意志主义者在学术圈的处境相比，他显然要容易很多。在那个时代，大学不是政治灌输的中心，而是真正致力于追求真理的学术圣地，这种想法为当今美国学者所嘲笑。那些年，像当今这样无孔不入、控制思想、扼制全国学校的政治正确是完全不存在的。那时候教授和学生之间也有一种距离，这种距离放在现在会被认为是“精英主义”和过时的。罗斯巴德回忆说，虽然他经常有不同看法，但是“很少和教授们争论，因为很少有意见交流”。当被问及他对那些攻读博士学位的年轻的自由市场倡导者有何建议时，罗斯巴德说：“我真的很同情现在那些早已成为奥地利学派一员，并试图与当前正统观念搏斗的孩子们。我读博士时还不是奥地利学派的，我是逐渐成为自由意志主义者的。但是就经济学而言，我只知道我一直怀疑正在发生的事情，这是最重要的一点。所以在某种意义上，我比那些一开始就是米塞斯流派的人要好得多，不用试图面对弗里德曼主义和数学等一切理论的困扰。第二点，那个年代很少涉及数学，经济学有一种乐趣。如果我现在是一个年轻的毕业生，我真不知道自己会不会进入经济学领域，因为当时没有那么多数学知识。”并不是说罗斯巴德害怕数学，相反，数学是他小时候学得最好的科目之一。他在这里想说的是，尽管“计量经济学需要数学”，但经济学并不令人费解，还没有退化成一堆故弄玄虚的公式、无数图表和术语。那时候的学术期刊“文笔精炼又不乏文采，其中有杰出自由市场主义经济学家弗兰克·奈特的作品，还有一些有哲理的文章……不像现在，没有那么庞杂僵化”。[42]

身处那种由相对轻松的左派主导的思想氛围中，他得以找到通向自由意志主义的道路。有一件事被罗斯巴德称为名副其实——而且令人无比愉悦——的文化冲击。有一天在哥伦比亚书店，在常见的托洛茨基和斯大林派的书架上，有一本小册子格外显眼，封皮上以黑体字母写着标题，名字很大胆：《征税是抢劫》（*Taxation Is Robbery*），弗兰克·乔多罗夫（Frank Chodorov)著。[43]没有哪句话比这句话更能简明贴切地阐述自由意志主义的中心前提和政策。罗斯巴德说:“确实如此,一看到这些闪亮和无可辩驳的字眼,我的思想观念就彻底改变了。”[44]他找到了引领他上路的政治指南。[45]

乔多罗夫是文学评论家和作家阿尔伯特·诺克(Albert J. Nock)的门徒,由于反对美国参加第二次世界大战,已经被踢出乔治派单一税运动(Georgist Single Tax movement),失去了他的期刊编辑工作。自1944年11月以来,他一直在下曼哈顿区的一个阁楼里出版他的小期刊《分析》(*Analysis*),勉强维持生计。罗斯巴德在经济教育基金会的鸡尾酒会上认识了乔多罗夫,认为他是“一个讨人喜欢的家伙”。从那以后,他就开始阅读后来对他产生很大影响的《分析》。[46]在杂志里,乔多罗夫大肆宣扬“华盛顿精神失常”“不要买债券”等反对国家主义的言论。在比较大英帝国和罗马帝国的过程中,乔多罗夫发现了美国战后霸权中“西方拜占庭帝国”的兴起。[47]罗斯巴德投了一篇关于H. L. 门肯①的《知识读本》(*Crestomathy*)的评论文章,这也是他发表的首篇文章。[48]随后他又发表了一些文章,而且他们从1947年夏天开始定期通信。

在罗斯巴德探索自由意志主义的道路上,诺克、加雷·加勒特、伊莎贝尔·帕特森(Isabel Paterson),以及“所有伟人”的作品都是他的养料。他这样描述这一时期的自己:“还不是无政

① 门肯(H. L. Mencken)是美国近现代知名记者,影响了安·兰德。——译者

府主义者，只是在无政府状态的边缘徘徊。”1949 年罗斯巴德写给乔多罗夫的一封书信显示，他向乔多罗夫订购了很多书，其中包括阿尔伯特·杰伊·诺克的《一个多余人的回忆》(*Memoirs of a Superfluous Man*)和《遗忘日子的日记》(*Journal of Forgotten Days*)，赫伯特·斯宾塞的《人与国家》(*Man versus the State*)，欧内斯特·本爵士的《一个资本家的告白》(*Confession of a Capitalist*)，亨利·乔治的《政治经济学》(*Science of Political Economy*)，以及米塞斯和门肯的书。在阅读《分析》，以及与乔多罗夫等人书信往来的过程中，罗斯巴德接触到了自由意志主义的深厚底蕴。他发现文学家诺克的优雅散文风格激发了 20 世纪早期的《自由人》(*Freeman*)和《大西洋月刊》(*Atlantic*)等杂志的兴盛。他尤其为加勒特着迷。加勒特是《周六晚报》(*Saturday Evening Post*)的编辑，在《去日革命》(*The Revolution Was*)中记录了旧美利坚共和国的衰落，罗斯巴德这些年来时不时会引述上面的内容。罗斯巴德虽然忙于论文，却开始寻找过去的自由主义声音，并在研究中发现了一些有趣的事情。“我发现了 20 世纪 20 年代的《美国信使》(*American Mercury*)[①]，里面有很多关于第一次世界大战干预主义‘改革’的精彩文章，以及门肯的大量社论和书评。”然而，当他读到 20 世纪初的《自由人》(由诺克和弗朗西斯·尼尔森主编)时，他困惑了，怀疑这些自称是自由

---

① 1924 年由门肯和乔治·琼·内森(George Jean Nathan)在纽约创建，曾是自由意志主义的重要刊物。后经两次转让逐渐没落，于 1981 年停刊。——译者

意志主义者的人，可能已经在给工会和布尔什维克革命写赞歌了。[49]

在这些老师的引领下，罗斯巴德更多是从道德-政治观点出发，而不是从严格的经济学理论出发成长为一个自由意志主义者的。他说："我的自由意志主义立场，从来都不是从某种对外部性或交易成本等的分析中形成的。这是一个关于正义与犯罪的取舍问题。"[50]

乔多罗夫彻头彻尾的反国家主义在逻辑上导向无政府主义，或者更准确地说，终将导致无政府资本主义。但是罗斯巴德还没有意识到他所接受的思想的全部内涵，直到有一天，"在与研究生院的朋友们就保守主义和自由主义争论了无数次之后"，他回忆说，"等他们离开，我才意识到发生了一些非常重要的事情"。他的朋友们认为，既然社会能对警察机关存在的必要性达成共识，"为什么就不能也赞同由政府建设钢铁厂并控制物价之类的呢？在那一刻，我意识到自由放任的立场自相矛盾，我要么继续走向无政府主义，要么成为一个国家主义者。毋庸置疑，对我来说，只有一个选择，那就是走向无政府主义"。[51]

随着罗斯巴德的思想朝更为激进的方向演变，他与自由意志主义运动的接触便与日俱增。远在堪萨斯城的传奇人物洛伦·米勒（Loren Miller）——最早的那批自由意志主义积极分子中的一个，成了亟须的能量和稀缺资金的来源。米勒提供了能量，他的朋友哈罗德·W. 卢诺（Harold W. Luhnow）提供了大部分资金。卢诺是一位杰出的商人，战前一直是反干预主义组织"美国第一委员会"（America First Committee）的支持者，现在是经济教育基金会(FEE)的支持者。他热情地致力于扩大自由意志主义学术的传播范围。作为威廉·沃尔克公司(一家全国性的家居用品批发分销商)和沃尔克基金会(Volker Fund)的负责人,卢诺有条件重建自由意志主义运动,他和团队也正致力于此。对罗斯巴德这种崭露头角的年轻学者来说,这无疑是幸运的事。

路德维希·冯·米塞斯:老师亦导师

在沃尔克基金会的安排下,米塞斯从纳粹占领的奥地利逃到纽约,没有学术职务的他得以在纽约大学担任客座教授。米塞斯在这里开办了著名的研讨班,从许多方面看,这个偶发事件都会成为罗斯巴德思想发展的中心轴。因为这是他青年时代的第二大发现:"奥地利学派"或者说纯粹的自由市场经济学派的存在。

米塞斯是FEE的兼职员工,罗斯巴德第一次去那里,"所知道的就是米塞斯写过《社会主义》(*Socialism*)……我甚至不知道米塞斯还在世,也不知道除此以外他对经济学还有什么贡献"。1949年春,罗斯巴德从一个FEE成员那里得知,米塞斯出了一本书。"我问这本书写了些什么,是关于什么的。他信誓旦旦地说,这本书写了一切。"[52] 1949年冬,耶鲁大学出版社出版了米塞斯的《人的行为》(*Human Action*)。在给《分析》写的《人的行为》书评中,罗斯巴德宣布了米塞斯的成就:

> 将货币理论融入个人主义“效用”经济学的一般框架；证明自由银行制度下良币好于劣币；完美描绘了通货膨胀政策和信贷扩张的恶果；出色分析了商业周期的原因（是信用扩张的结果）；证明计划经济是不可行的；证明利益是人类行为的一个永恒范畴，而不是放高利贷的邪恶手段；证明资本消费和强制储蓄的可能性；彻底描绘了经济生活中的每一类政府干预的恶性影响。[53]

所有这一切都包含在米塞斯的基本观点中，正如罗斯巴德所说，经济学是一种个体的行动，不是关于阶级、群众以及其他集体的互动或冲突。尽管米塞斯从未使用“自然法则”这个术语，但是对于罗斯巴德来说，米塞斯是连接他对正义和真理的诉求的桥梁，这一发现得出的结论是：

> 从他的角度，经济学可谓是一系列“行为学法则”，这种法则是人类行为中亘古不变的一部分。行为学法则和物理法则一样，始终伴随着我们，但人们只有身处险境时才会加以注意。人类已经认识到无法忽视万有引力定律，但是仍在忽视经济学的行为法则。[54]

罗斯巴德在给米塞斯的一封信中写道，他渴望参加米塞斯在纽约大学举办的马克思主义研讨班。他坦言当时还没有读完《人的行为》，兴奋之情却溢于言表：“尤其是像我这样一直在哥伦比亚大学读书的人，感到如沐春风。虽然那里的教授在不同观点之间激烈争论,特别是在数理学派-凯恩斯主义者与凡勃伦-米切尔制度学派之间争论不休,但是他们都认为经济学思想史应该是这样一条线索:从李嘉图的古典经济学理论到马歇尔的新古典经济理论,再到希克斯、萨缪尔森以及他们的追随者所代言的现代经济学理论。结果,哥伦比亚大学的毕业生学遍了马歇尔、希克斯、维布伦和米切尔,却对'奥地利经济学派'知之甚少。"米塞斯让罗斯巴德的批判更为明晰了,他认为制度学派是幼稚的统计学膜拜者,数学家是与思考着、行动着的人的真实世界完全脱离的幻想家。罗斯巴德说,《人的行为》——

> 向我展示了这两种批评的价值,并提出了一个全新的经济理论方法,弥补了其他理论的缺陷。

同时,米塞斯的精湛分析

> 首次为行为经济理论奠定了坚实的方法论基础(人类行为研究),也非常清晰地揭示了理论与历史的差异,以及各自履行的职能。[55]

在这封信里,罗斯巴德也提到了他早期感兴趣的一个项目(日后成为他学术成就的顶点),即从奥地利学派或者米塞斯的角度阐释经济学思想史。"如果你现在能为我们提供一个可以正确评估经济思想贡献的学说史,那就太棒了!据我所知,现在还没有一本好的经济学思想史,知识界肯定会翘首以待。"[56]

从此，罗斯巴德成了米塞斯研讨班的常客。这段经历塑造了他的思想，当然还有他的学术生涯，也让他和米塞斯等人成了莫逆之交。米塞斯——这位被流放的巨人，他开办的维也纳大学研讨班曾经是奥地利学派的中流砥柱，现在不得不屈身教授那些为了轻松拿到学分而参加课程的"半吊子商学院学生"（罗斯巴德语）。米塞斯的听众里有 1/3 至 1/2 是自由意志主义者，他们将成为美国第一代奥地利学派经济学家。研讨班正课结束之后，米塞斯和他最喜欢的学生还会去柴尔德饭店，继续进行圆桌讨论。据罗斯巴德回忆，米塞斯常常给害羞的初学者讲这段友好的忠告："别怕说话。记住，不管你说什么，不管有多离谱，那些著名的经济学家早已说过同样的傻话。"[57]

罗斯巴德在哥伦比亚大学那么多年，在研究生阶段从未讨论或提及任何奥地利学派的主题。现在，他逐渐成了这方面的专家。罗斯巴德一直都知道，他反对的罗斯福新政和杜鲁门的公平施政政策，正是哥伦比亚大学研究生班的主流思潮。"那时正值战后，很多老兵回流到学校。原本 30 人左右的课堂，突然变成 150 人。这些人都极左，而且有明显政治倾向。"[58]对于罗斯巴德来说，《人的行为》是"一个巨大的启示"。23 岁的罗斯巴德"有一种很明确的直觉，认为所有的经济学派都存在漏洞。我对所有学派的经济理论都非常不满。我觉得……当制度主义者批评英美经济学正统的时候，制度主义者是对的；当正统人士批评制度主义者时，正统人士也是对的。双方的批判都对。我认为简单的供求关系是正确的，但是苦于没有很好的理论基础，我对那些理论都不满意。直到我读了《人的行为》，才顿时觉得醍醐灌顶。”[59]

在1950年9月的《分析》上，罗斯巴德写道：“每隔一段时间，人类都会不经意间停下手中的工作，写下一部思想巨著。在人类历史的长河中，能成为思想先驱的人可谓凤毛麟角。他们既是创造者又是分类者，他们在寻求真理方面开辟出新的道路，并将发现的真理整合到大厦中。毫不夸张地说，《人的行为》便是这样的大厦……这部鸿篇巨制，值得学习一生。”他称赞米塞斯的“思想富有力量和创造性”，应该和斯密、李嘉图、门格尔、庞巴维克、瓦尔拉斯等人一起“载入经济学家名人堂”。“整个20世纪上半叶，只有他可以和18世纪、19世纪的伟人们相提并论。”[60]

罗斯巴德把书评发给米塞斯，米塞斯感谢他写了一篇“不错的书评”，并且也认为需要开设研讨班研究经济学的认识论问题。他最后督促罗斯巴德早日完成论文，“拿出足够的时间开始写一部大作，解答你信中提到的问题。但请记住，对这些问题的适当处理需要德语和法语的阅读能力”。[61]

罗斯巴德对新导师好心的鼓励铭感五内，并且“希望我对得起老师的教诲”。他答应掌握德语阅读能力，并很快就开始上课了。[62]

在世界范围内，大家坚信集体主义，听不到不同意见，左派右派似乎也已经在福利－战争国家派中合二为一。在经济学界，宣扬福利国家的凯恩斯经济学家占了上风，在大学和政府机构各处身居要职。而他们的批判者，如米塞斯，则遭到遗忘。

然而在这背后，在战后成长起来的推崇自由市场的知识分子的推动下,事情已经开始酝酿。沃尔克基金会致力于寻找和资助自由意志主义学者,聘请了罗斯巴德的朋友赫伯特·科尼埃尔(Herbert Cornuelle)做联络员。科尼埃尔是行政管理天才,后来成为都乐食品公司的首席执行官,自己在生意上也非常成功。与此同时,他在任务中运用卓越才能,不断培养从世界各地发掘的自由意志主义学者。正是他鼓励罗斯巴德给学习奥地利学派经济学的人写一部入门读物,将米塞斯的概念简化并以适合教科书的形式呈现。罗斯巴德回忆道:“我那个时候刚开始上米塞斯研讨班,只是一个无名小卒!”[63]他试写了一章,得到了米塞斯的认可。基金会的多年资助使他能够完成作品,这个项目不久成就了一座丰碑,一部关于奥地利学派经济学的全面论著:《人、经济与国家》(*Man, Economy, and State*)。

罗斯巴德1952年写这部书的时候,也开始为沃尔克基金会工作(先是兼职,后来是全职),孜孜不倦地寻觅自由意志主义领域的人才。罗斯巴德和朋友弗兰克·S.迈耶(Frank S. Meyer)——当时基金会另一位“高级分析师”一道翻阅书籍、期刊、文献以及各种材料,忙着网罗思想界的知识分子盟友和搜寻自由意志主义智慧生活的蛛丝马迹。这10年间,罗斯巴德像“思想企业家”一样给基金会卖力工作,不论受雇于什么职位,他都是全职在做,这个角色也很适合他。他后来说:“那份协议很好。他们给我订阅各种期刊,想让我看看有没有优秀的人。找出优秀的文章和优秀的人,最后写出来。这是一份很棒的工作!”[64]

罗斯巴德之所以擅长,不仅是因为他的热情,还得益于他出色的阅读理解能力。同事们认为他学得很快，而且他源源不断地给基金会寄来了大堆评论、信件、报告和备忘录。

妻子乔伊说："罗斯巴德生活幸福。他从来不用早起去上班，从来不做不喜欢的事情。"尽管工资很低，但他喜欢基金会的工作，甘做自由之火的培养者。青年罗斯巴德的经济和政治理念尚未完全成熟，但已经相对固定和系统化。他凭借这一点，正意气风发地朝着一名思考者、哲学家、经济学家、历史学家，以及全能的辩论家的方向迈进。

那些年里，罗斯巴德参与了关于那个时代所有重要议题的争论。如果顺着时间阅读他的文集，那就像是在阅览一部战后美国政治和经济领域几乎所有重大争议的历史；还像是在以一个异常博学和泰然自若的党派自由爱好者的视角观看美国近代史，而且文风激辩，天马行空。这种生动的叙述巧妙地把自由与权力斗争的故事带入了整个社会科学，谈笑间摧毁了学院知识分子的谬论，也为自由社会的最终胜利指明了道路。正因为有不屈不挠的精神，罗斯巴德才有望在这 10 年中坚守自己的原则而不动摇。

注释

1. Murray N. Rothbard, "Life in the Old Right," *Chronicles* (August 1994).
2. Interview with Walter Block and Walter Grinder. "Rothbard Tells All," p. 1，作者所藏的未出版文稿。
3. Rothbard, "Life in the Old Right."
4. 同上。

5. 罗斯巴德的未出版手稿《我的自传》,没有日期(大概在 1943 年)。
6. 同上。
7. 同上,第 2 页。
8. 同上,第 4 页。
9. 同上,第 3 页。
10. 同上,第 5 页。
11. 同上,第 6 页。
12. 同上,第 8 页。
13. 同上,第 10 页。
14. 同上,第 9 页。
15. 同上,第 10 页。
16. Mary Elizabeth Nells and Leah Sibley, "Report of Murray Rothbard," 21 December 1934.
17. 同上,第 11 页。
18. 同上,第 12 页。
19. 同上。
20. 同上,第 13 页。
21. Rothbard, "Life in the Old Right."
22. Rothbard, "My Autobiography," p. 19.
23. Murray N. Rothbard, "The Betrayal of the American Right," 未出版文稿, p. 59。
24. Rothbard, "Life in the Old Right," p. 18.
25. Rothbard, "My Autobiography," p. 22, 23.
26. Murray N. Rothbard, "Statistics: Destroyed From Within?" *The Free Market* (February 1989). 转载于 Murray N. Rothbard, *Making Economic Sense* (Auburn, Ala.: Ludwig von Mises Institute, 1995), pp. 38 – 39.
27. Margaret Elizabeth Nells and Leah Sibley, "Report of Murray Rothbard," 21 December 1934,着重部分为原文所有。
28. Rothbard, "Statistics."
29. Rothbard, "The Betrayal of the American Right," p. 60.
30. Murray N. Rothbard, *Wall Street, Banks, and American Foreign Policy*

(Burlingame, Calif.: Center for Libertarian Studies, 1995).

31. Murray N. Rothbard, *The Case Against the Fed* (Auburn, Ala.: Ludwig von Mises Institute, 1994).

32. 麦考密克认为赫伯特·胡佛是“史上最伟大的国家社会主义者”,他的编辑洞见也许播撒下了罗斯巴德研究这个问题的种子。

33. Rothbard, “The Betrayal of the American Right,” p. 69.

34. Block and Grinder, “Rothbard Tells All,” p. 1.

35. Rothbard to *New York World Telegram*, 6 November 1946.

36. Murray N. Rothbard, “Price Controls,” *Campaign Research Bulletin* no. 4 (New York: Young Republican Club, fall 1948): 5.

37. 曼哈顿城区的全国共和党人俱乐部妇女青年团发布了会议消息卡片,提出 1950 年 1 月就“共和党路在何方——左派、右派还是中间派”这一话题进行辩论,罗斯巴德代表右派。汉密尔顿共和党俱乐部的第七分会发布了另一个会议消息,询问“你是哪种共和党人?”作为保守派共和党人的排头兵,罗斯巴德反对“走中间道路的共和党人”,还有自由派共和党人的发言人。文稿在作者手上。

38. Rothbard to Foundation for Economic Education, 22 November 1946.

39. Rothbard to Personnel Dept., Sperry Gyroscope Co., 31 March 1945.

40. Block and Grinder, “Rothbard Tells All,” pp. 12 – 13.

41. 罗斯巴德的博士论文在 1962 年出版,书名为《1819 年大恐慌》(New York: Columbia University Press; Columbia University Studies in the Social Sciences, No. 605)。

42. Block and Grinder, “Rothbard Tells All,” pp. 11 – 12.

43. Frank Chodorov, *Taxation is Robbery* (Chicago: Human Events Associates, 1947).

44. Rothbard, “The Betrayal of the American Right,” p. 73.

45. See especially Murray N. Rothbard, “Frank Chodorov, RIP,” *Left and Right* 3, no. 1 (winter 1967): 3 – 8.

46. Block and Grinder, “Rothbard Tells All,” p. 3.

47. See Charles Hamilton, ed., *Fugitive Essays: Selected Writings of Frank Chodorov* (Indianapolis, Ind.: Liberty Press, 1980).

48. *Analysis*（August 1949）.

49. Rothbard to Frank Chodorov, 30 January 1949.

50. Block and Grinder, "Rothbard Tells All," p. 3.

51. 同上。

52. 同上,第 5—6 页。

53. Murray N. Rothbard, review of *Human Action*, by Ludwig von Mises, *Analysis*（May 1950）: 4.

54. 同上。

55. Rothbard to Ludwig von Mises, 22 September 1949, p. 1.

56. 同上,第 2 页。

57. Cited in Murray N. Rothbard, *Ludwig von Mises: Scholar, Creator, Hero*（Auburn, Ala.: Ludwig von Mises Institute, 1988）, p. 63.

58. Block and Grinder, "Rothbard Tells All," p. 2.

59. 同上,第 6 页。

60. Murray N. Rothbard, review of *Human Action*, *Analysis*（September 1950）.

61. Ludwig von Mises to Rothbard, 29 May 1950.

62. Rothbard to Ludwig von Mises, 13 June 1950. 他慢慢掌握法语阅读。

63. Block and Grinder, "Rothbard Tells All," p. 8.

64. 同上,第 9 页。

第二章 老石派的背水一战

大卫·罗斯巴德通过言传身教帮助儿子塑造思想,尤其是政治思想。作为新泽西州贝永市潮水炼油厂(Tide Water Oil Refinery)的经理,大卫和工会暴徒打了30多年的交道。1951年至1952年冬的贝永石油工人大罢工让年轻的默里真切体会到了何为政治,给他初生的政治觉悟指明了方向。博奇-沃森高中的朋友拉塞尔·布利斯在给罗斯巴德的信中赞美工会,罗斯巴德回信说道:

> 你可能会对我父亲的经历感兴趣。过去6周,他在贝永工厂遭到孤立、围攻以及事实上的监禁,无休无止,看不到尽头。结果从新年后的那个周五起,他每天24小时都在工厂,我和母亲再也没有见过他的踪影。所有这一切,还有很多事情都是强盗-工会主义的直接结果(相信我,这两个词永远有联系)。[1]

工会权力全部依赖"暴力和暴力威胁"，工会企业①意味着对工人的"无限暴政"，工人被迫缴纳会费来让自己继续接受奴役。他写道，工会正在快速发展成"私人工业独裁"统治，罗斯巴德对贝永罢工的描述生动而戏剧化地表现了工会的暴行：

> 贝永正在上演高潮……问题是工会纠缠管理层、施暴数十年之后，现在想要接管管理层，决定如何运营工厂。这是一家炼油厂，为了防止爆炸或火灾，像我父亲这样的管理人员必须待在工厂，还必须保持机器运行；否则，重启机器需要数月之久。他们必须一直待在那里，因为只要出了工厂，工会暴徒就不会再让他们进来。当人们无法按照意愿来去时，自由在这个国家就成了笑话。但是，就像在其他所有情况下一样，警察袖手旁观——就像他们所说的，"保持中立"。所以，我父亲他们必须偷偷购买食物，而且必须要到后半夜暗中送进去。[2]

"不幸的是，"他对另一个朋友说，"人们并不打算找来'破坏罢工者'。"[3]工会暴徒就像公立中学的小流氓一样，威胁的不只是他，还有他的家人。他父亲在贝永当人质，在给父亲的一封信中，他欢呼"罗斯巴德反击力"能够让"赤色工会分子(Red unioneers)胎死腹中"。他继续写道：

---

① 工会和企业签订的一种契约，契约规定雇主只能雇用工会成员，如要雇用非工会成员，则必须使之在工作一段时间后加入工会。——译者

> 记住,作为一小队被围困在要塞里的勇士,你们每一个人都要继续努力对抗横行霸道的工会势力。(根据定义,所有工会都是左翼的。依据敌视工会的约瑟夫·P. 坎普[Joseph P. Kamp]的定义,平等主义者是红色的,而凭其行为就可知,工会一定主张平等主义。)我们应该为贝永建立一道网络吗?[4]

警察袖手旁观,宣称“中立”,这激怒了小罗斯巴德,让他喊出了无政府主义者的心声:“看吧,警察失职,又一次活生生地证明了右派无政府……哦不,我是说志愿主义(Voluntaryism)的必要性。”[5]

默里热衷于新发现的事业,用假装严肃的战报语调给老罗斯巴德又写了一封信:“现在的口号是:‘在林肯生日前走出战壕!’”就像游击队长向指挥官报告一样,罗斯巴德讲述了他如何给一个富有同情心的《纽约先驱论坛报》记者描绘贝永围攻。由于这封信理应激励他父亲在围攻中打起精神,他还在信里写满了对各种事件的评论:比如爆炸性消息,“新泽西州的布卢姆菲尔德学院(Bloomfield College)发布官方公告,他们拒绝聘用并将开除所有左翼教授,结果新泽西州的所有知名百万富翁都拒绝捐助该大学”。同时他也提到,约翰·T. 弗林“每天 7 点 30 分会在广播台 WMGM 上评论,他是全国自由网络的一部分”,而且“毫无疑问是最佳广播评论员——传播弗林福音吧!妈妈要求伊芙琳每夜都收听”。[6]

罗斯巴德与家人的关系异常密切,相互保护,有时会有些过火。一直到罗斯巴德结婚后，他母亲每天都至少给他打一通电话。有迹象表明，当默里决定与乔伊结婚时，拉娅·罗斯巴德（Raya Rothbard）一点也不兴奋。尽管他母亲和母亲那边的家人一开始反对——他们感到很疑惑，他怎么会想到和异教徒结婚呢——默里和乔伊还是于1953年1月16日结婚了。对于他俩来说，这开始了一场冒险，也开始了一份永不投降的爱情。

善辩者

在一种总体上更加宽松的思想和政治环境下，罗斯巴德的个人生活拉开了帷幕。罗斯巴德的政治兴趣日益浓厚，除了偶尔插手当地共和党活动外，很少有表达渠道，但这恰好刺激了他对政治表达的渴望。他已经开始和许多人积极通信，例如同为奥地利学派经济学家的路德维希·拉赫曼（Ludwig Lachmann）、著名社会学家和修正主义历史学家哈里·埃尔默·巴恩斯、经济教育基金会工作人员等等。此外，他决定联系一份非正式的时事通讯，该刊物先后名为《个人主义通讯》（*Individualist Newsletter*）和《守夜人》（*The Vigil*）。1952年5月那期的《守夜人》这样赞美米尔顿·弗里德曼，虽然“迄今尚未因合理解决货币问题而成名”，却站出来呼吁废除美国联邦储蓄系统，同时恢复100%银行活期存款准备金要求。《守夜人》上汇集了书评、运动时讯、坊间传闻、名言集锦、随笔和辩论，例如，《揭穿巴克利》（“Buckley Revealed”）一文全面审查了小威廉·F. 巴克利的虚假言论：“要成为追随弗兰克·乔多罗夫的自由意志主义者”。[7]

罗斯巴德兴致勃勃地写下这些通讯，很显然，他喜欢这类写作。自此，罗斯巴德终身保持着写政治新闻的习惯。不过除了享受纯粹的愉悦以外，他还想要填补长久以来的空白：随着乔多罗夫的《分析》停刊，罗斯巴德信奉的"纯粹"自由意志主义无法发声，没有了专属杂志，甚至不再独立存在。虽然（目前）他自认为是广泛的右派运动中的一员，但他不是那种为了团结而隐藏自己观点的人。在《公立学校的敌人和朋友》（"Enemies and Friends of the Public Schools"）一文中，罗斯巴德对右派同侪露西尔·克雷恩（Lucille Crain）夫人和艾伦·A. 佐尔（Allen A. Zoll）颇有微词，他们"向群众保证，他们不是公立学校真正的敌人，只是反感在学校里教社会主义"。罗斯巴德对此表示强烈不满。"《守夜人》骄傲而坚定地采取反对公立学校的立场"，他写道，因为"公立学校的行为本质上就是社会主义的"。虽然在其他事情上可能会含糊其词，"但是在这类事情上，《守夜人》的'激进'不同于其他'保守主义'刊物"。[8]

在《守夜人》中，罗斯巴德就当前问题详述了其与众不同的自由意志主义立场，小心翼翼地将自己的立场与保守派盟友的计划和方法区分开来。那时，众议院颁布公告，说要调查"颠覆活动"，尤其要调查卡内基基金会、洛克菲勒基金会和古根海姆基金会的左派行为。作为回应，罗斯巴德表示，"卡内基、洛克菲勒等机构会难堪，我们感到很高兴。但是我们不愿意见到这类国会调查"，因为"如若国会今天有权镇压红色教科书，明日就有权镇压白色教科书"。右派实在太了解这类调查的危险了，因为保守的孤立主义者在战争期间受过明目张胆的压迫，他们被迫噤声，有些人还被冠以“煽动罪”而上了法庭。“从逻辑上讲，”他写道，“那些站出来反对布坎南清剿赤色分子的勇士们，也应该同样反对考克斯远征(Cox expedition)，即使考克斯远征能帮我们排除异己。”近来为了审查右派行动及其资金来源，布坎南委员会审问了一批右派组织，宪法教育联盟(The Constitutional Educational League)成员、著名的“赤色分子迫害者”(Red-baiter)约瑟夫·P.坎普因拒绝透露捐助者姓名而入狱，甚至经济教育基金会都被关停整改。“政府有权给基金会免税，这一特权带来一系列问题。从根本上解决这些问题”的唯一方法是，“废除所得税制度！”然而，与左派“公民自由意志主义者”(civil libertarians)不同的是，罗斯巴德全力支持清剿左翼激进分子：“以下方式完全合理而且通常是值得称赞的：(a)私人机构自愿揭发，例如红色频道等；(b)指控政府官员，因为他们作为官僚也应该受到同等对待，例如参议员麦卡锡发起的指控。”“不过，以下类型的赤色分子迫害是邪恶的，因为涉及政府官员迫害异见者：(a)迫害性法案，如《史密斯法案》和《麦卡伦法案》；(b)国会的传唤调查。”[9]

《守夜人》在向权力说出真相的时候毫不犹豫地指名道姓，这种揭发丑闻的风格与罗斯巴德的保守派盟友再次形成鲜明对比。在《国际银行家对纳税人》(“The International Bankers Versus the Taxpayers”)一文中，罗斯巴德反对“二十八国会议”——该会议旨在召集各国探讨解决德国日益增长的外债问题。战后美国共借给西德32亿美元，并同意以37美分折算1美元，也就是共偿还12亿美元，35年偿清，利率为2.5%。这样一来，美国纳税人2/3的储蓄付诸东流。然而,罗斯巴德指出,某些大型投资银行机构却能从该还款协议中营利:"作为对该协议的回报,西德波恩政府同意全额偿清战前德国向美国银行和私人投资者所借贷款,包括应计利息①。"[10]

罗斯巴德虽然不是经济决定论者,但他经常发现,"一切向钱看"这句老话为理解时事提供了全新角度。在追踪政策和政客的联系中,他把广博的知识、惊人的记忆力与敏锐的分析风格相结合,写出了一流的调查报告:

> 现在,让我们考察一下做出此项决策的美国官员们——这项决策太有利于银行家了!最高级别官员是美国驻德国高级专员约翰·J.麦克洛伊(John J. McCloy)。麦克洛伊是华尔街律师事务所CSM(Cravath, Swaine & Moore)的成员。20世纪20年代,国际银行家们将大量美国借款给了德国政府,其中涉及的大部分法律问题正是与摩根集团有利益牵连的CSM解决的。CSM的合伙人是S.帕克·吉尔伯特(S. Parker Gilbert)和拉塞尔·C.莱芬威尔(Russell C. Leffingwell),他们不停地改换职业,时而负责管理律师事务所,时而在政府部门供职,专职处理德国战后赔偿及德国金融事务。吉尔伯特曾担任助理战争部长,也去德国担任过战后赔偿事务总代理。莱芬威尔曾担任助理财政部

---

① 应计利息(accrued iaterest)是自上一利息支付日至买卖结算日产生的利息收入。——译者

长。此后，二人都受到了奖励——成为 J. P. 摩根公司的合伙人。另一位混迹官场的顶尖华尔街人士是前美国占领区经济司司长威廉·H. 德雷珀（William H. Draper），现已成为美国驻北约的最高官员。德雷珀受邀进入政府部门时，正在华尔街的狄龙里德公司（Dillon, Read & Co.）做投资银行家——就是这些人放出了许多现在将要偿还的贷款。[11]

企业利益和政府权力间错综复杂的关系一直都是美国右翼民粹主义运动的主题，但是到 20 世纪 50 年代中期，讨论声已经相当微弱，甚至差点被遗忘。这项老右派传统，仍然闪现在《守夜人》的字里行间。

然而，早在 1952 年 1 月，罗斯巴德的新闻业生涯就陷入了困境。他想要放弃这本杂志，或者不定期地写一写，只在小圈子里传阅。他也讨论过怎么复印册子比较便宜。刚开始在沃尔克基金工作的理查德·科尼埃尔写道，自己非常喜欢读《守夜人》，希望罗斯巴德能够继续写下去。但是几个月后，恢复出版显然已不再可能；至少，1952 年中期之后就没有副本保存下来，也没有证据表明除了复写本以外它还通过别的方式再版。[12]

《守夜人》停刊的另一原因可能是读者减少。参议员罗伯特·A. 塔夫脱（Robert A. Taft）于 1954 年去世，紧接着第二年，《芝加哥论坛报》出版人罗伯特·R. 麦考密克去世，这意味着作为有影响力的国家政治力量的老右派至此终结。随着大多数健在者（弗林、诺克、乔多罗夫、加雷·加勒特）遭受排挤、退休或者逝世，"美国第一"的那代人退出了历史舞台。而包括罗斯巴德在内的第二代，人数更少，影响力也更小。罗斯巴德表示，他"开始注意到，孤立主义情绪日渐消退。甚至在本应更坚持此类主张的旧自由意志主义和孤立主义同胞中，孤立主义情绪都在消退"。新一代保守派冷战斗士对老右派一无所知，"从未听说过孤立主义这一选项"。[13]

为了让他们听到老右派的声音，罗斯巴德协助编订了一期全部讨论和平问题的《信仰与自由》(*Faith and Freedom*)。该杂志的出版机构是"精神动员"(Spiritual Mobilization)，这个自由意志主义组织创建于1935年，创建者是洛杉矶第一公理会教堂(拥有4500名会众)的牧师詹姆士·W.法菲尔德(James W. Fifield)。精神动员反对左翼向社会大众传教，并结合激进的反国家主义，尝试向牧师和会众(主要是新教徒)渗透一些自由意志主义原则。《异见的使徒》(*Apostles of Discord*)是拉尔夫·洛德·罗伊(Ralph Lord Roy)1953年的著作，他在"上帝与'自由意志主义者'"一章中指责该群体信奉的是"无政府主义的'自由意志主义'"——这是已知最早的对现代自由意志主义运动的攻讦，不过自由意志主义运动领袖乐意听到这样的指控。虽然反对宗教是当今所有自由意志主义运动的核心内容之一，但战后规模最大、最有影响力的自由意志主义组织还是基督教基要主义①创建的。拉尔夫·洛德·罗伊详述运动的精神是"自

---

① 基督教基要主义(Christian fundamentalists)，也译基督教基要派，是基督教内部从19世纪末开始的一场运动，主张《圣经》绝对无误，反对自由派神学(或现代派神学)，反对对于《圣经》的高等批判。——译者

由放任资本主义”,深究它对联合国和福利国家的反对,发现当中的“社会传教者”居然在鼓励“社会化的贪婪、偷窃和做伪证”,他不寒而栗。最糟糕的是,“任何观点与精神动员的‘自由意志主义’定义稍有差池,都会遭到强烈谴责,被认为是‘反上帝的’,‘违背自然法的’,‘终将导致国家主义’”。[14]

在高中所写的《自传》中,罗斯巴德写道:“我以前很少进寺庙和犹太教堂,也没有遵守正统习俗。”外祖父母的宗教信仰没有影响到他:“我常常亲眼看他们做礼拜,但这并没能改变我不信教的立场。因此,就宗教信仰来说,我是不可知论者和新犹太人的综合体。”[15]

现在,不可知论占主导地位,罗斯巴德的现世主义表现得越来越明显。但这没有妨碍他与《信仰与自由》合作——其作者都自视为自由意志主义者。罗斯巴德以“奥布里·赫伯特”(Aubrey Herbert)为笔名加入这些作者,也是必然的。[16]在为自由奋战的孤独之路上,罗斯巴德愿意与任何人结盟,只要对方认同应基于私有财产神圣不可侵犯的原则建立社会体系。他认为,不管神圣性来源于神、自然法还是其他概念或神性,这都应当是一场友好辩论,在这些观点上产生分歧也不一定会导致阵营的分裂。这一直是他的策略:为自由意志主义思想争取尽可能广泛的读者。

几年后,他解释了用笔名写作的两个主要原因:“第一是……不想害得我拿不到博士学位”;第二是赫伯特·科尼埃尔的看法,他是沃尔克基金会工作人员、《信仰与自由》的重要资助者,“也觉得这与学术研究相冲突”。在科尼埃尔看来,罗斯巴德的时政文章堪称“煽动性小册子”。在象牙塔外冒险，面对现实世界的问题时，罗斯巴德定然不提倡这种小心翼翼的做法，不过终究还是在笔名的掩护下挺进了意识形态领域。若干年后，罗斯巴德说出了用笔名的另一个原因：他被任命为《信仰与自由》驻华盛顿通讯记者，“但是我从没去过华盛顿，当驻华盛顿记者的时候也没有待在华盛顿”。因为他很少出曼哈顿及周边地区——我们会看到，他这么做很有些原因——真正了解他的人一眼就能看穿他的小伎俩。[17]

罗斯巴德与冷战斗士

罗斯巴德扮成“奥布里·赫伯特”实现了夙愿：定期在专栏——《沿着宾夕法尼亚大道》(“Along Pennsylvania Avenue”)上发表观点。他十分关心这本杂志的未来和发展方向，还与编辑比尔·约翰逊(Bill Johnson)通信。比尔是赫伯特·科尼埃尔在军中的朋友，罗斯巴德在信中写满了对文章的建议、对国内外事件持续不断的评论，以及他们那场小规模运动的内部进展。在罗斯巴德的建议和热心帮助下，比尔刊登了一篇旨在推动孤立主义的文章。在《自杀的冲动》(“The Suicidal Impulse”)中，加雷·加勒特批评“用武力实现世界普遍和平的想法”简直是“野蛮人的痴心妄想”。百万富翁、实业家、国家钢铁公司的欧内斯特·T. 韦尔(Ernest T. Weir)也加入了论战，反对“要把世界从恶劣的国家和政府体系中解救出来的叫嚣声”。在《真正的侵略者》(“The Real Aggressor”)中，“奥布里·赫伯特”指责侵略者并不是另一片大陆上的人，而是目前在本国掌权的集体主义者。[18]

从这篇文章的基调看，罗斯巴德明显是在发泄自己对右派当前发展态势的不满，这种情绪压抑太久了。他自愿噤声和克制情绪，并不是担心疏远保守派盟友；只是因为直到现在，他才找到表达政治观点的渠道。《信仰与自由》的编辑们给了他表达沮丧和愤慨的空间，罗斯巴德第一次发表长文，系统阐述他的观点——尤其是外交政策观点。这篇文章批判了保守派的“精神分裂，竟同时追求自由和集体主义”。罗斯巴德指出，保守派虽然呼吁自由贸易和自由企业，但是这有违他们的立场——全面禁止和共产主义国家通商。“难道他们忘了贸易能使双方获益?”右派减税减管的诉求注定流产，因为“他们转过身就叫嚣着对苏联和中国开展圣战，而这样一场战争必然代价高昂，还会带来死亡和国家主义”。保守派曾带头支持和平与“孤立主义”，然而，到了 1954 年，保守派“彻底沦为国际主义者”。美国保守派从“美国第一”的孤立主义者嬗变为“反共产主义”的国际主义者，陷入了自相矛盾：“保守派普遍反对参加朝鲜战争，却一反逻辑地赞成对中国全面开战。预防战争的最好方法是避免敌对时期。”以朝鲜战争为例，停战或全面撤出战争（后者更好）“能拯救无数美国和朝鲜人民的性命”。[19]

罗斯巴德是在厘清老派美国第一主义者和新晋右派国际主义者之间的争辩，他丝毫没有因为保守派读者（主要由新教牧师和他们狂热的反共信徒组成）神经敏感而笔下留情：“我认为，有一点应当指出，并且要明确指出，有些人宁死也不赞成极权主义,这么做是完全合理的——虽然死亡并不总是能解决问题。然而,也有人宁可在极权制度下苟活,也不愿在‘自由世界’里躺尸公墓。强迫他们殊死决斗,难道不是一种不折不扣的谋杀吗?难道反极权主义者的谋杀和极权主义者的谋杀不是同样邪恶吗?”[20]

不知为何,北约乃至联合国等组织突然开始信仰保守派那套害人的“集体安全”理论,这无异于向“国际集体主义”思想投降——这种思想曾经招致本世纪一场接一场的灾难性战争。这场企图让世界免受极权主义危害的右翼改革运动,与19世纪旨在保卫民主的自由国际主义①几乎没有什么不同,两者都意味着:

> 相信世界政府能够受所谓的世界法约束。这只是痴心妄想罢了,因为世界各国会明争暗斗,以求维持现状。[21]

曾经的保守派预见了“新世界秩序”的到来,满怀恐惧地思考社会工程师建立帝国的雄心。加雷·加勒特严肃指出,我们正在“跨越共和国与帝国的界限”;约翰·T. 弗林认为要警惕永久性战时经济扎根,即一种靠高通胀和永久战争来维持运行的军国主义机器。[22]罗伯特·麦考密克上校的《芝加哥论坛报》是

---

① 自由国际主义(liberal internationalism)兴起于19世纪,是自由主义的代表性思想之一,在20世纪的发展深受威尔逊理想主义思想影响。——译者

美国中西部“孤立主义”民族主义的发声阵地，强烈反对亲英派、亲俄派等各种想把美国的命运交给某个超国家实体的世界拯救者。1954 年，争夺美国右派的思想与灵魂的斗争对老派孤立主义者越发不利，他们大多停止了行动——但是还没有完全失败，仍然有机会力挽狂澜。从罗斯巴德文章的基调、苛刻的修辞和无情的逻辑中，我们能感觉到，他明白这是背水一战。即使是表面上保守的国际主义也暗示着“对世界政府的信仰”，在指出这一点的时候，罗斯巴德成功利用了读者对民族主义的强烈同情，同时他的国家理论也取得了关键突破。

罗斯巴德在两个层面上反对新干预主义。在经验事实领域，他指出苏联的战略明显是内部颠覆而非外部武力征服。第二次世界大战结束以来，共产主义获得成功的原因是内部革命而非直接入侵。罗斯巴德称朝鲜战争为一场“内战，甚至相当多的证据表明这场战争是由韩国挑起的”。至于中国人，“他们不仅是在美国出手之后，而且是在我们军队到达中国边境之时，才出手干预的”。作为短期威胁，“苏联军事威胁的确相当可怕”，然而只是防御性的；长远来看，他所谓的“小共们”（Commies）的威胁就更少了。“我们不应害怕俄罗斯人或是中国人攻占美国”，因为他们起步就落后，而且受到“相对低效的经济体系”拖累。保守派“越发深陷于战争狂热病”，与定义过于狭隘的“敌人”打了错误的仗。“我们要斗争的是一切形式的国家主义。拿起武器对抗并不能阻止他们——其实这反而会起到促进作用，所有现代战争的结果都是如此。”为什么许多保守派意识不到“敌人是一切形式的国家主义，而不仅仅是某种主义”？

“最根本的原因是,”罗斯巴德写道,及时开始了更深层的分析,“我们对国家本质的理解仍然不足。”[23]

尽管罗斯巴德支持保守派可以使用武力进行自我防卫这一观点,但是他不认为国家因此就能合理提供这种防卫。如果敲诈勒索犯联手从迫于淫威的倒霉受害者手中榨取钱财是犯罪,那么,这种敲诈行为并不会因为勒索犯把自己的团伙命名为“国家”就变得合理。国家掠夺张三来补偿李四,把不义之财全分给追随者。“更糟糕的是,”罗斯巴德控诉,“国家那个团伙,甚至不像要脸的勒索犯那样在敛财之后离开犯罪现场,而是留在周围骚扰张三们,不断增加掠夺的金额。”老好人张三是个“爱好和平的公民,投身于生产工作,也对自己负责”。收取保护费、自称国家的勒索团伙生来就是要愚弄他,剥削他,可张三竟固执地帮助他们奴役自己。这个勒索者以“税收”名义抢劫他,“把张三们强征入伍去对付其他勒索团伙的攻击”,还强迫可怜的张三“把国家法令看作是所有正直的人都应遵从的法律”,最终不仅剥夺受害者的世俗财产,还剥夺他们的主体精神。我们别讲任何关于“民主”的废话:以普选和代议制政府为基础的系统,所做的“仅仅是……增加国家团体的数量。假如拥有几个潜在的掠夺者团体(或政党),每个都想掌握一个好东西,我们现在就会更好吗?我想答案必然是否定的”。[24]

指出了所有国家的根本罪行之后,罗斯巴德概述了自由意志主义的选择,在自由意志主义社会里,“选择自卫的方式是个人而非国家的事情”。与右翼好战分子的论战中,罗斯巴德简要描述了一个完全自由的社会的形态,在那里,就连国家对防卫武力的垄断也已完全私有化。他指出，在这样的社会中，个人“有权为自己和他人的正当防卫而战；另一方面，如果他觉得这场战斗没有必要，甚至觉得战争本身都是无用的，他有权选择不去战斗。类似地，他有权自愿支持提供防御的警察和法庭，也有权不支持”。他引用诺克的话，将国家定义为“犯罪垄断者（或者企图垄断）”。如果应用到国际关系领域，那么“国家是压迫和掠夺机器”这一理论意味着，“所谓的警察也不过是一群侵犯公民的犯罪团伙”。要是承认作为一个实体存在的国家不管多么邪恶，“即刻消失的可能性也不大”，自由意志主义保守派就必须想好如何应对相关矛盾。罗斯巴德引用了警察“对帮派斗争袖手旁观”的著名案例——“如果两帮匪徒‘掐架’的话，警察不会参与其中。既然如此，为什么要浪费纳税人的钱去保护一伙匪徒免受另一伙匪徒攻击？”该原则的变体“应当应用于外交事务”。[25]

因此，自由意志主义者对战争的立场始终是减少国家恐怖主义的掠夺，使损失不再扩大化，对战争行为施加限制和规则，“尽量多地将毁灭性武器列为非法——从最危险的开始”。和平是交战国受害者的共同诉求。

但是，和平不会由联合国实现。“因为联合国是世界国家的雏形，而世界国家是帝国主义的主要势力”，致力于实现集体安全理念，“因此，它本质上是一个好战组织”。罗斯巴德明显感觉到，从道德上讲，在核武器时代与意识形态“敌人”谈判是相当必要的。罗斯巴德并不支持像雅尔塔那样出卖人民以供驱使，而是呼吁联合裁军。罗斯巴德认为，美国应该退出联合国，退出北约,离开它在欧洲和亚洲的海外领地。另外,罗斯巴德写道,美国政府是时候承认“赤色”中国了。承认并不意味着道德上的认可,仅仅是承认一个国家的存在,“是一种理智而不是赞美行为”。对共产主义国家的经济制裁必须停止:国际自由贸易不仅对西方世界有利,还会比任何军事攻击更能打破铁幕。[26]

《真正的侵略者》最有意义的地方在于,它揭示了20世纪50年代早期罗斯巴德完成其哲学体系基本架构的思考历程,从伦理基础(互不侵犯原则)到他的国家理论乃至国际关系理论。当然,这种对一个独特的立场——无政府资本主义①的阐释没能引起批评者的注意,但承认“赤色”中国的煽动性口号却引起了轩然大波。还是有人注意到并反击了老孤立主义的言论,即使这是它的最后一战。前共产主义同情者、前孤立主义者,后转变为狂热冷战斗士的威廉·亨利·张伯伦(William Henry Chamberlin)怒不可遏,在社会民主党的阵地《新领袖》(*The New Leader*)杂志上发表反共文章,矛头直指罗斯巴德和韦尔。张伯伦指责道,罗斯巴德的文章是在“按照克里姆林宫的规格,为美国定制政策蓝图”。[27]

在给《新领袖》的回信中,罗斯巴德提出犀利的观点:仅仅在几年前,当所谓的敌人是纳粹德国的时候,张伯伦一直提倡不干涉、和平共处与自由贸易。第一次他是正确的。可是在保守

---

① 无政府资本主义,是一种建基于个人主权概念的个人主义哲学,强调对个人自由与个人所有权的保护,并禁止使用强迫的力量和诈骗行为。——译者

派运动中,那些前极端分子的流氓式花言巧语和骗术让他彻底曲解了罗斯巴德的外交政策观点,也彻底忽略了《雅尔塔协定》中的自由意志主义观点。更何况,诽谤不是什么新鲜事:“自古以来,孤立主义、和平主义者就一直被好战分子污蔑,要么是心甘情愿的帮凶,要么遭受了准备进攻的禽兽不如的死敌的蒙蔽。张伯伦先生的观点让人回想起他在第二次世界大战时的政治口号——所有反对罗斯福外交政策的人,都是‘模仿戈培尔路线’。讽刺的是,张伯伦先生……打了自己的脸。”张伯伦是《美国第二次圣战》(*America's Second Crusade*)的作者——该书质疑了美国干预第二次世界大战的合理性;[28]他也是《为永久和平而战》(*Perpetual War for Perpetual Peace*)的供稿人[29]——该书的主编是我们的头号“固执同情者”巴恩斯,因此张伯伦没法像“另一个慕尼黑”那样谴责一切和平举措。“但是也许,”罗斯巴德说,“我们只能对这种人期待这么多,毕竟他同时为《新领袖》和《华尔街日报》定期投稿,足见其思想倾向复杂多变。”[30]

张伯伦反击的时候提到:最近,华沙左翼报刊《人民论坛报》(*Trybuna Ludu*)盛赞韦尔,罗斯巴德无疑“很快也会得到类似或同样的赞誉”。[31]

被当成“赤色分子”遭受打击,这个经历给了罗斯巴德不少新奇感。但是,新奇感很快就会消失。他总以为自己在政治光谱上处于极右位置,现在却发现越来越多的“保守派”攻击自己——他们是前极端左翼分子转变来的,他们的纲领是彻头彻尾的军国主义,他们的手段不过就是人身攻击。

罗斯巴德全力以赴地奋战,一个人踏上征程,力图恢复老右派传统——和平、不干预、美国第一。每个月他都在《信仰与自由》上攻击干预主义保守派：承认"赤色"中国吧，与苏联展开实质性裁军谈判吧，退出联合国吧，解放美帝国占领的国家——夏威夷、阿拉斯加和波多黎各。在冷战斗士对右派的共识固化为教条以前，罗斯巴德抢占先机，从自由意志主义层面反对了帝国主义。他借用兰道夫·伯恩的格言"战争是国家的健康状态"，指明了至关重要的一点：自由意志主义者的敌人就在国内。将我们征税致贫、掠夺经济体、限制我们一举一动的，正是我们自己的国家，而不是什么外国政府。美国的统治精英已经不满足于让美国服从于蛮横的联邦权力，开始谋求将这种权力扩展至全世界——必须制止这种可怕的未来。

几年后，保守派杂志上不可能再出现这类专栏了；但是目前，罗斯巴德还能写一些。专栏被彻底砍掉是在 1955 年，当时他再次斥责强大的"亲中派"①。在 3 月的专栏里，罗斯巴德直面"亲中派"的质问并反问道：为什么要为台湾而战？如果中国人在离我国海岸线数英里之处设立武装军事基地并严阵以待，我们会怎么想？他指出，连极右派英雄道格拉斯·麦克阿瑟将军这样的重要人物都曾呼吁和平解决台湾危机，并赞赏肯塔基州众议员尤金·R. 斯蒂勒(Eugene R. Stiler)，后者曾经向选民承诺"决不会让他们的儿子血战他乡"，所以投票反对 1 月 29 日空头支票一样的决议。[32]

---

① "亲中派"(China lobby)指倾向与中国台湾当局修好的政治派系。——译者

这篇文章刊登之时，"亲中派"正在叫嚣介入中国内战，结果引起了一场罗斯巴德和《信仰与自由》另一个专栏作家威利·施拉姆（Willi Schlamm）的争执。施拉姆也是一个前极端主义者转变而来的保守派，如今他唯一的兴趣是向曾经的同志发动圣战。施拉姆担任过德国左翼官方报纸《红旗报》①编辑，代表了当时涌入保守派运动的前左翼分子。正如罗斯巴德所说："我从没有——到现在也没有——在施拉姆的世界观里发现一丁点对自由的热爱。"[33]

在两场辩论中，罗斯巴德指责施拉姆呼吁发起预防性战争，并指出俄罗斯和中国没有袭击美国。他指出战争就是彻底毁灭人类文明，并问道：值得吗？他再一次抛出《信仰与自由》专栏常问的问题："照理说，主战的保守派应当承认资本主义的优越性，可为什么他们急着想要一战定胜负，难道是因为心里暗暗觉得对手的制度更经得起时间考验？"[34]

当然，罗斯巴德相信计划经济走不远。作为米塞斯的追随者，他认为计划经济的不可能性是既定事实：米塞斯很早以前就证明了在计划经济制度下无法计算出价格，这种社会的整体结构必然崩溃。崩溃只是时间问题。[35]

当然，施拉姆对经济学、自由市场或其他都不感兴趣，于他而言，这些都不重要。他只对一件事感兴趣——清除孤立主义右派的残余势力，为第三次世界大战开路。施拉姆轻蔑地引用

---

①　《红旗报》（*Rote Fahne*），原是德国社会民主党内的革命左派"斯巴达克联盟"的中央机关报，后来成为德国共产党的中央机关报。——译者

罗斯巴德的论点：因为计划经济的效率低，“所以时代拥护的是自由经济”。他反驳道：“这个论点是自由意志主义理论体系的致命伤。只有在一个把生产力放在一切社会目标之上的社会里，自由刺激生产力才是有意义的说法。如果你希望可怖但真实的群众满意度，没有自由，没有解放的生产力，你也能做得好，只要你生产军用产品就行了……”“自由意志主义经济学家的问题，”他冷笑道，“是默认所有人都遵循自己优雅的价值体系（在其中生产力最重要）。作为经济学家，他们是正确的；但是作为神学家，他们却犯了致命错误。他们不知道魔鬼真实存在，并且可以慷慨满足人类的无尽欲望。”[36]

不过事实上，计划经济制度根本无法满足人们对舒适生活和自由繁荣社会的强烈渴望。罗斯巴德和他的“优雅的价值体系”是对的，施拉姆等神学家是错误的，但在当时胜负并不明显。冷战全面展开，一个强大的苏联形象主导着大众意识——一部分是美国官方宣传的结果，那时斯大林“叔叔”还是我们坚定的盟友。老右派中残余的孤立主义者有一场硬仗要打。

罗斯巴德并非施拉姆的唯一目标：乔多罗夫在罗斯巴德之前担任过《信仰与自由》驻华盛顿记者，也遭到了狠辣攻击——对方就是日后的“新”保守派。

1951 年 3 月，乔多罗夫将订阅量从未超过 4000 份的《分析》与《人间事》(*Human Events*)合并，在华盛顿特区办了一份不温不火的时事快报，主编是弗兰克·哈尼根(Frank Hanighen)、菲利克斯·莫利(Felix Morley)和亨利·莱格里尼(Henry Regnery)。然而，这一决定严重危害了自由意志主义运动的意识形态独立性，仅存的纯粹自由意志主义声音被保守派运动所淹没。身为《人间事》的副主编，乔多罗夫每月的文章比他在旧版《分析》中的更贴近时事。但是，在1954年秋，他担任了《自由人》的编辑，该刊当时是保守派知识分子的最佳杂志。《自由人》以前是周刊，此时在经济教育基金会支持下按月发行，由此可见右派知识分子的衰落。

没过多久，巴克利等鹰派人物和施拉姆一起突袭了乔多罗夫；在《自由人》1954年11月版中，乔多罗夫和施拉姆一决高下。施拉姆主张为了后代必须放弃这一代的自由。作为回应，乔多罗夫警告称另一个黑暗时代即将到来，这次是右派导致的——左派过去叫嚣战争的时候，他也同样挺身而出。上一次战争剥夺了我们的经济自由和公民自由，带来了战后的社会福利保障国家：

> 1940年的“孤立主义者”预见了这一切，不是因为他们具有预知天赋，而是因为他们了解历史，铭记教训：战争期间，国家牺牲自由获得权力，而且国家贪得无厌，不会放弃一丁点权力。国家从不退让。[37]

似乎是为了印证乔多罗夫的观点（如今看来颇有先见之明），巴克利加入了论战，宣称在战胜克里姆林宫之前，人们不但无法避免大政府，并且渴望大政府——“即便是杜鲁门掌控一切”。[38]

不久，采取施拉姆路线的FEE董事会罢黜了乔多罗夫，不再让他担任《自由人》编辑。15 年前,他是类似迫害的受害者,被免去另一本《自由人》杂志的编辑职务(这本杂志是乔治派单一税主义者的官方宣传机构),原因也完全相同:他拒绝盲目从众呼吁战争。[39]

罗斯巴德在《信仰与自由》坚持得更久一点——但也没有太久。1952 年,共和党的塔夫脱势力败给东部势力,促使罗斯巴德彻底脱离了美国共和党。罗斯巴德多年来都在呼吁第三党派,东部的艾森豪威尔势力对共和党的接管终于把他推向阿德莱·史蒂文森(Adlai Stevenson)的怀抱!1956 年,罗斯巴德为第三党派候选人 T. 科尔曼·安德鲁斯(T. Coleman Andrews,艾森豪威尔的前美国国税局专员,支持废除所得税)投票,为副总统候选人、前国会议员托马斯·沃德尔(Thomas Werdel,加利福尼亚州众议员)投票,以示正式支持。他还告诉《信仰与自由》的读者,不管怎么比较两个主要候选人,史蒂文森肯定都比艾森豪威尔略胜一筹。

对于当今的纯粹经济自由意志主义者及其 1956 年的同志来说,这种姿态似乎令人费解:像罗斯巴德这样自诩为右派的自由放任主义者,怎么会选一个自由派民主党人做美国的最高长官呢?事实上,主要候选人对国内事务的施政方针基本一致:延续战后罗斯福新政-杜鲁门公平施政政策,亦即福利国家主义。不过,在极为重要的外交事务上,各候选人有重大分歧:艾克①作为共和党国际主义的代言人,坚决主张冷战;史蒂文森却主张

① 艾森豪威尔的昵称。——译者

禁止核武器试验，极力反对强制征兵。对于罗斯巴德来说，没有什么好权衡的：始终都选史蒂文森。罗斯巴德还是高擎着老右派的旗帜，尽管在这无知的时代，旗帜有了破损，标志也没人认得。

选举结束后，《信仰与自由》编辑比尔·约翰逊坐飞机去东部告诉罗斯巴德：他的专栏被撤了。虽然约翰逊本人一直支持和认可罗斯巴德的写作，但读者多是保守色彩浓厚的新教牧师，他们"得出结论，说我是一个'共产主义者'"。罗斯巴德在每期月刊上抗议："我一贯攻击政府，保护个体，怎么可能是呢？"可是石沉大海。[40]

巴斯夏圈子

那个时期，大多数新晋的自由意志主义者和保守派都着迷于"共产主义阴谋论"，对老右派遗产一无所知。少数人持有另外一种观点，这要归功于罗斯巴德。他在纽约大学米塞斯研讨班上遇见了一群年轻人，他们开始了解、喜爱那个总被叫作默里的人，并且深受影响。他们大部分都是高三学生，伦纳德·利焦（Leonard Liggio）是乔治城大学的大二学生。有些人在布朗克斯科学高中（Bronx High School of Science）创办了科布登俱乐部（Cobden Club）。1952 年共和党初选时，他们跑遍全城，联络纽约市的塔夫脱青年会（Youth for Taft）组建了一个很不正式的小组：巴斯夏圈子（Circle Bastiat），名字来自 19 世纪法国的自由放任主义理论家——巴斯夏。

巴斯夏圈子里不仅有罗斯巴德和他的妻子，还有伦纳德·利焦、拉尔夫·雷克、乔治·赖斯曼（George Reisman）、罗伯特·黑森（Robert Hessen）、罗纳德·哈默威（Ronald Hamowy）和弗雷德·普赖辛格（Fred Preisinger）。圈里的人注定要成为自由意志主义的著名学者，不过也有一些人最终改走他路。眼下，他们是一群愉快甚至欢闹的朋友，无穷无尽地辩论，一起看电影、唱歌、写歌、玩桌游。根据罗斯巴德的说法，他们“开着玩笑讨论‘未来历史学家’会怎样看待我们”。[41]

对罗斯巴德来说，歌曲是活动的重要部分。他热爱音乐，无论是格里高利圣咏还是二十世纪二三十年代的流行调子。他一直想要放声歌唱。这群快乐的无政府主义者满怀激情地唱着歌，歌词里写着自由意志主义的政治理想，也写着巴斯夏圈子激进的精神。“主题歌”借用《美丽美利坚》（America the Beautiful）的调子，是这样唱的：

> 纠正万年的错误是我们的责任。
> 血与恨铸就的国家是唯一的敌人。
> 兄弟们，兄弟们，
> 胜利不远。
> 毁灭国家是我们的宿命，
> 让我们把旗帜高擎。[42]

罗斯巴德尝试过写歌，但是拉尔夫·雷克“明显要技高一筹”。罗斯巴德在晚年还记得这些“战歌”，记得每一篇每一节的歌词。“这些歌有好几个主题，”他评论道，“自大狂，黑人权利，‘小组兄弟’——组群里基本没有女性，乔伊是唯一的核心女性。”[43]《自由战歌》借用《共和党战歌》的调子，迎着在风中飘扬的黑色旗帜，唱出自由意志主义的意识形态。歌声穿越年岁，隐约能听到他们满怀快乐、挑衅和颠覆意图高唱着：

小组兄弟，看那黑旗高展，
它抖动是因为渴望新世界。
战线已划好，
队伍很整端，
让我们迈向重重挑战。
让我们向前。
胜利，胜利就在前面！（重复两遍）
让我们向前。

在这首预言般的战歌中，雷克传播着阳光般的乐观精神——这一小群激进的自由市场拥趸满怀信心，提前 40 年庆祝苏联垮台和国家主义衰退：

当世界响应我们的号召，
国家接连崩溃，古老怪物随之跌倒。
我们永不停息，
直到所有国家灭亡，所有人民解放，
兄弟们，向前啊向前（重复两遍）

那一天不再遥远。

依照罗斯巴德的说法，这些“战歌”是在真正的政治斗争中唱的。老右派衰落了，巴克利和《国家评论》(*National Review*)带领的新右派填补了真空，老一辈的民粹主义精神和激进的反国家主义，爆发出了最后的反抗，最后一次对征服者展露蔑视的姿态。参议员约瑟夫·麦卡锡的人格瑕不掩瑜，吸引了曾经的“美国第一”运动；《芝加哥论坛报》和此前强烈反对罗斯福战争的战线都在精神上支持麦卡锡，反对自由派当局的反攻倒算。在稍后的文章里，罗斯巴德有点苛责自己和自由意志主义同道，责怪他们低估了迫害赤色分子的国内政策对本国外交政策的深刻改变。回过头看，一切似乎一目了然：一场旨在打击国内极端左翼分子的运动，必将意味着对外国共产主义势力发起武力攻击。不过，罗斯巴德和他的圈子之所以承担起“机尾炮手麦卡锡”及其四面楚歌的战友罗伊·科恩(Roy Cohn)和大卫·沙因(David Schine)的事业，还有更重要的原因。

假“保守派”彼得·菲尔埃克(Peter Viereck)在一篇文章中记录了这场保卫战。20 世纪 50 年代，由于他彻底的国家主义和疯狂的亲英观点，他无形中成为左派最喜欢的右派分子。菲尔埃克的文章《对抗精英》(“The Revolt Against the Elite”)刊登于 1955 年，后收录于丹尼尔·贝尔(Daniel Bell)主编的选集《激进的右派》(*The Radical Right*)。这本选集中也有纽约左派知识分子共同的声音，他们认为日渐兴起的反抗大政府运动是“国家憎恨症”、偏执狂、病态的法西斯主义和纳粹主义政治心理倾向。[44]

依据菲尔埃克的说法，麦卡锡主义是“老派孤立主义者、反英分子、亲德分子等激进的民粹主义疯子和社会边缘人在反抗东部那些有教养的、英化的精英”。不过，菲尔埃克说，《偏执狂的新面孔》（“Bigotry's New Look”）一文讲得很具体：

> 北方召开了一场麦卡锡主题的群众会议，参会者认为过分的歧视不符合美国精神，还把所有反对麦卡锡、保护公民自由的人都叫作共产主义者。在同一场会议上，一个拉比指责反对罗伊·科恩就是对犹太人不包容。随后，美国学生（Student for America）这个亲麦卡锡组织的代表把科恩一事叫作“美国的德雷福斯案”。[45]

1954年7月28日，这场集会在纽约的阿斯特酒店举办，著名右派人物在会上发言力挺麦卡锡、科恩和沙因，他们包括：戈弗雷·P. 施密特（Godfrey P. Schmidt）、阿奇博尔德·罗斯福上校（Colonel Archibald Roosevelt）、乔治·索科尔斯基（George Sokolsky）、阿尔弗雷德·科尔贝格（Alfred Kohlberg）、小威廉·巴克利和本杰明·许茨拉比（Rabbi Benjamin Schultz）。上面引述的段落取自乔治·赖斯曼的演讲，讲稿是罗斯巴德写的；菲尔埃克的转述多多少少冲淡了原作风格。菲尔埃克傲慢，憎恨民粹主义，崇拜英国，在左派学术阵营里当个被驯化的“右派”苟且度日，无怪乎他会因演讲台上四溅的民粹主义而震惊万分。赖斯曼问道：人们如此憎恨麦卡锡、科恩他们，究竟是为了什么？

罗斯巴德式的答案是:攻击美国政府里的共产党直接威胁到了“社会主义者和新政支持者,21 年来他们主宰着我们的政治生活,直到今天还主宰着!”这番话赢得了 1500 名观众的掌声。“《芝加哥论坛报》说得恰如其分,”赖斯曼继续说,“科恩案就是美国的德雷福斯案。既然德雷福斯得到了平反,当美国人民从左翼势力、新政支持者和艾森豪威尔 - 杜威派共和党手中夺回自己的政府之时,科恩也会得到平反。”[46]

20 世纪 50 年代中期的自由派知识分子开始宣称“意识形态的终结”,预测再也不会有左派或右派的湍流搅乱中间派安静的深潭,当此之时,罗斯巴德对此等拙劣而自满的预言嗤之以鼻,并乐此不疲。赖斯曼的演讲是在故意恐吓菲尔埃克及其同党;的确,人们甚至能听到罗斯巴德边写稿子边读给巴斯夏圈子里的同伴听时嘎嘎的笑声。总之,菲尔埃克被他所谓的“这场直接民主的爆发”吓到了,这场爆发“直接来自老民粹主义者和进步主义者的左派言论,永远呼唤人民从满怀阴谋的当权者手中夺回‘他们’的政府”。[47]

赖斯曼的演讲夺人眼球,纽约所有报纸[48]都报道了这个赢得了麦卡锡支持者青睐的 17 岁少年的故事:《纽约新闻报》(*New York Journal American*)评论说他赢得了“最响亮的喝彩”,《纽约世界电讯报》以无比赞赏的口吻报道了事件;《时代周刊》对此满怀忧虑,但仍忠实报道了此事。[49]罗斯巴德深受触动:“你当时应该已经听到人们为演讲中的每一句欢呼——人们游行以示认可,欢呼雀跃,还想多听一点。我从没想过可能会这样。我以为对左翼思想和艾森豪威尔政府的严厉谴责会吓坏听众。不过他们不怕。相反,听众很喜欢!被吓坏的是那些孤芳自赏的领导人。”[50]

罗斯巴德相信,要打倒那些来自大企业、大公会、自由派常青藤院校的战后自由派精英,“只能培养新一代精英分子”。但这是个漫长的工程,短期来看,“只能靠民粹主义来驱逐这批近来得势的精英”。

> 要打感情牌甚至直接蛊惑人心,来从统治阶级手中争取群众。从常青藤联盟、大众传媒、自由派知识分子及共和－民主党派政治结构手中争夺群众,这事刻不容缓。[51]

麦卡锡满足了这种需要。当时罗斯巴德嘲笑巴斯夏圈子,说他们不像反左翼自由派那样赞同麦卡锡的目标而反对其“激进而富煽动性”的手段;正相反,自由意志主义者可以热烈赞许他的手段(“猛烈攻击国家权力结构”),却不支持他的目的。[52]

在自由意志主义运动最艰难的日子里,所有对福利－战争国家有组织的反抗都已销声匿迹,老右派因成员的去世或背叛而衰落,罗斯巴德还能保持这种乐观,实在是令人惊奇。他支持亲麦卡锡派“夺回美国”,这是有现实原因的——多年来,许多派别都喊过这个口号。每一次,罗斯巴德都支持这种新兴的反政府民粹主义,不管它是源自左派还是右派:20 世纪 50 年代的自由派精英燃起“反动”怒火,越战时期“左派”反抗同一群精英,随后“右派”掀起浪潮反抗美国联邦这个利维坦。每一次,罗斯巴德的希望都支撑他,让他重新振作,滋养他天生的乐观。

他相信自由终将胜利，因为这是**对的**。

罗斯巴德的政治热情来自他永恒的乐观：几年间，这份热情迅速发芽，又迅速枯萎。虽然从 1950 年开始，罗斯巴德的基本立场和效忠对象基本定型，但从 20 世纪 50 年代后期到 60 年代初期，左派和右派的传统界限开始变得模糊。老右派罗斯巴德发现自己漂泊无依，就像一个流落异乡的人，一个寻找久违的家乡的政治和意识形态孤儿。

注释

1. Murray N. Rothbard to Russell Bliss, 14 February 1952, p. 1.
2. 同上，第 2 页。着重部分为原文所有。
3. Rothbard to Richard Cornuelle, 5 February 1952, p. 2.
4. Rothbard to David Rothbard, 23 January 1952, p. 1.
5. 同上。
6. Rothbard to David Rothbard, 6 February 1952.
7. Murray N. Rothbard, "Buckley Revealed: Review of William F. Buckley Jr.'s 'A Young Republicans' View,'" [*The Commonweal*, January 25, 1952] *The Vigil* no. 3 (May 1952).
8. Murray N. Rothbard, "Enemies and Friends of the Public Schools," *The Vigil* no. 3 (May 1952).
9. Murray N. Rothbard, "Quizzing Foundations," *The Vigil* no. 3 (May 1952).
10. Murray N. Rothbard, "The International Bankers Versus the Taxpayer," *The Vigil* no. 3 (May 1952). 着重部分为原文所有。
11. 同上。
12. Richard Cornuelle to Rothbard, January 9, 1952.
13. Murray N. Rothbard, "The Betrayal of the American Right," 未出版手稿, p. 134.

14. Ralph Lord Roy, *Apostles of Discord* (Boston: Beacon Press, 1953), pp. 285 - 307.
15. Rothbard, "My Autobiography,"未出版手稿, p. 6。
16. 他的笔名参照的是 19 世纪英国自由意志主义者奥贝龙·赫伯特(Auberon Herbert)。罗斯巴德觉得这个名字足够晦涩,不会被轻易查出。
17. Interview with Walter Block and Walter Grinder, "Rothbard Tells All," 作者所藏的未出版文稿, p. 8。
18. "Aubrey Herbert" [Murray N. Rothbard], "The Real Aggressor," *Faith and Freedom* (April 1954).
19. 同上,第 23 页。
20. 同上。
21. 同上,第 24 页。
22. 参见 Garet Garrett, *The People's Pottage* (Caldwell, Idaho: Caxton Printers, 1953)。亦见 John T. Flynn, *As We Go Marching* (New York: Doubleday, 1944)。
23. 同上。
24. Rothbard, "The Real Aggressor," p. 24.
25. 同上,第 25 页。
26. 同上,第 27 页。
27. William Henry Chamberlin, "Appeasement on the Right," *The New Leader* (May 15, 1954).
28. William Henry Chamberlin, *America's Second Crusade* (Chicago: Henry Regnery Company, 1950)
29. Harry Elmer Barnes, ed., *Perpetual War for Perpetual Peace* (Caldwell, Idaho: The Caxton Printers, 1953), pp. 483 - 554.
30. Rothbard to *The New Leader*, 31 May 1954.
31. *The New Leader* (June 25, 1954).
32. Aubrey Herbert [Murray N. Rothbard], "Fight for Formosa or Not?" *Faith and Freedom* (May and June 1955).
33. Rothbard, "The Betrayal of the American Right," p. 141.

34. 同上,第 141—142 页。
35. 即便是最乐观的自由意志主义者(包括罗斯巴德在内),也未曾想到事情会降临得如此之快。
36. William Schlamm, "Fight for Formosa," *Faith and Freedom* (June 1955): 18.
37. Frank Chodorov, "The Return of 1940?" *The Freeman* (September 1954).
38. William F. Buckley Jr., "A Young Republican's View," *Commonweal* (January 25, 1952).
39. 乔多罗夫的财务状况一直不佳,晚年又为疾病所困,情况更为糟糕。
40. Rothbard, "The Betrayal of the American Right," p. 150.
41. 同上,第 151 页。
42. Rothbard to Kate Dalton,信件日期不详,约在 20 世纪 90 年代中期。
43. 同上。
44. Daniel Bell, ed., *The New American Right* (New York: Criterion Books, 1955); revised edition, *The Radical Right* (New York: Anchor Books, 1964).
45. 同上,第 166 页。
46. Rothbard, "The Betrayal of the American Right," p. 164.
47. Bell, *The Radical Right*, p. 167.
48. "McCarthy Says He'll Keep Cohn As Advisor," *New York Herald Tribune*, 29 July 1954; "2,000 Honor Cohn at Dinner in Astor. Pay Homage Also to Sen. McCarthy," *World Telegram and Sun*, 29 July 1954; "Cohn Pledged to Continue As McCarthy Consultant," *New York Journal-American*, 29 July 1954。上述文章都对赖斯曼的演讲表示赞赏。
49. "One Enchanted Evening," *Time*, 9 August 1954, p. 15.
50. Rothbard to Richard C. Cornuelle, 11 August 1954, p. 6.
51. Rothbard, "The Betrayal of the American Right," pp. 161 – 62. 着重部分为原文所有。
52. 同上。

第三章　三段交往：米塞斯、巴克利和兰德

罗斯巴德深信，目前看似阴郁，其实隐藏着新的黎明。这一信念也在另一种意义上激励了他。虽然现实政治的得失让他终身着迷，但他的这些关怀只是反映了更深层的意识形态立场。他抨击“亲中派”的破坏，与施拉姆决斗，与接管右派的原极端左翼者勇敢斗争，同时也在写作《人、经济与国家》，而这本书让他跻身“奥地利”学派中领军的美国经济学家之列。

米塞斯研讨班

罗斯巴德是位快乐的战士，同时在多个层面开展斗争。早上还在写文章抨击“亲中派”的谎言，晚上却在推翻数理经济学家的方法论，把“计量经济学”剁成肉酱。他一边写作《信仰与自由》同施拉姆和巴克利争论，捍卫老右派的外交政策（及荣誉），一边回应专业期刊上对米塞斯的批评。[1]

那些年里，米塞斯研讨班着实可以说是罗斯巴德思想生活

和个人生活的轴心,他为此倾注了大量精力,书信中也常常详细讲述研讨班的进展。他私下与理查德·科尼埃尔说:"最近,米塞斯研讨班有不少参加者。我们讨论历史、资本主义、革命及其他相关主题。现在我们已经有一小群人支持米塞斯,每当他提出特别有意思的洞见,我们就会拿来讨论,阐发其对于右派的意义。例如,米塞斯批评了比尔德的《美国宪法的经济观》所采用的方法,随后我们开始细致地向米塞斯提问。乔治·克特尔(George Koether)说服米塞斯承认,比尔德的外交政策研究很出色;我提出了一个听上去很合理的假说,即国债持有者会支持宪法让联邦为这些贬值的债券等埋单。整体而言,研讨班充满了强烈的'极右派'氛围,比以往几年要强得多。比如,在上次讨论中,参加的有[珀西·]格里夫斯,[乔治·克特尔],贝蒂娜[·格里夫斯],我自己,[乔治·]赖斯曼,[拉尔夫·]雷克……还有比尔·彼得森(Bill Peterson)和菲利克斯·威特默(Felix Wittmer)……除此之外,还有多年的老听众:那个律师,那个傻瓜,等等。我认为只有一个人是'局外人',但他一定也为正在发生的一切感到惊讶。上周,我们在讨论篡改历史,珀西开始批判罗斯福和珍珠港事件;局外人嘟囔了几句,讲到有人支持《租借法案》(Lend-Lease),然后我们有五六个人反驳了他。随后,老伙计乔治·克特尔问道:'那个左派的卧底是谁?'"[2]

在晦暗的20世纪50年代,米塞斯研讨班遗世独立,收容了众多自由意志主义者,催生了许多严肃的思想和讨论——年轻的雷克可以在班上开玩笑说米塞斯在自由意志主义运动中是多么“极左”。时至今日，“律师”和“蒙古傻瓜”究竟是谁我们已无从得知，但米塞斯和他的圈子声名日上，研讨班的扩容和学生的高质量就是明证。“圣路德维希的宫廷一切安好，谢谢。”1957 年罗斯巴德向路德维希·拉赫曼写道：

> 米塞斯总能让我眼睛一亮。他一年比一年警觉、活泼和敏锐，今年是我参加研讨班的第七年或者第八年。我最深切的希望就是到他那个年纪还能如此清醒，但我看到他的精力是我现在的两倍，所以我觉得希望渺茫。我深深敬爱着米塞斯，所以我很乐于说，他的好精神有一部分来自研讨班不断增多的学生。大部分人都非常年轻……另一件事是，米塞斯第一次被**比他还右得多**的学生所包围!! 以前，米塞斯的弟子总是往左走，现在，他突然发现自己在被“向右推”。而且我可以向您保证，他丝毫没有因此而感到懊恼。米塞斯刚来美国的时候，他得和一群又一群左派学生唇枪舌剑，如今周围是一群倔强而坚定的追随者，他们时刻准备好将误入辖区的左派分子大卸八块。[3]

1956 年，罗斯巴德写了著名的《捍卫极端先验论》一文，扛起了纯米塞斯“行为学”方法的大旗，旨在捍卫一个激进的命题，即所有经济学都可以从一个公理（即人的行为的概念）和少数经验假设（很难说是“经验性的”，因为它们是自明的）演绎而得。[4] 此前，弗里茨·马克卢普（Fritz Machlup）和特伦斯·哈奇森（Terence Hutchison）有一系列论辩，其中后者指责前者在方法论辩论中秘密鼓吹米塞斯的“极端先验”立场。对此，罗斯巴德回应道：如果你要看真正的“极端先验论”，那这里就有！在一篇尖锐而简洁的论文中，罗斯巴德不仅采用了马克卢普和哈奇森所代表的两种经验主义，还提出了他自己做了细微调整后的米塞斯行为学方法——从基本公理（行为）出发，有一对基本假设（资源多样性和作为消费品的休闲）。在阐明企业是否总是使利润最大化这个问题时，罗斯巴德提出了那个重要观点：“从我们的公理出发，可以得出如下绝对真理：所有企业总是在追求最大化心理利润。”这并不必然是货币利润，而且“就算企业家为了给一无是处的侄子安排体面的工作，而故意接受较低的货币利润时，行为学家也不会觉得惊慌失措”。哈奇森批判新奥地利学派的缔造者在所谓“价值中立”的经济科学中掺杂了“草率的政治论断”。罗斯巴德反驳道，经济科学只能确定“如果－那么”命题或是“存在性法则”的存在。如果采取这个行动，那么必然会导致某种结果。经济学只关注人类必须采用某些手段实现某些目的的事实。行为学家不对具体目的进行评价，而仅限于分析人为了实现某个目的而采用的手段。就经济学研究而言，大多数人的目的是富裕和谐，但“也许米塞斯在判断这种统一性的程度时过分乐观了”。罗斯巴德回应道：“也有人选择相反的目的……出于嫉妒，他们认为社会公平比普遍富裕或者自由更有价值，他们无疑不会接受自由主义，而米塞斯也从来不会说经济科学证明他们是错误的。”经济学家的角色仅限于告知公民“各种政治行动的后果”，而“知道了这些后果之后进行政治选择则是公民自己的事”。[5]

在理论阵线上，罗斯巴德此时十分关注如何抨击现代经济学荒谬的方法论，尤其是揭露其科学主义自负。1960 年，罗斯巴德发表了《科学的外衣》（“The Mantle of Science”）一文。[6] 在这篇宏论中，罗斯巴德不仅批判了将物理学方法用于研究人（和经济学）的做法，还简洁而优雅地描绘了较之更合适的行为学，讲述了其公理假说以及社会、经济和政治意涵。罗斯巴德称，这个整体转向忽视的事实是，人类不同于电子、光子、天气和星空，人类拥有意识和自由意志。罗斯巴德证明，任何否认自由意志的企图都必然假定其存在。科学主义借用生物学和物理学的类比来否认个人意识的存在：人或是一个有机整体的一部分，或是一个光子按照固定轨道围绕另一个无意志的粒子运动。无论是哪一种情况，人的行为、思想和个体意识都被遗忘了。罗斯巴德用清晰而生动的语言说清了复杂的概念，同时也不失幽默感。罗斯巴德让错误的机械论类比丑态百出，这堪称其论辩中的一绝。把人看作是某种自动驾驶装置“颠倒了事实，给人类套上决定论，让自由意志变成物理粒子”。如果人类只是机器，那么“是谁创造了人类，又有什么目的？——这是让唯物论者相当尴尬的问题”。至于“社会工程”概念，一种在今天已声名狼藉的幻想，一度却是左派中流行的类比。罗斯巴德引用了罗斯福的顾问雷克斯·塔格威尔（Rex Tugwel）那段臭名昭著的新政赞歌《梦想家》：

我聚拢了工具和图表，
我做好了现实的计划。

> 我要撸起袖子——改造美国。[7]

“我们不禁要问，”罗斯巴德补充道，“仰慕他的读者究竟认为自己是伟大的工程师，还是要被‘改造’的原材料。”[8]

计划者用于“改造美国”的工具——“建模”和计量经济学，微积分和彩色图表——都自称是价值中立的“科学”的产物。但是，这些工具衡量的只是其创造者的偏见。在1960年的思想氛围中，科学主义自负如日中天（也许比不过今天），社会科学家都急切地要否认个体存在的意义：

> 心理学家否认意识，经济学家否认经济学，政治理论家否认政治哲学。他们所肯定的是社会整体的存在和首要性：“社会”“集体”“群体”“民族”。他们声称，个体自身必须价值中立，他们的价值必须源于“社会”。

科学主义的社会和政治意味一目了然。“两个对立阵营的政治观点分别倾向于个人主义和集体主义，”罗斯巴德得出结论，“这并非偶然。”[9]

罗斯巴德关于“科学主义的有机体类比”的讨论发人深省，尤其是他举的国际贸易的例子。他指出，在金本位时代，“‘英国’或‘法国’或者其他某个国家到了黄金流失的生死存亡关头的呼声有多常见？”而实际上，个人“自愿将黄金运往海外，从而威胁到那些国家的银行，要银行兑现它们可能无法践履的义务（黄金偿付）。但使用了有机体的比喻后，严重的银行业问题就变成了空洞的国家危机，因为每个公民都有了责任”。

罗斯巴德为这个重要观点做了脚注，他继续论述道，外交事务中也有类似的隐喻，为血腥而自私的政策戴上有机体的面具。他为了阐释这个观点，引用了帕克·托马斯·穆恩（Parker Thomas Moon）的经典著作《帝国主义与世界政治》（*Imperialism and World Politics*）中的一大段话：穆恩将有机体谬论视为在试图“掩盖事实，让国际关系变成一出诱人的戏剧，人格化的民族是演员”，从而让人忘记“有血有肉的男人和女人才是真正的演员”——也是默默死去的真正受害者。[10]

方法论战场上的另一大斩获，是《政治经济学家的政治学》（“The Politics of Political Economists”）一文。罗斯巴德在文中为米塞斯辩护，反驳了乔治·J. 斯蒂格勒教授——斯蒂格勒指责米塞斯宣称数量经济学和计划经济体制有必然联系。罗斯巴德的文章精彩纷呈，从理论和历史角度分析了统计学辅助政府政策和中央计划的角色。[11]

米塞斯十分钦佩他这位学生的论辩水平，他在给《人、经济与国家》写的书评中，评价罗斯巴德“在这部论著的每个章节中都吸纳了前人的思想精华，并增加了极其重要的评论”。[12]正如米塞斯派学者大卫·戈登（David Gordon）所指出的那样，其中一项重要评论是，罗斯巴德反驳“垄断”企业必然会统治自由市场这一观点，从而拓展米塞斯反对计划经济中的经济计算的论点，明确私人企业规模的自然限制。谈及相关议题，即所谓的垄断价格，罗斯巴德指出，既然一件产品没有内在的客观价格，

"因此无法给任何既定价格冠以'垄断价格'之名,即便是从概念上也不行"。[13]

很有意思的是,读《人、经济与国家》可以看出作者的个性风格。戈登观察到,罗斯巴德在批判传统的福利经济学时抛弃了假设性质的"偏好标尺,拒绝脱离于人类的真实行为这一牢固基础。垄断价格的情况也很类似:他希望那些经济学家展示出一个'实际'的垄断价格,而不是某种假设建构……放眼望去,我们可以看到相同的个性特征贯穿罗斯巴德的经济理论作品。罗斯巴德始终坚持'先验'真理(他喜欢的另一个措辞),展现了他在论辩中要求十分苛刻的性格"。[14]

罗斯巴德的书提出了米塞斯所说的"这些推论为谁而作"的问题。经济学像电学研究那样只与少数专家有关,还是说"属于所有人"?米塞斯看到罗斯巴德集学者与思想企业家于一身,能成为连接曲高和寡的奥地利经济学家与大众之间的桥梁。在书评结尾处,米塞斯称罗斯巴德的大作是"对人类行为的一般科学的划时代贡献",高声呼吁"通过改变身边公民的心态,让西方文明避免毁灭和沦落到原始的悲惨境地"。[15]

米塞斯本人似乎对他所说的"自命不凡但完全不懂经济学的知识分子所领导的半野蛮群众"不抱什么希望。他们的无知是"我们整个时代的主要政治问题。在这一点上我们不必自欺欺人"。[16]米塞斯本人的性格多少有些阴郁,罗斯巴德一贯的乐观主义也许构成了鲜明反差。米塞斯从他这位学生身上看到了思想催化剂的作用,他不仅能够忍受自己所经历的思想和政治孤立,还能打破这种孤立。在那些日子里,自由意志主义者缺乏的是希望。但罗斯巴德却在设法寻找希望，寻求和充分利用任何可以促进自由事业的机会。

《国家评论》与巴克利圈子

老右派逐渐淡出记忆，仿佛被官方历史裁决者《国家评论》丢入了奥威尔的“忘怀洞”（Memory Hole）。这份杂志由巴克利创办，后来招了一撮前左翼分子，如詹姆斯·伯纳姆和无处不在的施拉姆，最后他们逐渐开始主导右派。在其创刊的最初5年里，罗斯巴德进驻《国家评论》的圈子，写了10多篇书评，还参加各种活动，与巴克利及其同事也常有联系。罗斯巴德和《国家评论》的编辑弗兰克·S.迈耶在沃尔克基金会共过事，此后一直是好友。据罗斯巴德说，他们一度讨论过让他做杂志的经济专栏作家。但这种组合一向不那么牢固，事实证明的确是好景不长。在《国家评论》这个圈子里，编辑与妻子争论的问题可能是应该“往莫斯科丢氢弹，立即摧毁苏联，还是说应该给苏联24小时，向它发出最后通牒”。而一个将反战视为首要政治立场的人，又能在这里待多久呢？[17]

用罗斯巴德自己的话来说，他在《国家评论》主导的右派中分到的角色，“是可爱的乌托邦纯粹自由意志主义者”；除了经济学外，他在其他问题上的看法都得不到严肃对待。一讲到经济政策，巴克利那帮人就觉得他是个有魅力的怪人。但是随着冷战升温，巴克利化的右派开始鼓吹对苏联进行军事摊牌，罗斯巴德“越来越不愿意扮演这种太监的角色”。[18]

不过,从两人的书信来看,罗斯巴德从没扮演过"太监的角色",而是从一开始就批判巴克利的对外干预主义。1956 年夏天,罗斯巴德向这位《国家评论》杂志的创刊编辑写道:

> 您无疑清楚,我一直不喜欢《国家评论》的外交政策立场……因为我认为它与右派的自由意志主义哲学不符。不过,以我的理解,您愿意"搞双重标准",对待左派不惜侵犯自由。尽管不敢苟同,但我已经对右派的这一分裂习以为常。不过,我不能放过您对苏伊士问题的立场,我要让抗议被记录下来。[19]

看了这 3 页为阿拉伯世界反殖民运动辩护的文章,巴克利的回应是邀请罗斯巴德与《国家评论》编辑部共进午餐。虽然他参加过巴克利圈子举办的派对,但是面对巴克利的主动姿态却有些冷漠。从 1956 年夏天开始,在接下去的一年多里,他们的通信还记录了一些罗斯巴德的类似抗议。迈耶在《国家评论》中支持积极的反苏外交政策,罗斯巴德写信批评他未能"区分作为在野的革命运动,和作为掌权的官僚体制"。[20]在野的当然投身于革命主义当中,一旦掌权,"情况势必改变"。在新的体制下,"一个人要摆脱奴隶状态,为自己做一番事业,办法只有一个:加入他们"。他知道,这不可避免地为自我毁灭埋下伏笔,"我们大可以期待,在老一代消亡后,他们的后继者越来越多的不过是投机分子,而不是虔诚的信仰者。新一代机会主义者可能会在嘴上鼓吹理想,这一事实也变得没那么重要"。他们那一套最终会成为空洞无物的俗套修辞，之所以保留，仅仅是因为“他们必须留住某些理想，那样大家才不会认为他们不过是一帮强盗”。他预测，他们的意识形态弱化是其覆灭的关键因素：“问题是新一代机会主义者不再关切了”，他们不太可能实践推动世界革命的表面上的目标，尤其是因为他们会越来越注意镇压国内的叛乱。在一段巴克利应该会重点划出供日后重读的话中，罗斯巴德作了惊人预测：

> 我不是专家，还不够格说这个进程在苏联已经走了多远。但就事情本质而言，它必然已经开始了，还会随着时间推移而日益重要。如果我们认识到这一点，同时也记得革命诉求历来总是在一段时间后消亡，就会看到时间站在我们这边。我们也会认识到，不必同一个内部正在崩塌的敌人展开漫长而血腥的搏斗。[21]

这是1957年冬天，冷战的风暴正席卷全国乃至全世界。即使是保守派和其他“解放派”也根本无法想象受压迫的苏联人民有朝一日会废除苏联政权：此前一年，匈牙利革命被迅速镇压，似乎完全排除了这一选项。在美国，极右派和极左派都出于各自的理由，夸大了苏联阵营的军事力量和思想团结。只有罗斯巴德和很少一部分自由意志主义者剖开了左派右派有关冷战的“共识”，看到了背后的真相。

没过几年，后来成为戈尔巴乔夫一翼的派别短暂掌权。这次早熟的宫廷革命的领导者是赫鲁晓夫，他宣布访问美国时引发了众怒。尽管克里姆林宫中的强硬派对这次向资产阶级西方示好的举动抱有怀疑,默不作声,美国右派的强硬派冷战斗士却大放厥词,反对两个超级大国靠拢。

比尔·巴克利联手约翰·伯奇协会,由《国家评论》率先发难,发起了一次荒谬的抗议访问活动。罗斯巴德认为此举过分了。他写道,巴克利无意间展示了自己的幽默,可笑程度无疑到了新高度:

> 《国家评论》一向以自己的机智为傲,这倒是名副其实。最近这几周,其机智和讽刺能力达到了最高峰。比如,我们发现了一则可笑的广告,写着"全人类自由委员会"。尤为可笑的一点是,参议员保罗·道格拉斯是其重要成员,但这个人在过去几十年里一直坚定不移地要损害美国人民的自由。[22]

参议员道格拉斯是典型的大政府自由派,如今却被推崇为自由和"美国道路"的卫士。这个想法令罗斯巴德(无疑还有不少保守派)吃惊,而不只是感到有些讽刺。

似乎这还不够,巴克利的活动试图用一个中心问题挑起辩论:"美国总统该不该与血腥屠夫握手?"巴克利党的虚伪可谓惊人,因为《国家评论》及其"反卷入峰会委员会"盟友虽然反对赫鲁晓夫到访:

> 却总是渴望与世界上其他的血腥屠夫握手:包括佛朗

哥、李承晚和戴高乐将军……与温斯顿·丘吉尔握手的事我就不多说了，这位血腥屠夫手上沾有德累斯顿难民和无数其他人的鲜血。

最令罗斯巴德反胃的是，巴克利这帮战争贩子真正想要的是和苏联发生军事冲突（这样做只会导致人类灭亡），然而他们却以道德和正义的捍卫者自居。《国家评论》想方设法找理由反对克里姆林宫，他们经常对苦难做“道德算计”，计算的重点不是杀害一个人还是几百万人——“如果这样的话，K 先生不比任何其他国家元首血腥”。更为甚者，《国家评论》副刊《国家评论公报》还抗议称“K 先生也许会睡神圣林肯的床”。罗斯巴德继续写道：“但这无疑再合适不过，因为 K 先生在匈牙利的丰功伟绩正可匹敌林肯先生在南方的屠杀。”[23]

但是，巴克利和《国家评论》的那群人无暇回应在他们看来琐碎的批评，而是忙于准备接管权力。对于罗斯巴德来说，这是最可怕的梦魇。国际主义者不仅成功接管了共和党，而且绑架了保守主义运动。正如罗斯巴德在当时写的回忆录中所说：“该行动了。”[24]

问题是，几乎没人和他互动。经过一系列摩擦，纽约的整个自由意志主义运动减员到只有两个人：罗斯巴德和伦纳德·利焦。利焦是巴斯夏圈子里唯一一位既没有离开纽约去读研究生，也没有“向新右派的糖衣炮弹投降”的成员。[25]

从政治上和情感上讲，罗斯巴德与右派的决裂发生在 1960 年史蒂文森竞选总统的时候。罗斯巴德这位变节的右派曾在1956年支持史蒂文森,一个理由是史蒂文森代表了支持和平的立场,不过主要目的还是报复共和党"左翼",进而指望重新让共和党支持自由和推动不干预的外交政策。"在情感上,"罗斯巴德写道,"我仍是一个渴望建立右派第三政党的右翼分子。"[26]

20世纪50年代后期,若干组建右翼第三政党的尝试吸引了罗斯巴德,但是都流产了。现在,他认为右派无药可救,所以转而与他所说的"反战和孤立主义之星"结盟,这个派别在当时算是民主党的极左翼。这就是罗斯巴德积极参与史蒂文森派民主党同盟纽约分会的原因。

艾森豪威尔拒绝为臭名昭著的U-2事件道歉,史蒂文森感到很愤怒。所谓U-2事件,系美国一架侦查机在苏联领空遭击落,致使尚未举行的峰会破裂。罗斯巴德同样义愤填膺。肯尼迪在民主党大会上击败史蒂文森后,罗斯巴德在《纽约邮报》上看到一则史蒂文森宣誓运动(Stevenson Pledge)的广告:史蒂文森派民主党同盟是"史蒂文森派中极其不满者的一个尝试",目的是羞辱肯尼迪,或者迫使他任命史蒂文森为国务卿。[27]

作为该同盟国内和国际事务委员会的主席,罗斯巴德不断为组织政纲提供自由意志主义的建言,但他的角色不仅限于理论家。他撸起袖子为纽约的史蒂文森宣誓运动组织工作:一周有3天,有时候4天,他都会到曼哈顿的同盟办公室工作——比如接电话,协调志愿者,接见到访者,参与热烈讨论,这些时间通常都过得很愉快。这是名副其实的联合行动,一边是罗斯巴德及少数自由意志主义战友,一边是自由派、左派分子和少数迷失的托派。透过他在20世纪60年代的政治选择，可以发现未来很多事情的预兆。

美国右派的背叛

自由意志主义运动备受孤立，所有意图和目的都处于"地下状态"，由个人组成的一个小型网络构成。所有人都有一个共同的联系人，那就是默里·罗斯巴德。罗斯巴德好比是耐心的园丁，他播下的种子最初在芝加哥发芽：以前巴斯夏圈子的两名成员罗纳德·哈默威和拉尔夫·雷克功不可没，他们创办了一份自由意志主义学生期刊《新个人主义评论》(*New Individualist Review*)。不久之前，自由意志主义者和保守主义者公开决裂，第二期的主题辩论是"保守主义者还是个人主义者：我们是哪个？"沃尔克基金会的爱德华·法西(Edward Facey)所代表的自由意志主义者指出，保守主义者在这个国家以反共为名侵犯公民自由，并援引了加雷·加勒特悲愤的抨击："我们已经越过了共和国与帝国的界限。"法西揭穿了"自由美国青年"(Young Americans for Freedom)这个最近组成的保守主义青年社团，该社团的创始大会在巴克利位于康涅狄格州沙伦的庄园举办。"他们并不反对联邦的教育援助，而是要求援助分配到做过忠诚宣誓的人。"[28]《新个人主义评论》的助理编辑约翰·魏希纳(John Weichner)的回应颇为无力，只是重申了目前标准的巴克利派路线：防范苏联在军事上击败西方，使福利－战争国家的兴起正当化。

《新个人主义评论》的下一期里，轮到罗纳德·哈默威向巴克利开火。哈默威颇具摧毁力，批判了《国家评论》的阴暗角色，指责其为美国右派的背叛者。这引发了巴克利的回应，哈默威又作了最终回应。[29]

哈默威指出，巴克利已然成了思想保守主义的代言人，还指责他和他的杂志一直在“引导真心信仰自由和个人自由权利的人走上末路，从而导致右派日益背叛自己的传统和原则”。哈默威回顾老右派被遗忘的遗产，重新叫出了运动中那些英雄的名字——弗兰克·乔多罗夫、加雷·加勒特、伊莎贝尔·帕特森、罗斯·怀尔德·莱恩（Rose Wilder Lane）和阿尔伯特·杰伊·诺克，惋惜取代他们的新偶像竟是高等法院大法官费利克斯·法兰克福特（Felix Frankfurter）。此人长期以来都是老右派中的异类，但最近《国家评论》赞扬他“践踏了左派分子的公民自由”。[30]《国家评论》和法兰克福特都认为自己不仅有权利和义务践踏左派分子的权利，还有权在支持征兵制的过程中践踏所有服役年龄男性的权利，而不管他们的政治立场。随后，哈默威运用雄辩天赋，回顾了在巴斯夏圈子如日中天时所学到的右派历史：“第二次世界大战之前和之后，[老右派]反对征兵制，认为它违宪，是奴隶制，是国家膨胀的最终步骤。对于目前的保守阵营，任何人只要明确反对征兵就会被贴上共产党的标签……同样是自由意志主义，第二次世界大战期间被左派谴责为‘戈培尔路线的喉舌’，现在又被右派骂作‘为左派助力’。”[31]

巴克利写了一篇辞藻华丽、言辞戏谑的回应。他先是罗列了自己在推动自由意志主义方面的业绩——例如他的杂志“反复支持编辑威廉·F. 里肯巴克（William F. Rickenbacker）拒绝回答统计署贪得无厌的问卷”，随后切入了争端正题。他声称苏联的军事威胁迫在眉睫——其实苏联当时开始展露出解体和衰败的迹象，写道：

> 每个社会都会为只关心保管石碑的人留有生存空间。但是他们得明白，他们之所以能享受修道院生活，频繁出入小型研讨会讨论是否应该让垃圾回收私营化，正是因为保守主义者为了对抗敌人而甘愿牺牲。[32]

巴克利这帮人可不想保管石碑。他们想要把它整个抹平，消除老右派的记忆，替换成完全相反的东西：一场鼓吹战争的国家主义运动。哈默威敏锐地捕捉到了其亲英的一面，认为新右派的外交政策立场“与布林普上校（Colonel Blimp）及拉迪亚德·吉卜林（Rudyard Kipling）相同，虚伪的贵族面貌底下藏着‘打狗棒’”。[33]在右派这里，麦考密克上校的美国民粹主义变成了巴克利派自命不凡、伪英国的思维模式。至于巴克利以西方卫盾自诩的正当性和必要性，哈默威在回应中嘲讽地抨击道：

> 也许人不该忘恩负义，但我必须婉言谢绝巴克利先生救我一命。而且，我认为，如果他的看法盛行，如果他坚持主动提供帮助的话，那么我的结果肯定不是和千百万人一道死于核战争，就是直接因为“反美国”而下狱。[34]

巴克利试图通过将哈默威与左派组织联系起来而污蔑哈默威，谴责他最近加入了争取稳健核政策委员会（the Committee for a Sane Nuclear Policy）。还有位巴克利派人士写道："我听说哈默威在SANE①。"[35]而事实上，哈默威从未加入SANE。罗斯巴德参加过他们的一次会议，回来后无疑告诉了伙伴不可能与这帮冷战自由派和右翼社会民主派共事，因为他们缺乏原则，在冷战的威胁面前完全直不起腰。

哈默威－巴克利之争导致《新个人主义评论》政治中立：论辩的结果是编辑们形成共识，不再讨论外交政策问题，仅仅关注国内动态。罗斯巴德越发难过，老右派依然没有自己的声音。

遇见安·兰德

这个时期有一段小插曲，就是罗斯巴德与安·兰德的争执。兰德是《源泉》（1943）和《阿特拉斯耸耸肩》（1957）的作者，她的畅销小说赞美资本主义、个人主义和理性。早在兰德放弃小说家生涯，转而领导她命名为"客观主义"的政治运动之前，罗斯巴德就非常熟悉兰德了。《源泉》出版后，赫伯特·科尼埃尔带他拜访过兰德，但是当时两人不怎么来电。他们最初没有成为好友，不过此时兰德还没把自己关到自己的宗教里，所以在自由意志主义运动的狭小世界中，不难接触到口若悬河的兰德。

---

① 原文为"I hear that Ron Hamowy is IN-SANE"，也指哈默威不理智或精神失常。——译者

不过，罗斯巴德真正开始成为兰德的固定访客是在1954年以后，此时他给理查德·科尼埃尔写过一封信，说在兰德那儿并没有醍醐灌顶的感觉。

他写道，过去几周“尤其令人沮丧，又尤其令人振奋，先说说令人沮丧的事儿吧”。罗斯巴德回去见安·兰德系朋友说服，而不符合他的直觉和判断。当时兰德是曼哈顿自由意志主义圈子里的传说，是畅销书作家，也是激进个人主义的旗手。人们传言她的下一部书即将面世，这引起了轩然大波。当巴斯夏圈子的小年轻们发现罗斯巴德认识兰德，纷纷表示想要见她。兰德的弟子每周六在她的客厅定期举办夜间沙龙，阅读刚从打字机里出来的最新几页小说。罗斯巴德是和乔治·赖斯曼还有拉尔夫·雷克同去的。后来整个巴斯夏圈子都与兰德见了面。如罗斯巴德所述，这个夜晚算不上特别愉快，但是肯定能看出很多东西：

> 我本以为，那里人那么多，而且她比我聪明，又年长几岁，一定不会让我失望，但其实不然。她告诉我如果孩子在美学上追随埃兹拉·庞德，那就不要抚养他，因为庞德是个“非理性主义者”（还用问吗?），而且“我年龄越大就越不宽容”。听到这句话我不禁要笑出声来。此时此刻发生的事情让我回想起从前，因为后来主要是乔治·赖斯曼和她讨论（这是一个温和的说法）。赖斯曼坚定地支持我们年轻人的老牌功利主义信念。我发现，虽然我基本上赞同（或者自认为赞同）她的立场，但我为乔治的处境着急，因为他

> 受到典型而刻薄的兰德式炮轰,任何人只要没有立即或者即将变成百分之百的兰德式理性主义者,那就是疯子,是"敌人",是"死亡与毁灭的客观信徒"。[36]

在兰德的传记中,芭芭拉·布兰登将导师日益糟糕的脾气和不断减少的宽容归咎于她与纳撒尼尔·布兰登的不幸恋情,以及她的巨作出版后引来的批评和嘘声。但是罗斯巴德表明,兰德那不怎么讨人喜欢的个性在《阿特拉斯耸耸肩》出版之前的几年就已显露无遗。罗斯巴德的"回想"也许指他此前与兰德打过交道,所以对这种场景早有预料,当事情发生时也不感到惊讶。"有趣的是,"1954 年他在给理查德·科尼埃尔的信中写道,"乔治在讨论后与我有同感,但其他孩子没有意识到她的立场和性格如此霸道和恐怖。"[37]

这就是问题的关键:主要是个性冲突。这两个人有着诸多共同点——都反对狭隘的种族主义,反对主流的意识形态潮流,拥护激进的个人主义——但在对待观念和生活上却有天壤之别。虽然他们在很多关键领域好像见解一致,但罗斯巴德对最近一次与兰德的争执的情绪反应让他开始"进一步反思局势"。他给科尼埃尔的信中也说道:"我得出的结论是,我的立场——应该还有您的——与她的绝不完全一样。"[38]

罗斯巴德认为兰德的巨大吸引力在于,她为思想贫瘠的功利主义、实证主义和实用主义提供了另一条道路。"当然,对于我们来讲,问题主要是功利主义。"现代哲学的主要思想流派无不否认伦理学、本体论、美学等的真实性或实用性,"对于我们来说，伦理学是有待跨过的鸿沟”。三个主要的哲学思想流派“简单地认为这样的学科不可能存在”，而对这种不可知论持反对意见的人“转向兰德，发现了在教室里从来听不到的伟大真理”。不过，“兰德体系中的好东西根本不是她的原创……此前我写信跟您说过，有一种起源于亚里士多德的、正在发展壮大的哲学立场，它陈述了一种理念，即理性伦理学以人性为基础，由理性、决定目的的理性所发现。亚里士多德和斯宾塞对此都有很好的见解。”[39]

兰德自诩的原创性在罗斯巴德看来不足为信。他深知理性伦理学的观念始于亚里士多德，由托马斯主义延续，并经由赫伯特·斯宾塞传给我们：“读了这份材料，我们就会发现安不是理性传统唯一的源头和所有者，甚至也不能算是亚里士多德唯一的继承者。”然而，兰德派的亚里士多德主义是奇怪的变种，“完全颠覆了”一个健全的体系，“造成了最不愉快——也不自由意志——的结论”。“因为兰德不顾一切证据，认为人连最原始的直觉也不存在。”他认为，兰德的错误源于她的方法：

> 您注意到她试图仅靠沙发上的思索来演绎人性，但是人性在很大程度上无疑是一个经验问题，亚里士多德也这么认为。沙发上的思索是适合行为学的方法，但显然不适合大体上属归纳性质的科学。[40]

兰德深信自己无需调查事实，就可以在大脑中编织出有效的理论，所以她否认“情感是人原初就有的，这也就消灭了爱、友谊、笑、愉悦等情感具有内在价值的独立基础”。他怀疑“安有一种近乎狂热的清教观点,即要发展人的力量,唯一值得做的是耕耘精神力量”。“但是像爱、友谊、喜悦等价值呢?难道在兰德的价值等级中没有任何意义?”[41]

理论上,它们是有意义的:兰德的小说也对这些情感着墨甚多。但在实践中,她和她的追随者从小说中推出的哲学恰恰产生了这种“清教狂热”,还有像罗斯巴德预测的那样,产生了一个沉闷的兰德圈子。[42]

“这样做的后果,越想越可怕。”罗斯巴德写道。因为兰德实际上“否认任何个体性”!如果像兰德的理性主义教条所说,人没有初始情感,遗传也没有任何功用,那就“不存在不同的兴趣——而只存在单一兴趣的不同组合。所以她认为我只要努力,就能像搞经济学一样搞好音乐,然而我知道自己是个乐盲”。兰德虽然不否认人有智商差异,却认为任何人只要投入时间和精力都能学会任何东西。她几乎完全不知道基本的经济学原理:她未曾受过边际效用理论(即单位越多价值越低,且每个人都在协调不同的目的)的熏陶,而这一理论是“真正的个人主义的关键基础之一,因为既然每个人都能习得哪些目的是理性的,并在这些理性目的中做出选择”,那么在一个更广阔的理性框架内,个人的不同品味也就有空间展开。“但是安不懂边际主义,否认生活有任何程度上的不同,”他写道,“所以她不得不偏执于整体性立场。”[43]

这种理性主义的平等主义有其逻辑结果,“(不幸的是我没有丝毫夸张)即独一无二的个体并不存在”。如果所有人都没有因基因或者其他因素而导致的内在差异，所有人都均等地拥有理性能力，所有人都“只不过是一束束假设”，那么大家都选择理性就意味着每个人都有相同的束。“因此，从兰德主义推论，乌托邦就是一个所有人外表不同但灵魂相同的地方。”罗斯巴德精准地推理出了上述立场在人际关系领域的后果——“打个比方，逻辑结论就是，没有任何理由阻止安与纳撒尼尔·布兰登[她的大弟子]睡觉”，或者她的弟子和别人睡觉，“因为他们有相同的假设，都是相同的人，或者说，是机器上可以替换的部件”。写下这些话之后没几个月，兰德和布兰登真的开始了一场婚外情，理由则是这种有关浪漫爱情和哲学价值之间关系的古怪观念，而他们各自的配偶知情且赞成。[44]

尽管兰德聚拢在身边的群体已经开始有走向宗教崇拜的势头，但她日后称为“客观主义”的哲学却仍在“构建”一些根本问题。大约是1954年，罗斯巴德详细说明了对兰德主义的反对，写到她不仅为偏执的理性观所困扰——

> 她还自相矛盾。一方面，她指责所有相信自由意志的人（自由意志是任何类型的个人主义的基础）都是疯子，因为他们提出的是没有原因的要素。然而，她又将一切归结为“思考”对抗“不思考”。按照她的理由，“思考还是不思考”这个决定显然是“自由的”，因而是“没有原因的”，因此她和所有人一样疯狂。如果她允许这一小颗自由意志存在，为何不承认所有自由意志呢？[45]

这段话拆穿了新兰德派的神话。新兰德派认为兰德不仅抛弃了年轻时候的尼采式精神——见于她的首部小说《我们活着的人》中的若干段落,后期版本中删去了——而且在写作《阿特拉斯耸耸肩》之前就基本形成了她的哲学思想的主体。她是何时大彻大悟的,新兰德派缄口不言,但是后来的仰慕者倾向于尽量往前推。有关兰德的故事都喜欢描绘一个注定要成为伟人的女青年,小时候就早熟如大人,庄严地向哲学老师宣布:“我的思想还不是哲学史的一部分——但有朝一日会是的。”兰德也在《阿特拉斯耸耸肩》的传记式注释中推广了她这一“襁褓中的天才”的形象。“我有记忆以来,就持现在持有的哲学。经年累月,我学习了大量东西,加深了我对细节和具体问题的理解,”她写道,“但我从未改变过任何根本信念。”

但是毫无疑问,自由意志与决定论之争是个“根本”问题。证据表明,兰德不仅至少到 1954 年依然是决定论者,而且认为任何相信自由意志的人都是“疯狂的”——“她最爱这样指责别人”,罗斯巴德写道。[46]

还有一件事也值得注意。兰德早年作品中从没有提及自由意志与决定论之争的问题,包括《源泉》在内;此外,早期小说中的男女主角似乎不是通过内省而获得生活观的。这些角色是自我主义者中的天生贵族,在行为和外貌上甚至有些相似:他们无不拥有高高的颧骨,消瘦的面庞似乎是标志——几乎算是一种民族或种族特征了。《我们活着的人》提到一位英雄列奥·科瓦伦斯基(Leo Kovalensky),他“生出来就手握皮鞭”,尽管兰德在 20 世纪 60 年代第 2 版中作了些修订,查拉图斯特拉的精神仍旧弥漫全书。[47]同样，瓦格纳式音乐弥漫在《源泉》的情感和美学氛围中。因此，兰德最初计划在题词页引用尼采也就不足为奇了："最高贵的灵魂敬畏自己。"《阿特拉斯耸耸肩》采用的是歌剧结构，长长的演说词就是它的咏叹调，具备《尼伯龙根的指环》的复杂性和宏大的戏剧性，有各路神灵、英雄和恶人本色出演。

1954 年夏，兰德还没写完主角约翰・高尔特的几篇主要哲学演说。这个角色是她眼中的理想的人，这位金发的查拉图斯特拉将宣布上帝之死——用兰德喜欢的话说，宣告"世俗生活的哲学"。高尔特演讲的公开版本，简直被今天的客观主义者奉为圣经，当中清楚地谈到了自由意志与决定论之争的问题。高尔特宣称"人是拥有自主意识的生物"，并将客观主义伦理学建立在自由意志概念和选择是否思考的基础上，其实这与前几年公认的兰德智慧是相抵触的。

兰德在什么时候、什么情形下改变了她对自由意志的立场？在通常情况下，这个问题无关紧要。不过，就自由意志主义运动而言，这个看似斤斤计较的问题关系重大。这是因为他们大多相信历史是"天才"造就，人类文明是少数伟人的成果，如果没有他们，我们还处在茹毛饮血的时代。再加上典型的自由意志主义者大多不了解历史，倾向于简化所有事物，这就导致兰德派深信安・兰德最先陈述了理性个人主义哲学。不仅如此，他们还宣称，兰德几乎是独自提出了这一哲学。虽然自由意志主义者通常不能接受兰德晚年弟子的吹嘘，但还是经常落入兰德迷思的陷阱，误以为她在思想上只借鉴了亚里士多德。R. W. 布拉德福德(R. W. Bradford)在一篇论文中用统计分析手段追溯了"新的""非道德性的"自由意志主义的兴起,文中反映了自由意志主义圈子在这一点上的普遍共识:"道德自由意志主义由畅销小说家安·兰德提出,由默里·罗斯巴德吸收和扩充,是20世纪60年代以来现代自由意志主义思想复兴的关键。"[48]

个人崇拜者和其他有意识形态诉求的人已经严重扭曲了现代自由意志主义思想史,里面很难再反映真相。兰德造假学派夜以继日地把兰德完美无瑕的概念神话灌输到那些易于轻信的头脑中。在这个方面,采用修正主义是当务之急,而最适合对此进行修正的地方,莫过于默里·罗斯巴德的传记。

根据芭芭拉·布兰登的传记,兰德从1954年秋左右开始撰写高尔特的演说词,写作过程十分煎熬。在未来3年的某个时刻,兰德完全逆转了她对自由意志的立场。虽然罗斯巴德和兰德在这个问题上有详尽而长期的讨论,前者支持自由意志,后者支持决定论——或者至少认为自由意志有无法解决的自相矛盾,但兰德发生转变的特殊环境仍然不得而知。

罗斯巴德提到:"我觉得乔治·赖斯曼的评论很敏锐。他说安的体系是一台导向完全极权主义的引擎,但是安本人则是出于非理性的偏见才成为自由意志主义者的;50年后,兰德的某个聪明门徒会看到这层内涵,将之变为一种可怕的新国家主义宗教。"罗斯巴德推断:"兰德理性主义社会中的生活就是活生生的地狱。"[49]我们从那些深有体会的前成员口中得知,兰德宗的生活确实是地狱的翻版。

不过罗斯巴德没有遵循自己的建议。1957年10月3日,他看完《阿特拉斯耸耸肩》，迫不及待地给兰德写了一封诚挚的粉丝来信，当中的情感反应一览无余：

> 今天我刚读完了您的小说。首先我想说，我们巴斯夏圈子的所有人都相信，而且都是在阅读一开始就相信，《阿特拉斯耸耸肩》是有史以来最伟大的小说……
>
> 这话本身对我来说没有什么意义：我一直有点蔑视小说这种形式，一度认为这部小说最多也不过是喂给不能直接接受观念的普通大众吃的糖丸。如果我在一个月前说"有史以来最伟大的小说"，那应该算不上是多高的赞美。
>
> 但《阿特拉斯耸耸肩》让我对小说改观了。我一直听文学界的朋友讲小说所呈现的"真理"，却根本不理解这个词。现在我理解了，但这是因为您将小说形式提升到了新的、更高的维度。[50]

他的溢美之辞连着好几页，比如"《阿特拉斯耸耸肩》是永不枯竭的宝库"。他在读小说时时而会

> 感到异常悲恸，因为以前历代小说读者都未能读到《阿特拉斯耸耸肩》。比如我母亲，她年轻时候喜欢读陀思妥耶夫斯基和托尔斯泰，急于想要从中寻找真理却未能如愿。我认为，这部小说里有他们真正想要的真理。[51]

从罗斯巴德口中说出这话，无疑是高度的赞美。他无异于

是在说,驱动大卫和拉娅·罗斯巴德建立自由新世界的生活和无限可能性的精神也是《阿特拉斯耸耸肩》的灵魂。但是兰德一直贬低家庭的重要性(家庭不是“理性的”,因为人无法选择加入哪个家庭),所以她很可能不会感谢这番赞美。他随后指出,是兰德“镌刻出了完全统一的理性伦理、理性认识论、理性心理学和理性政治学,一切都完美衔接”。他还“惊讶地发现,即使像我这样熟悉您体系的轮廓的人,也会为之震撼。我无法想象偶然读到的人会怎么样”。[52]

兰德的小说让他折服,以至于他决心与这位他曾避之不及的女人搞好关系。在他所说的“这封信中痛苦的部分”,他试图向兰德和他自己解释原因。他坦承:“我与您见面的大多数时候,尤其是开始漫长的讨论说理以后,我发现回家以后的好几天都会情绪低落。”他大度地说这种反感是“我自己的性格缺陷”,还说:“我也不知道自己为什么那么低落。”[53]

他很快就会找出(或者记起)缘由。罗斯巴德自己对兰德运动的全力批判是《安·兰德宗的社会学》一文,文章准确地描述了兰德派像典型的宗教崇拜活动,但是没有提到自己与兰德及其追随者的交往经历。[54]这里的省略不符合罗斯巴德的特点,这样做衬托出了他的分析之犀利和准确。

紧接着兰德出版小说一鸣惊人的那段时间,兰德和罗斯巴德相处得不错。这两位情绪高涨的争议人物都喜欢通宵讨论哲学、政治学、经济学和最新的电影,自然就亲近了起来。罗斯巴德夫妇会在晚上七八点去兰德的公寓,直到第二天拂晓才离开。然后他和乔伊会去自助餐馆吃早饭,无休止的讨论让他们饥肠辘辘、精疲力竭。

在后来有关客观主义的作品中，罗斯巴德强调兰德派领导者的弱点和兰德的个人特质，但他显然理解而且欣赏兰德小说创作的情感力量——而且，第一回阅读《阿特拉斯耸耸肩》时，他就感受到了这种力量。

随着《阿特拉斯耸耸肩》攀升到畅销榜之首，批评家开始猛烈攻击这本书。骂得最凶的当属帕特丽夏·多尼根（Patricia Donegan），她为自由派天主教周刊《公益》（*The Commonweal*）撰稿，将兰德的大作描述为"倾撒仇恨"。[55]一个月后，这本杂志发表了罗斯巴德的回应，文中指出了多尼根书评中若干"严重错误"。首先，多尼根错用好色来解释主角的爱情纠葛。小说的女主人公并非像多尼根所说同时拥有3个情人："她的3个情人是逐个的，不是同时的。"厘清这一点后，罗斯巴德继续反驳多尼根所谓的兰德小姐的小说中完全没有同情（既是指这个词也指这个概念）。相反，罗斯巴德说道，同情在《阿特拉斯耸耸肩》里头扮演了"重要角色"。问题是：对谁同情？兰德的小说突出同情"英雄的个人，他们受掠夺者和那些让他们为自身美德感到愧疚的人所折磨"。与自由派基督教的道德观不同，兰德理解的同情是"对人对抗苦难，或者对抗不正当施加的苦难的同情，而不是怜悯苦难本身。虽然多尼根小姐说得完全正确，'谦卑不存在于作者的构思中'，可是爱存在。只不过，这次又是爱美德"，而不是"爱邪恶的收买"。罗斯巴德写道，《阿特拉斯耸耸肩》绝不是在"倾撒仇恨"，"其主旨是对人的生命的爱"。[56]

多尼根依然认为女主角在爱情中的表现有些可疑，《公益》

不仅刊登了她的回复，杂志编辑部还在几周后又发表了一篇文章，其中引述了多尼根－罗斯巴德争议。“通常而言，”他们写道，“问题会被搁置一旁，但是后来我们看了小说作者的采访，可以为这场讨论提供有趣的注脚。”随后他们附上了兰德接受迈克·华莱士（Mike Wallace）采访的节选，其中华莱士问：“请问今天在美国或者世界上有没有哪位健在的思想家或哲学家是您尊敬的？”她答道：“没有。”华莱士接着问：“所以在您看来，您本人是今天健在的最有创造力的思想家？”兰德顺水推舟地答道：“如果有人能在我的哲学中找到一条合理的错误，我会乐于承认他是最有创造力的并且向他学习。而在此之前——我即是。”[57]

如此大吹大擂的行径本应让罗斯巴德和巴斯夏圈子的伙伴们警醒，意识到他们正在陷入什么样的麻烦。但他们没有觉察到这一凶兆，或者是视而不见。在写给兰德的粉丝来信里，罗斯巴德将《阿特拉斯耸耸肩》比作《人的行为》：

> 以前我从您学生那里听说过十分夸张的赞美，说您是当今世上最伟大的天才，给了他们一个“圆形宇宙”。我承认当时我是反感的：这无疑是一种神秘崇拜在作祟。但是现在，自从读了《阿特拉斯耸耸肩》，我发现我错了。[58]

不到6个月，他便意识到自己一开始是对的。虽然他真心钦佩《阿特拉斯耸耸肩》，但还有两个因素无疑促使他突然转变态度。第一个事实是这本小说盘踞畅销榜之首，公开鼓吹自由放任资本主义和私有财产是自由社会的基本组织原则。1957年，老右派的少数自由意志主义残余基本销声匿迹。现在，援兵总算来了：眼看要完败的时候，骑兵从山上冲了下来。虽然兰德派通常读书不多，在很多关键领域还需要教育，罗斯巴德此时显然相信兰德派是可以教育的。自由意志主义理念突如其来的传播似乎证明了罗斯巴德天生的乐观主义，所以他真的乐于见到这本书成功，甚至有点兴高采烈。但是有时候他高兴过头了，最后就会感到失望；只不过，这回的结局更令他不悦。

不过，也许最重要的是，罗斯巴德还希望兰德派能在另一个方面给他帮助。纽约的兰德派核心人物几乎都在经历“客观主义心理治疗”的考验，实施治疗的是兰德的大弟子纳撒尼尔·布兰登。其神奇效果不久传到了罗斯巴德耳中，他逐渐开始思考是不是应该借此解决一个困扰自己的问题。这是一种许多宗教崇拜组织惯用的招募技术，通常打着“治疗”的幌子，我们将从罗斯巴德那里看到，它们的这个顾客充满喜悦又有点天真，并不知道自己会得到什么样的治疗。

宗教崇拜是一种社会心理现象，本身拥有独特的信仰结构，不论其意识形态内容是什么，形式总是相同的。最首要的是最高领袖的中心地位，最高领袖是崇拜的对象，此人代表教理，不论内容为何。但就宗教崇拜而言，所谓教理有两个方面。首先，有公开的或者外部的教理，是说给公众听的。招募到信徒以后，这些人渐渐接触到内部教理，或者说只有发起人圈子才知道的内部真理。就客观主义运动而言，外部教理是激进个人主义，原型是兰德1943年小说《源泉》中的霍华德·洛克。不过，内部教理十分不同,与最初吸引信众的自我主义截然对立。罗斯巴德声称:“内部信条即安·兰德是古往今来最伟大的人,因此她说的一切都是对的。只要偏离了她的话,就是在对抗理性和真相,就要即刻遭受绝罚。所以整个组织像极权主义宗教崇拜一样运行,兰德在顶上发号施令,随后经过当时所谓的‘长老团’传达给信众。”[59]罗斯巴德的话令人信服,兰德宗“以独立为名,推广奴性的依赖;以每个人的个体性为名,崇拜和服从领袖;以理性为名,鼓动信众盲目崇拜和信仰教主”。[60]

虽然兰德无疑没有采取行动阻止身边开始蔓延的宗教崇拜氛围,但是真正的问题出在她的追随者身上。对于这一点,兰登书屋的本内特·瑟夫(Bennett Cerf),也就是她多年以来的出版商,在1977年的自传里有所提及。[61]尤其是她的大弟子、心理学家纳撒尼尔·布兰登,他比兰德小20多岁,利用导师日益增多的门徒填满客户名单。结果不仅病人如织,他还从自己创办的传播兰德哲学的纳撒尼尔·布兰登研究所(NBI)中大捞了一笔。他的每个病人都要修一门课程,即“客观主义基本原理”,这是治疗的一部分。从兰德的客厅到布兰登的办公室,随后穿过NBI的门户——这个传送带运转得非常成功。

罗斯巴德长期以来受到旅行恐惧症困扰,但他决心要克服。在兰德的建议下,他做了布兰登的病人。这段关系持续了不到6个月,短暂但强烈。

成为兰德宗纽约分支的成员,意味着周而复始的崇拜活动。罗斯巴德写道:“每个晚上,兰德大弟子们都会向不同成员宣讲,陈述‘政党纲领’的各个方面:基本原理、心理学、小说、性、思考、艺术、经济学或者哲学。（这个结构反映了《阿特拉斯耸耸肩》所勾勒的乌托邦图景，男女主角每晚都向对方宣讲。）”[62]

没过多久，经过上述疯狂活动的侵蚀，罗斯巴德与兰德的关系紧张起来了。他缺席课程，很快领导层就质问：你为什么不选择将所有醒着的时间与纽约（即使不是全世界）最理性的人一起度过？在纽约兰德派的崇拜氛围中，人们认为这种问题理所当然。“但是万一，”罗斯巴德问道，“就像常有的那样，有人不喜欢甚至不能忍受这帮人呢？”[63]那样的话，你在兰德运动中的日子就不多了。经过“客观主义心理治疗”的道德灌输，也就是一种头脑游戏和恐吓的混合疗法，还有围绕“客观主义基本原理”的无休无止的讲座和课程，罗斯巴德的旅行恐惧症根本没有消失。有鉴于此，布兰登认为罗斯巴德的问题与其他事务有关——比如罗斯巴德“非理性”地选择了伴侣。罗斯巴德的妻子信仰上帝，这恰恰违背兰德理性第一的原理。罗斯巴德这么选择伴侣，怎么能说自己是理性的呢？按照兰德和“客观主义”心理治疗学派的教导，人的性选择难道不是其最深层的价值观的反应吗？如果罗斯巴德真的想要彻底改变生活，想要像阿特拉斯耸掉世界那样甩掉过去的神经症和心理障碍，他就应当甩掉迷人而忠实的妻子乔安，换一个更为合适的兰德派伴侣。布兰登和他的党羽自认为认识纽约所有的理性人，十分乐意提名潜在的候选人。[64]

在写给理查德·科尼埃尔的一封信中，罗斯巴德讲到他之所以接受布兰登的治疗，是因为他的心理学观点似乎很有趣，而且安还打包票说短期见效。不过——

> 治疗越进行下去，我就越反感整套设定。如果您从前认为安是坏人，那么您应该明白现在的情况是，布兰登在安和自己身边组织了一个完全由癫狂青少年组成的宗教，这个宗教的很大一部分力量来源于担任治疗师的布兰登。最近我打定主意要摆脱布兰登，因为他开始断言我的“痊愈”条件是我要求乔伊放弃基督教改信无神论，还有与利焦、弗兰克·迈耶等基督徒朋友绝交。这时候我才反应过来，这家伙是多么荒谬和疯狂。[65]

在兰德和罗斯巴德最后几次见面中，兰德派有一回决定给可怜的乔伊一个机会，让她去怀疑，进而救赎自己。“让她读Z证明（zee proofs）。”兰德宣布。如果乔伊读了这所谓的证明——内容系布兰登有关无神论的演讲——却依然没有信服，那么根据兰德派的观点，就足以最终证明她拥有无法救赎的非理性。乔伊被按时送入一个单间，坐下来通读布兰登无趣至极的散文。那篇文章在理解宗教或者宗教情感上没有高明之处，就好比狗对于诗歌的理解。她依然没有信服——也依然是罗斯巴德的妻子。[66]

出来透透气

但在兰德宗里，公开悖逆的人都待不久。尽管罗斯巴德在最后这起奇怪事件前就已决心与客观主义者撇清关系，“长老团”却对掉队者不那么友善。他们仿佛是要让自己的疯狂更为凸显。没过多久，兰德派找到了清洗罗斯巴德的借口，称他打算在学术会议上宣读的一篇学术论文"抄袭"了安·兰德的观念和芭芭拉·布兰登一篇未发表的论文：这里是指他的经典论文——《科学的外衣》。罗斯巴德逐条驳斥他们的指责，指出兰德派自称原创的概念至少可以上溯到中世纪经院哲学家。①

讽刺的是，这篇文章有很大一部分是在证明自由意志，不久前正是这个问题让兰德与罗斯巴德起过争执。兰德改变立场之后，宣称罗斯巴德盗取了**她的**原创观念。

1958 年 7 月 20 日，纳撒尼尔·布兰登给罗斯巴德寄去了一封 7 页单倍行距的书信。这封信极其自负，指责罗斯巴德盗取的观念是：人生而没有内在知识，人必须根据天性行动，以及最佳行动指南是理性而非神秘本能。他言之凿凿地告诉罗斯巴

---

① 纳撒尼尔·布兰登和罗斯巴德之间的大量通信保存下来了，读起来冗长乏味而且令人感伤。例如，布兰登指责罗斯巴德没有说明出处就摘取了芭芭拉·布兰登未发表的论文——《人的自由与人的机理》（"Human Freedom and Human Mechanism"，未出版硕士论文，纽约大学，1956 年），而罗斯巴德引用的是自己 1954 年投给一份学术期刊的论文。那些文献非常无聊且令人困惑，直到读到与兰德大弟子有关联的人之间的往来信件，我们的精神才为之一振。他们相互斥责，相互拆台，曾经的挚友也会反目，要将对方开除出去，乐此不疲。这种奇怪的行为是兰德运动的主旋律，别处也有记录。事实上，兰德宗产生的文献很多都有待挖掘，包括其弟子的一系列回忆录，尤其是布兰登家族。但是文献实在太多，这里就不一一举例了。杰夫·沃克的《安·兰德宗》（芝加哥：敞院出版社，1999 年）可以算作历次清洗和绝罚的汇总。这种举动在兰德生前让她的圈子躁动不安，在她去世后，仍在缩减门徒规模。——原书

德,这些观念的发明者和所有者是安·兰德。米塞斯听说以后评价道:"人生而不具备求生的知识,而理性的任务就是发现维持生命所需要的价值和美德(目的和手段)。我实在无法相信,这个观点在1957年秋天之前是不为人知的。"[67]

布兰登自称逐字逐句通读了罗斯巴德的论文,发现有10多处转述了高尔特的演讲和芭芭拉·布兰登的论文。如果他真的逐字逐句比较了文本,即使是他也应该明白真相:不仅字句抄袭是无稽之谈,而且风格和概念也有显著差异。罗斯巴德的风格清晰而简明,文字简短有力,完全不同于兰德派那种威慑和过激的修辞。对于盗窃观念的问题,布兰登控诉罗斯巴德剽窃,这一指控的荒谬性再明显不过。那次会议的组织者之一、著名奥地利经济学家、学术经典《嫉妒》的作者赫尔穆特·舍克(Helmut Schoeck)明确表示,抄袭一说"纯属痴人说梦"。罗斯巴德论文中的观念,"是过去60年(有时候是100年)发表的成百上千的专著和论文中的一部分"。布兰登称罗斯巴德举"拿枪的孩子"的例子来说明获取知识的必要性,抄袭自芭芭拉·布兰登的论文。舍克教授认为这一指责是"最荒谬的":孩子和枪的例子"在过去60年的任何社会心理学、社会控制及相关主题的教科书中都有。我的很多演讲就自然地用到这个例子,因为要说明道理,这是最鲜明的例子"。舍克建议罗斯巴德:"别理这些疯子。"[68]

如果罗斯巴德没让布兰登做治疗师的话,应该可以轻易地忽略他。近6个月来,罗斯巴德把自己的秘密、期望、焦虑全盘托出,又相信布兰登的职业道德和正直品格不会泄露这些隐私。

不过，在给理查德·科尼埃尔的信中，罗斯巴德披露："布兰登开始跟别人讲我治疗方面的事情，真假参半。"[69]

这恼人的事件即使没有让罗斯巴德失态，也让他颇为不快，他给米塞斯和科尼埃尔的信就说得很明白。除了他的治疗师散播隐私让他丢脸外，罗斯巴德还必须应对的事实是，他的两个好朋友乔治·赖斯曼和罗伯特·黑森站在布兰登一边，不再跟他说话了。这两位巴斯夏圈子老兵与他交恶，转而支持布兰登的"抄袭"指责，更加增添了这一事件带给他的痛苦。

意识形态和心理治疗相结合，让兰德宗领袖拥有连斯大林都无法比拟的权力。这意味着布兰登及其"客观主义"心理治疗师干部们有每个信徒的把柄：病人已经说出了最深处的秘密，很多秘密如果揭露出来必然是极其尴尬的。这样一来，领导人不难控制住他们。因为，如果兰德和布兰登断定某位客观主义者偏离了正统而不知悔改、必须被逐出教团，那么所有敏感信息都会在随后的"审判"中披露出来。在这些怪异的审判上，大法官永远都是纳撒尼尔·布兰登，兰德是审判长，其他领导人则像是希腊合唱团，尽责地复述着领袖的判决。

当然，他们也按时邀请罗斯巴德参加自己的审判，但他拒绝了。于是他缺席受审，尽管不是全票通过，但是兰德派"长老团"最终决定将罗斯巴德逐出"理性世界"，赶入"外部黑暗"。

客观主义运动的短暂历史——一段充满分裂、驱逐和相互斗争的历史——充分验证了罗斯巴德最初对兰德派的判断，即一种基于情感主义的"极权主义宗教崇拜"。不过，他理解而且欣赏兰德的小说，因为他自己也备受感染。在他看来，情感和理性、艺术和学术之于任何激进社会变革运动都同样重要。在讨论“理性与情感在成功的激进运动的意识形态和政治宣传中的平衡”时，罗斯巴德写道：“自由意志主义运动应当努力做到理性与情感的统一，对正义（源于对自由意志主义学说的合理理解）的热情与渴求的统一。另一方面，没有情感的理性显得迟钝、机械、缺乏感召力、枯燥乏味。”[70]

这是罗斯巴德最初受《阿特拉斯耸耸肩》和客观主义吸引的真正根源所在，大多数自由意志主义者也是如此：政治需要戏剧、魅力、神话和象征。《信仰与自由》杂志的基督教自由意志主义者用基督教的修辞、经典和象征来塑造他们支持经济自由和个人自由的论点——罗斯巴德愿意合作，只要他有个平台传播自由意志主义理念。兰德派自己发明了一种极其世俗的宗教，使用修辞、经典和象征陈述一种类似的政治和经济立场——罗斯巴德也愿意合作，直到他看清兰德及其追随者以理性为名行心理虐待之实。[71]

上述解释大体没错，不过忽略了罗斯巴德的兰德派盟友的哲学对他的真正吸引。他与《信仰与自由》的共事完全缺少这个因素，他从未想过加入法菲尔德的教会。虽然时间短暂，他确实加入了布兰登的教会。不过他从未像当时许多最聪明的自由意志主义者那样完全投身于兰德宗，而且没过多久他就开始反抗约束了。

我们有充分的证据和理由相信，罗斯巴德与兰德派的争吵起初对他触动很大。他原本希望“客观主义心理治疗”能让他摆脱旅行恐惧。现在希望破灭了，他甚至不能参加佐治亚州海岛举办的学术会议，宣读《科学的外衣》。罗斯巴德致信会议主办方："去年冬天接受贵方邀请的时候，我一直在努力配合治疗师纳撒尼尔·布兰登来让自己摆脱旅行恐惧，他打包票说今年秋天可以治好我的恐惧，我一定能出席会议。"不过，夏天过了一半，却还不见起色。他向主办方解释自己研究了各种旅行方案，但都不合意。这是一封令人颇为心痛的书信，读着就难受，因为我们能看出布兰登对信任他的病人的心理虐待程度。不同寻常的是，布兰登还威胁要起诉罗斯巴德，这导致他的心理状态的私密细节公之于众。这起事件的丑陋性在罗斯巴德给布兰登的信中有进一步体现。罗斯巴德明言，事实上是布兰登最早建议他努力参会亲自宣读论文，是布兰登让他相信"有 95% 的概率能成行"，也是布兰登想要借此测试罗斯巴德克服旅行恐惧的能力——然后用虚假的"抄袭"指控来攻击他。[72]这正体现了宗教崇拜的危险。

罗斯巴德一针见血地诊断出了客观主义的问题所在。他指出，关键点是，"通过一部小说进入运动，意味着尽管反复宣说要服从理性，但狂热情感才是每个信徒皈依的驱动力"。[73]兰德神话的情感力量吸引了很多年轻人第一次接触个人主义和自由市场理念。"20 世纪 60 年代到 70 年代初，加入自由意志主义运动的年轻人几乎都出自兰德运动。"罗斯巴德写道，"他们大多完全是受《阿特拉斯耸耸肩》的情感主义所吸引。杰罗姆·图希尔(Jerome Tuccille)[1971 年的书]《一切通常从安·兰德开始》[74]，书名肯定是适合那段时期的。但是，年轻人涌入的结果是兰德派日趋专注于情感主义，在安·兰德个人崇拜上故步自封。”这并不是不能补救的。然而还有一个严重问题，兰德派不断阻挠“青年信徒阅读不同观点，乃至任何事实真相；他们鼓励每位青年个人主义者相信，自己毫无依托的思想足以编织出所有理论和真相事实”，这种思维“会把自由意志主义青年固定在不成熟的境界上”。普通成员的无知也反映了核心领导层的水平：兰德本人就很少阅读比侦探小说更严肃的作品。[75]她的青年信徒似乎一直在反复读兰德的书，此外别无其他。兰德虽然自称创造了一个完备的哲学体系，涵盖形而上学、认识论、伦理学和美学，却很少写作非虚构作品。她一直答应要为自己的哲学写一部非虚构的论著，却从未动笔。除了小小一册讲述概念形成的客观主义理论，还有从杂志上选出的各种演讲和短文，安·兰德的哲学著作寥寥无几：长文《致新知识分子》[76]发表于同名的书中，演讲稿《客观主义伦理学》收录于短文集《自私的德性》。[77]仅此而已。（NBI 的官方“推荐书目”里有路德维希·冯·米塞斯的著作，同时提示兰德不同意米塞斯“主观主义认识论观点”。当然，这扭曲了米塞斯的真实观点。兰德及其圈子将认识论和经济学方法论混为一谈，体现出了他们对这两个领域相当无知。）

芭芭拉·布兰登在《兰德的激情》（*The Passion of Ayn Rand*）中引用罗斯巴德的话，说他“基本同意兰德的所有哲学”，但书中没有给出处。她还荒谬而毫无依据地声称，罗斯巴德说“是兰德说服他相信自己书中支持的自然权利理论的”。[78]

说罗斯巴德需要兰德的教导才相信了自然权利，就好比说兰德发明了自然权利理论一样可笑。罗斯巴德在《阿特拉斯耸耸肩》出版好几年前就热衷于探讨正义，自然权利理论的发展也比兰德早了好几个世纪。很巧的是，罗斯巴德给兰德的粉丝信中说明了这一点，他在信中承认：

> 多年前初次见您的时候，我还是米塞斯的追随者，但我不喜欢他反感自然权利这一点。我“感觉”自然权利是对的，只是无法证明。您将我完全陌生的整个自然权利与自然法哲学的领域介绍给我，几个月来，**我按照自己喜欢的工作方式**，学习和研究了伟大的自然权利传统。[79]

这表明兰德知道她的思想不止来源于她唯一承认的亚里士多德。兰德显然给罗斯巴德的研究方向提供了一些线索，这一点他是承认的；但是并不像芭芭拉·布兰登所说的那样，“是兰德说服他相信自己书中支持的自然权利理论的”。

自由意志主义哲学家乔治·H. 史密斯（George H. Smith）在《无神论、安·兰德及其他异端》中也指出：“兰德的伦理学理论以自然法为基础，这一进路盛行了很多世纪（比如古代的斯多亚学派）。自然法伦理学失宠以后，兰德是少数试图复兴这一传统的哲学家（主要是亚里士多德主义者）——不过在这一点上，兰德一如往常地误以为自己在创造新方法，而不是在为旧方法注入活力。”[80]

兰德以自由意志主义自然权利原创理论家自居，不论怎么说都是存疑的，何况据罗斯巴德透露，有人费了一番口舌才让她不再支持政府对私有土地的“征用权”概念。罗斯巴德讨论兰德思想所受的影响（包括罗斯·怀尔德·莱恩、伊莎贝尔·帕特森等作家）时指出：“我所知最后一位改变过安·兰德想法的人是赫伯特·科尼埃尔。显然是科尼埃尔说服她反对征用权。她过去显然是因为宪法中有征用权才支持它。”[81]

布兰登小姐说罗斯巴德“基本同意”兰德派信条，这在狭义上是正确的，因为他们都支持个人主义和自由放任资本主义。两人都相信理性伦理学的可能性和必要性。他们的差别在于对观念的整体态度。兰德对观念史和她自身在其中的位置，总结起来就是《源泉》男主角霍华德·洛克的宣言：“我什么都没继承。我站在传统的尾巴上。我也许还站在一个传统的开始。”[82]

与兰德不同，罗斯巴德阅读广泛，不至于相信自己发明了理性和个人主义。他继承的东西，不仅有米塞斯和奥地利学派的洞见，还有阿克顿勋爵的革命乐观主义、古典自由主义的思想和政治传统，以及老右派的战斗精神和坚定的反帝国主义。他为站在一个古老而辉煌的传统的尾巴上而感到自豪。

罗斯巴德和兰德派的纠葛不过是其意识形态艰难历程的小插曲。很快他就将再度启程，超越左与右，在途中建立一种新的理论综合：自由意志主义。兰德及其门徒的梦想世界都集中于小说主角的宣言和小说情节上，核战争的前景等现实问题不会进入讨论。但在真实世界，学生们正在参加防空演习，老师教他们“趴下躲好”，家长们正在美国郊区的后院挖防空洞。兰德逃离了斯大林的恐怖移民美国，这位狂热的冷战斗士对外交政策一无所知，所以在这个问题上的写作自然宽泛。随着国际局势恶化，战争阴云密布，罗斯巴德日益担忧起来，本能地向老朋友伦纳德·利焦靠近。利焦一直不理会兰德派，而是主动与反战左派保持联系。

重估和更新：修正主义视角

随着雷克和哈默威前往芝加哥，原来的巴斯夏圈子解散了。在意识形态上，罗斯巴德和利焦在纽约彻底受到孤立，没有自己或者组织资助的资源，没有平台或者媒体来挥舞自由的旗帜。换作别人也许早就放弃斗争了。恰恰相反，他和利焦着手对以前的立场进行了广泛的思想和意识形态的重估，可以说是做了一张思想的资产负债表。他们的首要资产，除了米塞斯经济学宏伟的理论大厦外，还有老右派的孤立主义传统。他们问道，老右派哪里做错了？他们犯了什么致命错误才会失势？他们重新思考了究竟是谁发动冷战，是谁让冷战继续的问题，并得出结论："我们老派的孤立主义出现了一个致命弱点：默许基本的冷战预设，即存在俄国威胁。"[83]他们对斯大林的看法无疑类似于保守派运动中的前左翼分子，类似于托洛茨基的描述，认为斯大林只关注在苏联建设社会主义，而不顾"无产阶级国际主义"的原则，即负责向其他国家输出革命。斯大林的继任者遵循了相同的民族主义方针，甚至因为经济困难加剧而坦诚地进行协商，停止军事竞赛和实现裁军。美国的抵抗一向成功，美国的和平运动者时常被遣散，或是被右派贬低为受骗的傻子。D. F. 弗莱明(D. F. Fleming)、威廉·阿普尔曼·威廉姆斯(William Appleman Williams)和加布里埃尔·科尔科(Gabriel Kolko)的著作给出了新的自由意志主义的视角,即对美国自由最大的威胁来自华盛顿。现在,罗斯巴德和利焦都认为"不存在俄国'威胁'":

> 无论是在欧洲、亚洲还是全世界,世界和平的威胁都是美国利维坦。多年来,保守主义者和自由意志主义者争论个人自由的"外部"(俄国)和"内部"(华盛顿)威胁,自由意志主义和孤立主义者关注后者,保守主义者关注前者。但是,现在我们——我和伦纳德——完全解放了;我们的眼里没有了条条框框,我们看到"外部威胁"也来自华盛顿。[84]

这种对于国际冲突的修正主义观点还有补充,即正在发展的关于国内阵线的修正主义视角。罗斯巴德和利焦一直都自认为是极端右翼分子,在此之前,这种意识完全是可以理解的。但是最早鼓吹自由放任的是左派,是 17 世纪、18 世纪反对君主制、神权统治和战争并推翻旧秩序的自由派。在这幅新图景中,平等主义是一条混乱的中间道路,左边是纯粹自由,右边是毫无约束的国家主义,表现形式是以王位和祭坛为标志的保守主义。罗斯巴德根据这个新分析,得出了 3 个推论,同时戳穿了右派中广泛流行的 3 个关键误区:

1. 自由意志主义者和保守主义者是"天然"同盟的概念属无稽之谈。20 世纪 20 年代,门肯和诺克等自由意志主义者被当作自由派,他们反对《禁酒令》,揭露凡尔赛谎言。10 年后,同一批老派的自由派因为反对新政和罗斯福的战争政策而被右派极端主义者谴责，他们的盟友则是保守派商人，比如反战的美国第一委员会主席、西尔斯罗巴克公司首席执行官罗伯特·E.伍德将军。罗斯巴德从历史中得到的经验说明，日后有望与左派结成同盟。罗斯巴德的重大思想改变是，这样的决定只不过是战术问题，不涉及原则问题：沃尔克基金会解散以后，他与右派在情感和组织上最后的纽带也断裂了。

2. 罗斯巴德认为，右派"过度"恐惧，其实他们那一套是一个混乱而矛盾的体系，期待用独裁带来"国家消亡"，所以不能长久；正如米塞斯证明的，计划经济必然失败。既然它"不用过多少年"就会失势，也就没必要害怕左派：真正的敌人是比尔·巴克利和他手下那帮报仇心切的前极端分子。他们嗜血成性，除非第三次世界大战打响，否则不会满足。[85]

3. 有一个右翼神话体现出了对历史的完全无知，即在富兰克林·罗斯福执政之前，美国是自由市场的乌托邦，几乎没有政府管制。此时，罗斯巴德就算没有动笔，也已经在构思他对经济史的开创性贡献——《美国大萧条》。[86]他在书中运用米塞斯商业周期理论（即银行信贷扩张导致错误投资进而引发萧条）分析大萧条。保守派对赫伯特·胡佛景仰有加，把他塑造成他们憎恶的罗斯福在意识形态上的对立面。罗斯巴德打破了这一形象，证明胡佛的公共工程项目和福利主义为新政革命铺平了道路。保守派圈子里的亲胡佛首脑对这本书尤为恼火，《纽约时报》也嘲讽道："这本书对于右派而言过头了……作者批判前总统赫伯特·胡佛的政策太过激进，还充满恶意，将新政之始归咎于他。"这本书是"爬行的保守主义"的范例，为了平衡考虑，只可以搭配着马克思的《资本论》一起看，不过“大多数读者也许会认为中间道路更好”。这篇乏味的批判文章断言：“罗斯巴德博士的完全自由放任经济学永远吸引不到公众，因为它缺乏当今社会的基本需要——人道。”[87]

随着自由左派和胡佛右派出来指责这本书，罗斯巴德确信自己走上了正确的道路：他分析了大企业在现代福利－战争国家兴起中的角色，得出的结论既冒犯了自由派法团主义，又冒犯了它的胞兄“保守主义”。罗斯巴德研究和思考的这一新方向是受一批左派修正主义历史学家的影响，他们大多在威斯康星大学师从威廉·阿普尔曼·威廉姆斯，其中影响最大的应该是加布里埃尔·科尔科。在《保守派的胜利》（*The Triumph of Conservatism*）一书中，科尔科证明，大企业主非但不是自由市场资本主义事业的殉道士或者兰德所说的“美国最受迫害的少数”，反而是自由放任最强大也最无情的敌人。企业巨头不仅支持过进步主义时代的管制，还创造管制来努力联合垄断市场。企业巨头不仅不是“受迫害的少数”，而且大体上都是有国家特权的精英。他们非但在理论和实践上不支持自由市场，而且毫不留情地利用政府设置市场准入障碍，强迫竞争对手屈服。[88]

罗斯巴德的典型特征展露出来了，在发展这个新观点的过程中，他对新观念的发现和意义激动万分，却忽略了如何传播的实际问题，即通过何种媒介。对此，乔安·罗斯巴德说得很简洁，“默里连纸箱子都走不出去”，但他有能力启迪那些做得到的人。晚年，他会吸引许多实干家，在罗斯巴德强烈的乐观主义和沉闷的现实任务之间斡旋。但是，目前他们尚未出现。回顾那段时光，罗斯巴德写道，“虽然饱受孤立，形单影只，我和伦纳德·利焦还是开始了一项看似只有超人才能完成的……任务”——把零碎细小的自由意志主义运动，凝聚成一个全国群体，推广他们新的“左派－右派视角”(left-right perspective)。[89]

幸运的是，自由意志主义的视野上有一个闪光点：在科罗拉多州落基山脉，自由学院(Freedom School)一跃而成为新自由意志主义活动的中心。自由学院成立于1956年，是罗伯特·勒菲弗尔(Robert LeFevre)的杰作。勒菲弗尔是一个有个人主义无政府主义信仰的和平主义者，也是一个富有魅力的人，他的教学技能出众，让很多年轻人转向了自由意志主义。自由学院的毕业学员慢慢在全国散开，有不少人去了纽约，其中包括爱德华·法西、罗伯特·J. 史密斯和小罗伊·A. 柴尔兹(Roy A. Childs Jr.)。布鲁克林自由美国青年的主席阿兰·米科尔曼(Alan Milchman)加入进来，堪萨斯大学还有一支规模不小的别动队，团队负责人是鲍勃·加斯金斯(Bob Gaskins)和大卫·杰克曼(David Jackman)。堪萨斯团队的加入让罗斯巴德尤为高兴，因为他们推出了一份刊物——《旗帜》(*The Standard*)。终于，老右派可以发声了，罗斯巴德终于有地方阐述他的外交政策观点了。1963年4月的《旗帜》转载了乔多罗夫和米塞斯的作品，说明反对战争制造的国家权力是自由意志主义的核心，同时还刊登了罗斯巴德的重要论文《战争、和平与国家》(“War, Peace, and the State”)。[90]但是学生出版物往往比学生政治组织还要短命，《旗帜》不久就停刊了。

1964年行将结束之际，巴里·戈德华特的竞选刺激右派发动了一场疯狂的圣战。罗斯巴德焦急万分:他在《国家评论》的老对头的手指,现在离核武器按钮之近,已经超乎他的想象。

然而,他没有表达观点的论坛,无力阻止右派乃至运动中的自由意志主义分支支持戈德华特的大潮。他能做的只是致信《创新者》(*The Innovator*),抗议他们其实是在支持1964年的共和党总统候选人。《创新者》是在南加州出版的一份小规模时事通讯,当时是自由意志主义活动的一个主要纽带。他指出,戈德华特在国内经济问题上谨小慎微:"戈德华特提议废除当前的国家主义体系,其实我希望你们能说说他的某个具体举措。"[91]戈德华特政权不仅不会废除所得税,而且还会保留其"累进性"。社会保障和反托拉斯立法也是神圣不可动摇的。此外,这名候选人的经济顾问无不是凯恩斯主义者。与大众想法相反的是,戈德华特没有提议废除田纳西河流域管理局,而只是提议将蒸汽生产设备出售给州政府。即使戈德华特总统届时动了真格,要瓦解国家主义秩序——这是不大可能发生的事情——"如果国会不听他的,到时候他又能拿所有这些问题怎么办?"但是作为总统,戈德华特不会完全没有权力:

> 不过,总统权力有一个方面,即作为总统的戈德华特会拥有几乎无限的行动自由。不幸的是,这限于外交事务领域,总统在这里几乎可以随心所欲。正是在外交领域,戈德华特和保守派运动不仅不是自由意志主义,而且还是我们时代的自由之大敌。首要的原因是,戈德华特党激进而热

切地鼓吹美帝国主义，鼓吹对苏联发动核战争。他们是当今最大的“按钮推手”。[92]

林登·约翰逊做过一次电视宣传广告，里面有个小女孩在花丛中蹦蹦跳跳，此时邪恶的戈德华特送来的核弹在她头上爆炸。这则广告至今声名狼藉，当时被“思想开放”的自由派谴责，也被保守派铭记为堪比日本偷袭珍珠港的政治事件。但是，罗斯巴德感到愉快。至少，民主党人“捕捉到了戈德华特党徒威胁的真实维度”。[93]

企业家的职能是预测趋势，力争在时机到来时占得先机。时机就是一切，而历史上稍快几步的思想企业家总是受到奖励。但是总有一段沉寂期，在那个时期，历史还在追赶，发明家还在孤立中独自沉思。所以，即使是乐观如罗斯巴德，当发现自己的政治立场在米塞斯和米塞斯派那边都是异类的时候，也会感到十分气馁。正是在这个时候，他更加频繁地转向完全在自己朋友和通信者圈子以外的人，比如年迈的偶像破坏者哈里·埃尔默·巴恩斯，寻找同情的倾听。他向巴恩斯透露：“其实，虽然我个人十分热爱冯·米塞斯，而且在经济学上自认为是他和奥地利传统的门生，但是我和其他米塞斯派的政治立场差异巨大，所以如今关系搞得很紧张。”每年，米塞斯的朋友和学生都会在纽约聚餐几次，并有演讲和讨论。“最近几次，一直都是我和另外一两个异见者与整群人（包括米塞斯）辩论，气氛十分紧张。”这种紧张气氛的一个源头是右派中日益增长的战争歇斯底里症，巴里·戈德华特竞选总统凸显了这一点：“去年秋天，我宣读了讲1929年大萧条的论文,并借机抨击了戈德华特和戈德华特运动——集会者为此而轰动(例如西尔维斯特·彼得罗[Sylvester Petro]、亨利·黑兹利特[Henry Hazlitt]等人)。”另一次冲突是,英国经济学家申菲尔德(Shenfield)教授“宣读了一篇赞颂西方帝国主义的长文,糟糕的是,那些不知感恩的殖民地居民竟然胆敢要把英国人踢出去”。不过最糟糕的是,“听众的整体倾向是反对申菲尔德……因为他对外国佬的立场太软,没有鼓吹‘保护私产’”。罗斯巴德鲜明而有力地予以反驳,支持“过时了的科布登式反帝国主义立场”,但这也让他四处碰壁。“如果没有像你还有秃头[F. A. 哈珀]那样志同道合的人在身边,”他向巴恩斯说道,“那么世界会很晦暗,无论是在思想上还是在政治上。”[94]

这着实是一段晦暗时光,打破沉寂的是一篇犀利而及时的文章——《美国右派的转型》(“The Transformation of the American Right”)。但是文章发表的地方,只是一本名不见经传的天主教季刊《连续》(*Continuum*)。“重现老右派的原则和目标需要费很大劲,”他写道,“这与今天的右派截然不同。”虽然文章强调了“比利·詹姆斯·哈吉斯派、伯奇派,以及诸多上帝和国家的斗士”,但也指出美国右派缺少真正的思想史,所以难以发现“第二次世界大战以后右派的本质有了巨大而显著的变化”。罗斯巴德提醒读者,昨天的保守派反对新政,反对罗斯福将我们拖入第二次世界大战。“‘老美国右派’的主旋律是深切而激情地捍卫个人自由,坚信在私人和经济领域,利维坦国家在国内外不断扩张的权力已经严重威胁到这一自由。”[95]

新右派的英雄是蒋介石、佛朗哥和李承晚这样的人物，罗斯巴德却回忆起另一段时光——那时，“老右派的思想英雄是约翰·洛克、平等派、杰弗逊、潘恩、梭罗、科布登、斯宾塞和巴斯夏等自由意志主义者”。巴克利和他的前左翼同伴，还有右翼社会民主党鼓吹尽快对苏联发动“解放”战争，然而罗斯巴德记起了老右派的加雷·加勒特、约翰·弗林，还有那位爱吵架的老“美国第一”分子路易斯·布罗姆菲尔德(Louis Bromfield)。布罗姆菲尔德是小说家和编剧，他对朝鲜危机的建议是美国应该“完全撤出这块我们没有权利干涉的地带，让那里的人自己解决问题”。[96]

罗斯巴德引用了布罗姆菲尔德、诺克、乔多罗夫、加勒特，还有国会议员霍华德·巴菲特(塔夫脱参议员 1952 年的中西部竞选经理，与罗斯巴德有私交——是的，他也是亿万身家投资者沃伦·巴菲特的父亲)，他对老右派的描述洋溢着对一场已经消失的运动的怀念之情，而现在的美国迫切需要它。罗斯巴德写道：“这些引用给人一种遥远的时代感，以至于我们难以相信主导美国右派的曾是这样一些观点。”[97]

在《连续》的那篇文章中，罗斯巴德的论断至关重要也富有预见性，即当代右派急于军事干预苏联的部分根据是，他们假设“一旦‘接管’一个国家，它就会毁灭，它的人口就会被永远抹去”。这种僵化的悲观主义极其短视，“更何况自由意志主义经济学家已经证明，计划经济制度无法为工业社会提供可行的经济体系”。南斯拉夫的情况说明，去苏联化不仅有可能，而且可能性不小。但是“右派对这个问题无动于衷，而是执着于核战争。在右派看来，要实现去苏联化，不是通过改变俄国人和其他人的观念和行动，而是消灭他们”。[98]

通过消灭实现解放是全世界人民设法避免的宿命，但当时一切都还不那么确定。的确，随着冷战升温，非洲、中东和东南亚都爆发了冲突，这使得用核灭绝来解决冷战僵局的前景更为凸显。另一场世界大战的幽灵（它会比前两次更具破坏力）刺激罗斯巴德在这饱受战争破坏的世界扛起和平大旗。不过，尽管他的读者甚少，立场不受欢迎，而且老右派的事业似乎无可挽回地失败了，罗斯巴德依然颇为乐观。“有些迹象表明，学者开始明白旧形式早已瓦解。”自由意志主义运动开始升温，有的保守派在质疑新右派的掌权，知名评论家艾德蒙·威尔逊提出了一场名为“冷战与所得税”的辩论。“也许，”罗斯巴德总结道，“美国出现一场根本性的意识形态重整的时机已经成熟。”[99]

随着戈德华特竞选以失败而告终——罗斯巴德长舒了一口气——战后企业自由主义的自负似乎能够大行其道了。但是，庆祝“意识形态终结”还太早了。1964 年秋，伯克利校园爆发了言论自由运动，世界随之颠覆。1965 年 4 月 17 日，上万人到华盛顿游行，要求停止越战。20 世纪 60 年代的过山车之旅开始了。

罗斯巴德准备就绪，准备转移到新的战线、新的圈子、新的影响政治文化的方式——沿途为一个宏伟的理论大厦奠基。这是一个新的激进范式，将会催生一个新独立的自由意志主义运动。

注释

1. 参见 Murray N. Rothbard, "Mises, 'Human Action': Comment," *American Economic Review* (March 1951): 181 – 85. 亦见 Murray N. Rothbard, "Praxeology: Reply to Mr. Schuller," *American Economic Review*, December 1951, pp. 943 – 46.
2. Rothbard to Richard Cornuell, 1 April 1954, p. 4. 着重部分为原文所有。
3. Rothbard to Ludwig Lachmann, 14 February 1957, p. 4.
4. Murray N. Rothbard, "In Defense of 'Extreme Apriorism,'" *Southern Economic Review* (January 1957): 314 – 20.
5. 同上。
6. Murray N. Rothbard, "The Mantle of Science," in *Scientism and Values*, ed. Helmut Schoeck and James W. Widgeons (Princeton, N. J.: D. Van Nostrand, 1960). 转载于 Murray N. Rothbard, *The Logic of Action*, vol. 1 (Cheltenham, UK: Edward Elgar, 1997). 页码参考此版本。
7. 引自 John T. Flynn, *The Roosevelt Myth* (San Francisco: Fox and Wilkes, 1998), p. 137。
8. 同上,第 10—11 页。
9. 同上,第 22—23 页。
10. Parker Thomas Moon, *Imperialism and World Politics* (New York: Macmillan, 1930), p. 58.
11. Murray N. Rothbard, "The Politics of Political Economists," *The Quarterly Journal of Economics* (February 1960): 659 – 65.
12. Ludwig von Mises, review of *Man, Economy, and State*, by Murray Rothbard, *New Individualist Review* (Autumn 1962): 41.
13. David Gordon, *Murray N. Rothbard: A Scholar In Defense of Freedom: A Bibliographical Essay* (Auburn, Ala.: Ludwig von Mises Institute, 1986), pp. 10 – 11.
14. 同上。
15. Mises, review of *Man, Economy, and State*, p. 39.
16. 同上。
17. Rothbard, "The Betrayal of the American Right," 未出版文稿,第 179—

180 页。

18. 同上。

19. Rothbard to William F. Buckley Jr. , 19 August 1956.

20. 同上。

21. 同上。

22. Rothbard to William F. Buckley Jr. , 8 September 1959.

23. 同上。

24. Rothbard, "The Betrayal of the American Right," 182.

25. 同上。

26. 同上。

27. 同上,第 183 页。

28. Edward C. Facey, "Conservatives or Individualists: Which Are We?" *New Individualist Review* (summer 1961): 24.

29. "'National Review': Criticism and Reply," *New Individualist Review* (November 1961): 3.

30. 同上,第 4 页。

31. 同上,第 5 页。

32. William F. Buckley Jr. , "Three Drafts of an Answer to Mr. Hamowy," *New Individualist Review* (November 1961): 9.

33. 同上,第 5 页。

34. Ronald Hamowy, "A Rejoinder to Mr. Buckley in One Draft," *New Individualist Review* (November 1961): 11.

35. 引自 Rothbard, "The Betrayal of the American Right," p. 186。

36. Rothbard to Richard Cornuelle, 11 August 1954, p. 1.

37. 同上。

38. 同上。

39. 同上,第 2 页。

40. 同上。

41. 同上。

42. 除了布兰登家族在诸多著作中的证言外,日后还有一些客观主义者承认兰德派的一个问题是尤为乏味的氛围。参见 David Kelley, *Truth*

and Toleration (New York: Institute for Objectivist Studies, 1990)。凯利强调兰德的"仁慈的生命感",旨在将客观主义从客观主义者手中拯救出来。

43. Rothbard to Richard Cornuelle, August 11, 1954, p. 3.
44. 参见 Barbara Branden, *The Passion of Ayn Rand* (Garden City, N. Y.: Doubleday & Co., 1986), pp. 255 – 79。
45. Rothbard to Richard Cornuelle, 11 August 1954, p. 3. 着重部分为作者所加。
46. 同上,第 4 页。
47. 1936 年初版中有一些再版中删去的段落。有关这一点以及兰德早年的尼采主义,参见 Jeff Walker, *The Ayn Rand Cult* (Chicago: Open Court Publishing Co., 1999), pp. 275 – 77。
48. R. W. Bradford, "The Rise of the New Libertarianism," *Liberty* (March 1999): 43.
49. Rothbard to Richard Cornuelle, 11 August 1954, p. 3.
50. Rothbard to Mrs. Ayn Rand O'Connor, 3 October 1957.
51. 同上。
52. 同上,第 2 页。
53. 同上,第 3 页。
54. Murray N. Rothbard, *The Sociology of the Ayn Rand Cult* (Burlingame, California: Center for Libertarian Studies, [1972] 1990).
55. Patricia Donegan, "A Point of View," *The Commonweal* (November 8, 1957): 155 – 56.
56. Murray N. Rothbard, "Communications," *The Commonweal* (December 20, 1957): 312 – 13.
57. "Note on a Bestseller," *The Commonweal* (January 3, 1958): 349.
58. Rothbard to Mrs. Ayn Rand O'Connor, 3 October 1957, p. 4.
59. Interview with Walter Block and Walter Grinder, "Rothbard Tells All," 作者所藏的未出版文稿,第 16 页。
60. *The Sociology of the Ayn Rand Cult*, p. 5.
61. Bennett Cerf, *At Random* (New York: Random House, 1977).

62. 同上,第 10 页。
63. 同上,第 11 页。
64. Interview with JoAnn Rothbard.
65. Rothbard to Richard C. Cornuelle, 27 July 1958.
66. Interview with JoAnn Rothbard, July 1994.
67. Ludwig von Mises to Rothbard, 30 July 1958.
68. Helmut Schoeck to James W. Wiggins, 13 August 1958.
69. Rothbard to Richard Cornuelle, 27 July 1958.
70. Murray N. Rothbard, "Toward a Theory of Libertarian Social Change," pp. 62, 67. 着重部分为原文所有。
71. 有关兰德及其追随者的世俗神秘主义,参见 Dr. Albert Ellis, *Is Objectivism a Religion*?(New York: Lyle Stuart, 1968)。
72. Rothbard to Nathaniel Branden, 15 July 1958.
73. Rothbard, *Sociology of the Ayn Rand Cult*, p. 5
74. Jerome Tuccille, *It Usually Begins With Ayn Rand* (New York: Stein and Day, 1971).
75. Rothbard, *Sociology of the Ayn Rand Cult*, p, 6.
76. Ayn Rand, *For the New Intellectual* (New York: New American Library, 1961).
77. Ayn Rand, *The Virtue of Selfishness: A New Concept of Egoism* (New York: New American Library, 1964).
78. Barbara Branden, *The Passion of Ayn Rand*, p. 413.
79. Rothbard to Rand, 3 October 1957.
80. George H. Smith, *Atheism, Ayn Rand, and Other Heresies* (Amherst, N. Y.: Prometheus Books, 1991), p. 202.
81. Block and Grinder, "Rothbard Tells All," p. 18.
82. Ayn Rand, *The Fountainhead* (Indianapolis: Bobbs-Merril, 1943), p. 25.
83. Rothbard, "The Betrayal of the American Right," p. 188.
84. 同上,第 90 页。这里无意贬低利焦在这一时期的贡献,但将自己的洞见归功于他人是罗斯巴德很典型的作风。
85. 同上,第 194 页:"如果我们的——和米塞斯的——分析是正确的,那么计划经济制度过不了太多年就会崩溃，比旧制度还要迅速，因为旧制度至少能维持几个世纪不变。”

86. Murray N. Rothbard, *America's Great Depression* (Los Angeles, Calif.: Nash Publishing Co., 1963).
87. "Books of the Times: End Papers," *New York Times*, 17 October 1963.
88. Gabriel Kolko, *The Triumph of Conservatism* (Glencoe, Ill.: The Free Press, 1963).
89. Rothbard, "The Betrayal of the American Right," p. 197.
90. Murray N. Rothbard, "War, Peace, and the State," *The Standard* (April 1963).
91. Murray N. Rothbard, letter to *The Innovator* (August 1964).
92. 同上。
93. Rothbard, "The Betrayal of the American Right," p. 199.
94. Rothbard to Harry Elmer Barnes, 8 May 1964, p. 4.
95. Murray N. Rothbard, "The Transformation of the American Right," *Continuum* (summer 1964): 220 - 31.
96. 同上，第 222、224—225 页。
97. 同上。
98. 同上，第 227—228 页。
99. 同上，第 231 页。

第四章　超越左与右

对于罗斯巴德来说，20 世纪 60 年代是一个转折点。他迎来了全盛期，在学术和政治这两个截然不同却相互关联的阵线上取得了突破。作为一种光荣悠久的思想传统的支持者，他在两个阵线上根据传统推陈出新，建构了一种新的综合。

1962 年初，沃尔克基金会突然崩溃，这场小规模自由意志主义运动的组织基础随之瓦解。作为美国自由意志主义学术研究的主要推动者，该基金会专门资助罗斯巴德这样的学者。如果没有这些资助，这些学者为自由意志主义观念进行的战斗就会孤立无援，受困于自身资源的匮乏。该基金会使得米塞斯、哈耶克、罗斯巴德和其他几十位学者有可能在敌对的意识形态环境里发展自由意志主义观念。然而有一天，基金会主席突然“负气”解散了组织，这把保护伞消失了。[1]

问题的根源是伊万·比尔利博士，这位自由意志主义者以前是基金会的员工。比尔利已经转向卢萨斯·拉什杜尼（Rousas J. Rushdoony）牧师所拥护的学说，后者的意识形态混合了陈旧的宪法主义和加尔文宗神权千禧年主义。据罗斯巴德说，比尔利“相信需要一个加尔文宗的精英独裁政权来治理国家事务，打击色情作品，帮助美国准备接受末日审判，而且据说末日审判会在一代人的时间内降临”。比尔利设法使基金会主管哈罗德·卢诺相信，“他被一个杂合了无神论、无政府主义与和平主义的邪恶阴谋包围着”。[2]

卢诺宣布解散的时候，罗斯巴德绝望了。“秃头”哈珀以前是沃尔克基金会的骨干，罗斯巴德在给他的信中喊道：“天哪！简直是虚无主义和非理性的大爆发！”沃尔克基金会的崩溃不但说明即使在私人组织中由个人统治也是危险的，而且“似乎象征着右派已经成为一个完全不合理的无知的运动”。此外，“那位所谓的聪明人竟会欣然接受这样的观点，认为你、我或者肯·坦普尔顿（Ken Templeton）不是亲共产主义，就是反基督教，或者兼而有之”。思考近来的事情，一贯情绪高涨的罗斯巴德消沉了，他写道：“我们既没有基金会，也没有研究所，世界即将被遗弃给无知者。我们应该抱团取暖了。”他不知道能否期待“凤凰从灰烬里重生，还是我们都得像霍华德·洛克一样，在采石场工作①”。他总结道，“看到非理性在世界上横行真是令人沮丧”。10 多年来，他不仅依赖着沃尔克基金会提供的资金，也依赖于其管理者和雇员的陪伴和好建议。现在他只剩几个月的工资可领了，“所以看来得开始找下一份工作了”。[3]

---

①　出自安·兰德的小说《源泉》。主人公洛克的建筑事务所停业后，他在采石场工作。——译者

罗斯巴德和右派最后的纽带断了，他开始思索自身的境况。多年来，他几次尝试在纽约大都会地区获得学术职位，但都没有成功。他一直靠着一些亲自由市场的基金会的资助，来补充沃尔克基金会所提供的收入。埃尔哈特基金会（The Earhart Foundation）给过他一大笔资金用于完成《美国大萧条》，他从 20 世纪 40 年代后期起就在 FEE 做兼职。他还为一个坚定的老右派国会议员拉尔夫 · W. 格温（Ralph W. Gwinn）做研究并撰写演讲稿。不仅如此，他也在普林斯顿小组（Princeton Panel）做研究和咨询工作，这个小组由理查德 · 科尼埃尔管理，旨在向商人群体普及和深化自由市场观念。[4]到 1962 年年底，罗斯巴德获得了莉莉基金会（Lilly Endowment）的“大量”资助，当时肯 · 坦普尔顿已经离开该基金会去撰写美国通史了。[5]1966 年，罗斯巴德终于在布鲁克林理工学院找到了学术职位：给工科学生教授经济学，每周两天。在答谢一封祝贺新工作顺利的来信时，罗斯巴德承认：

> 实际上，有些地方挺有趣的：比方说，社会科学学部里几乎是清一色的马克思主义者，这可能是全国唯一的马克思主义学部（工人学校除外）。实际上，这意味着我和他们的根本分歧还不及通常的自由派凯恩斯主义者，虽然这里的经济学家也很难相处，但我和历史学家的关系很好。比方说，我们可以花不少时间在一起批判自由派凯恩斯主义者，还有在朝的中间派。有时候，他们觉得我是极端的反动派，不过更多时候觉得我是可爱的乌托邦主义者。[6]

罗斯巴德不介意教授为了满足通识教育要求而来上课的工科学生,也不介意身边全是马克思主义者。经过战后那些年在哥伦比亚大学的成长,他已经习惯了。他对这份工作挺满意的,因为业余时间他可以自由发展自己的兴趣,而且更重要的是,还有空闲进行重新评估。

新的战略范式

在政治意识形态领域,罗斯巴德继续追随他口中的"孤立主义者与反国家主义者的启明星",只是在路上常常孤立无援。然而,世界终于赶上了罗斯巴德的脚步。针对越南战争的反战运动声势浩大,这令罗斯巴德和利焦感到欣慰。两个老右派几乎无法相信自己的眼睛:现代最大规模的反战运动爆发了。虽然传统的美国第一主义者(America Firster)在珍珠港事件后解散组织并停止了一切活动,但是反对美国武力干预越南的运动在战争进行几年之后才开始。从他的视角出发,罗斯巴德描述了运动中真正暖心的地方:

> 终于不再是一个像争取稳健核政策委员会那样虚弱做作的"和平"组织,而是一场彻底的反战运动,全力对抗美国邪恶的战争机器。这场运动既不排斥赤色分子,也不打压右派分子;它欢迎所有美国人……终于有让我们满意的反战左派了![7]

看着学生批判大学与军事工业综合体有千丝万缕的联系，批判大学是国家的附属品，罗斯巴德从中发现了一种“直觉的”自由意志主义。阿尔伯特·诺克对大众教育和政府办校的悲观评价在左派中引起了共鸣，社会批评家保罗·古德曼认为，公立学校是把人变成社会零件的技术统治机器。

不过，不像安·兰德那种信息不全的地毯式谴责，罗斯巴德对学生暴动的热情是有所保留的。多年来，保守主义者一直在批评“庞大臃肿的官僚机构染指高等教育，特别是规模庞大、发展迅猛的州立大学”。然而，不久之后，“受这些大学束缚的学生掀起了声势浩大的反抗运动来反对这一牺牲极大的教育政策，保守主义者感到了惊恐”，企图以这些学生“服饰和发型不合规矩”为由镇压运动。新左派同样也犯了自相矛盾的错误：“当[加利福尼亚州]州长里根打算削减大学的庞大开支时，他们没有意识到他是在缩减饱受学生诟病的庞大的大学体系。新左派抗议里根关于大学收费的议案[之前免费]，他们没有意识到，强迫纳税人为别人的教育埋单并没有什么可取之处。恰恰相反，让学生自己来支付学费，会给学生－消费者比以前大得多的权力去掌控自己的教育，进而掌控自己的命运。”[8]

一个奇特的历史转折应该启发了罗斯巴德：工业民主联盟(League of Industrial Democracy, LID)的右派社会民主党，在这一被罗斯巴德称作“代表最恶劣的老左派自由主义”的敌对阵营里，企业自由主义与国际主义越来越难以调和。[9]民主社会学生联盟(Students for a Democratic Society, SDS)，这个前工业民主学生联盟作为工业民主联盟的青年部分，正在经历“信仰滑坡”:先是反对越战,然后谴责对赤色分子的迫害,最后反抗整个国家资本主义秩序。罗斯巴德看到了一个突破口,决意不让自由意志主义者缺席。他特别高兴看到伯克利言论自由运动以其自由意志主义代表团——自由意志主义活动家联盟(Alliance of Libertarian Activists)为荣,该联盟与民主社会学生联盟并肩对抗针对学生出版物的审查制度和傲慢的教育职官名录制度①。

1965 年春,副标题为“自由意志主义思想期刊”的新杂志《左与右》出版了第 1 期。该杂志预算紧张,每年出版 3 期,创办人是罗斯巴德、利焦以及自由意志主义学者和社会活动家乔治·雷施(George Resch),旨在引导自由意志主义者远离右倾倾向转而支持反战运动,同时向左派抛出橄榄枝。

第 1 期刊登了罗斯巴德的一篇开创性文章:《左与右:自由的前景》。也许是出于对自身命运的思考,罗斯巴德评论了 19 世纪伟大的古典自由主义者阿克顿勋爵,称赞他是“思想史中的稀有者,他的魅力在于越老越激进”,继而引用了阿克顿对辉格党与真正自由派的精彩对比:

> 辉格党只会妥协,自由派始于统治思想。前者务实、渐进,时刻准备妥协;后者却从哲学上制定原则。前者立足政策,寻求哲学;后者立足哲学,追求政策。[10]

“立足哲学,追求政策”恰如其分,既总结了现代世界的自

① 一种干部及职官制度,曾在苏联等国家实行。——译者

由意志主义发展史，也在本质上总结了罗斯巴德作为思想家的发展进程。罗斯巴德从不满足于哲学空谈，总是用实践推进自己的思想。像卡尔·马克思一样，罗斯巴德也是思想体系的建构者，他不仅热切地相信最终的胜利有可能到来，而且常常表示，在一些稳妥的前提下，自由其实必然胜利。对于这两人来说，必胜信念激起的是积极行动而不是自满得意。就像马克思积极投身于建成第一国际一样，罗斯巴德也常常一头扎进了受他鼓舞的社会运动的组织生活中。

罗斯巴德全速创作，写出了学术论文及大量政治新闻和文化评论，还有让对手无法忘记或原谅的尖锐论战文章。他最好的文章许多都是写给自由意志主义同道的公开信。那篇《左与右》就采用这一形式，向自由的拥护者耐心讲解为什么他们不是反动派，而是唯一真正的进步主义者。在信中，他直接与那些熬过罗斯福新政和战后年代的老右派残部交流，指出在集体主义的时代里，保守主义者和所有自由市场拥护者的主要问题是，“不管有没有意识到，他们都被打上悲观主义的印记已久，因为他们相信长期趋势和时间本身与他们的愿望是相反的”。这种注定失败的感觉完全说得通，他写道：“因为保守主义是前工业化时代旧制度的残余，它即将死去，没有未来。”但是自由的拥护者没有理由接受这种宿命论，因为“也许短期看来自由的前景黯淡，但自由意志主义者该持有的态度，应该是无法熄灭的、长期的乐观主义”。[11]

确信正义必将胜利，从根本上影响了罗斯巴德的个性、人格和意识形态。在这篇重要的文章里，罗斯巴德提到自由革命的永恒性,他的乐观气质也尽显无遗。18 世纪的革命浪潮摧毁了欧美封建主义和重商主义的旧秩序,这是一场不可逆的胜利。人类第一次挣脱镣铐,君权神授与等级特权社会的观念在很大程度上被废除。不仅如此,贵族等级制还失去了经济上的优势。工业革命巩固了(古典)自由主义的成果,因为在这个发展起来的世界里,人类的心理已经发生了根本改变:

> 自由革命根植于群众心中,不可磨灭。只有工业革命能使他们热切地渴望自由与国际和平,渴望农田,尤其是渴望社会流动性与生活水平的提升。群众再也不会愚昧地接受旧秩序奴役。考虑到这些已经被唤醒的渴求,长远来看,自由的胜利必将到来。[12]

这篇写于 1965 年春的文章是《左与右》第 1 期中最重要的一篇,它是一种新自由意志主义的宣言,号召与过去那些陈旧无用的战略彻底决裂,转而走一条通向自由社会的新路。它不仅意味着一系列新行动,还提供了一种更新颖、更深刻的视角看待思想史。罗斯巴德就是这样,毫不犹豫地质疑那些他人从未想过要质疑的神圣假定。他发现当代语境下的政治光谱——“左派”与“右派”的意义完全被扭曲了。不知怎么的,这一对在自由与权力之间挣扎的永恒对手互换了位置。这是一个令人惊讶的独创思想。它令人不安,因为它意味着自由意志主义者正在错误的阵营里战斗。

1965 年,这个观念并不受保守主义者欢迎。此时冷战进入高潮，小威廉·F. 巴克利领导的“新右派”受到他的《国家评论》半月刊鼓舞，正在全面掌控这场社会运动。巴克利派清扫他们当权路上的一切障碍，只关心一件事：用军事对抗摧毁苏联（不过《国家评论》编辑弗兰克·迈耶倒是个值得注意的例外，他是罗斯巴德的好朋友）。巴克利说：“我们必须承受大政府，直至战争终结——除非国内有一套极权的官僚体制，否则无论是侵略战争还是保卫战争都打不起来。”保守主义者一点也不能反对那无异于强行没收财产的税收政策，相反，他们必须支持“繁重而有建设性的税法，用以支撑强硬的外交政策”。这项政策包括“大批陆军和空军、原子能、中央情报局、军用物资生产局，以及随之而来的华盛顿的中央集权——哪怕是杜鲁门掌握全权”。[13]

罗斯巴德激进的论文使一些人疏远自己，使另一些人怒不可遏，并带来了无休无止的麻烦，但罗斯巴德不在意——他就是这样的人。他会被孤立，会遭受各种误解导致的攻击，甚至会被扣上“赤色分子”的帽子加以迫害，但他没有退缩，甚至没有灰心丧气。

《左与右：自由的前景》是罗斯巴德思想的分水岭，也是他的自我发现之旅。老右派让位于新右派，他被当作莫斯科的爪牙来攻击——而有些攻击他的人最近才被《真理报》（*Pravda*）①辞退。这一切加深了他的迷茫与孤独，然而在这篇文章勾勒出的新范

① 《真理报》创刊于1912年5月5日，前身为托洛茨基于1908年10月3日在维也纳创办的同名报纸，是1918—1991年苏联共产党中央委员会的机关报。——译者

式中,罗斯巴德即便没有原谅这一切,也还是给出了解释。罗斯巴德曾经被严厉地指责为右派极端分子,之后又被贴上“受了左派蒙骗的蠢货”的标签,可他从来没改过一丁点儿立场。之所以这样的部分原因是:这些称号大多是同一群人起的,他们在20 世纪 30 年代是支持战争的左派,支持人民战线(Popular Frontist),如今是反对左翼的自由派。不管他们的路线怎样变动,这些支配着纽约市的知识分子和政治生活的左派政治精英,有两点从未改变:始终支持战争,一直在各个层面上推进政府权力的扩张。在很大程度上,罗斯巴德年轻时就认定自己要反对这种思想和政治上的当权派;现在,他逐渐揭示真正的自由意志主义思想的历史,同时将当前处于困境的小规模社会运动与自由意志主义遗产及其历史使命重新联结在一起,并在这个过程中重新定义自己。

罗斯巴德的文章有一个论点,那就是旧秩序被 18 世纪、19 世纪的古典自由主义革命永远地击败了:我们无法回到前工业时代的专制主义,除非放弃现代生活的便捷与舒适——而人民群众永远不会同意这样做。难怪保守主义者如此悲观!从气质和政治上说,19 世纪 50 年代晚期到 60 年代的美国右派都和罗斯巴德式的乐观主义截然相反。他的乐观主义照亮了《左与右》的第 1 期。

伦纳德・利焦在第 1 期上发表了《为什么“圣战”是无效的?》,详尽而精彩地讲述了共和党塔夫脱一派的兴衰。这篇文章继续强调自由社会运动的历史,并为之提供最新资讯。利焦指出,塔夫脱本人总是迎合党派中的国际主义者一派,不过,利焦也给读者介绍了塔夫脱的国会助手(比如霍华德·巴菲特)更加一贯的观点。罗斯巴德在他的重量级文章里为自由意志主义者重新找回了他们的思想遗产;利焦的任务则是在政治领域加以运用,通过讲述自由意志主义者的过去来告诉他们当前应当走向何方。阿兰·米科尔曼评论了D. F. 弗莱明的《冷战及其起源》[14],在冷战修正主义中加入了残余的自由意志主义。战后初期,显然是保守主义者支持历史修正主义,而且只有保守主义出版商亨利·莱格里尼、卡克斯顿出版社和德文-阿戴尔(Devin-Adair)会去碰这样的修正主义作品,比如哈里·埃尔默·巴恩斯的《永久的战争换来永久的和平》[15],还有查尔斯·卡伦·坦西尔(Charles Callan Tansill)的《从后门走向战争》[16]。如今,巴恩斯所说的"历史性的中断"延伸到了冷战时期,假保守主义掌控了全局。于是,自由主义者和左派重新拾起了修正主义,这个情形就像当初《凡尔赛条约》签订之后,德国战争罪这一荒诞的说法被诺克、门肯、奥斯瓦尔德·加里森·维拉尔等人打破,而人们认为他们是左派。

《左与右》的发行量一直不过几千册,但它给整整一代自由意志主义者带来了思想上的质变。没有资金,也没有宣传,《左与右》就到全国各地的大学校园向自由意志主义的支持者寻求资助。从伯克利到堪萨斯大学,再到北卡罗来纳大学,在罗斯巴德呼吁重拾"真"左派思想遗产的启发下,自由意志主义学生组织如雨后春笋般涌现——自由意志主义者突然之间得到了注意。哈默威在《新共和》杂志发表文章《左派与右派的会合》,宣扬罗斯巴德的"左派-右派"战略,并将斯宾塞、巴斯夏、萨姆纳和诺克留下的拥护自由市场、反对帝国主义的思想遗产与巴克利派跃跃欲试的军国主义相对比。哈默威评论道：在保守主义者决心粉碎公民自由，不顾年轻人的反对公然捍卫技术官僚体系之时，新左派里也正生发出一种自由意志主义精神，反抗公共教育体系的暴政以及受国家资助和控制的大学。[17]

实际上，新左派运动给了自由意志主义者一个机会，绕过官方正式的大学机构（看看米塞斯在纽约大学遭受的孤立与羞辱就知道，这些大学的大门对他们始终是关闭的）。这场运动也使他们能够利用左派建起的各种相对和并行的机构：罗斯巴德和利焦对"自由大学"现象尤其感兴趣——它是一种绕过学术和政治当权派的方法，在新左派的全盛期如雨后春笋般涌现。利焦开始在纽约自由大学（Free University of New York）①讲授帝国主义的历史与本质；通过这个论坛，罗斯巴德借助于《左与右》结识了威廉·阿普尔曼·威廉姆斯的学生们——詹姆斯·温斯坦（James Weinstein）、罗纳德·拉多什（Ronald Radosh）和马丁·斯克拉（Martin Sklar），他们住在纽约市附近。自由大学的课程开启了利焦作为一名新左派学者和社会活动家的新事业：他是反战宣讲会的关键成员，成了新左派期刊《利维坦》的编辑，并受命管理伯特兰·罗素和平基金会（Bertrand Russell Peace Foundation）美国分会。该基金会最引人注目的成就是组织了战争法庭，并在法庭上宣判美国政府在越南犯

① 纽约自由大学是1965年建成的社会教育机构，保护因反对越战或支持社会主义而遭解雇的教授，并为他们提供教学场所。——译者

下了反人类罪。[18]

罗斯巴德介入了新左派政治，但这并不意味着他放弃了老右派；恰恰相反，《左与右》致力于教育年轻一代，告诉他们这样的运动是存在过的。杂志第 3 期全文转载了加雷·加勒特的《帝国的崛起》，文中充斥着猛烈的抨击。作者是一名技艺高超、风格独特的辩论家，在文中哀叹老共和党的逝去，说在“俾格米人”①杜鲁门的阴影之下，他看到一个美国版恺撒的迹象。像巴恩斯和威廉·诺伊曼这样心生郁结的美国第一主义者，也和拉多什与康拉德·林恩（Conrad Lynn）站在同一边。《左与右》表现了罗斯巴德的战略概念：联合左右两派，对抗中间派的暴政。至于那些声称“意识形态终结”的社会民主主义知识分子，他们的得意自满被粉碎了。罗斯巴德战后随即展开漫长而孤独的游击战来反抗现状，如今终于开始取得一些胜利。

20 世纪 60 年代的美国——罗斯巴德主义视角

在新左派处于全盛期的 20 世纪 60 年代，罗斯巴德与之关系密切，对之充满热情。这一事实历来使他饱受自由意志主义运动批评家和保守主义者攻击。后者借此给他扣上“赤色分子”的帽子或者抹黑他，前者看到他后来又转向了右派，就把他支持新左派的文章当作他前后不一致的证据。然而，只要仔细查阅他这一阶段的政治评论记录，并联系他之后作品的语境，任

① 嘲笑杜鲁门总统身材矮小。——译者

何人都会发现,罗斯巴德这一时期的作品符合几十年间反复出现的主题:人类自由的核心地位。

一个引人瞩目的例子是他在《分离原则》(“The Principle of Secession”)里对独立运动精妙而清晰的阐释。这篇文章写于1967年夏天,刊登在报纸专栏上。[19]他在文中为夏尔·戴高乐将军辩护,后者“因在魁北克高呼‘自由魁北克万岁’而被所有美国媒体唾骂、嘲讽与斥责”。① 虽然戴高乐将军夸张的言行在美国人看来不过是一则趣事,但在加拿大,尤其是魁北克,事情要严重得多,因为“他们知道加拿大是两个民族,也知道自18世纪中叶英国侵占新法兰西(加拿大的称呼)以后,英国人就统治了加拿大的法国人”。从这段历史来看,罗斯巴德问道:“魁北克的法国人为什么不应该有权脱离加拿大,组建自己的国家,使自己的语言与文化处于支配地位呢?”他继续指出:“世界上没有任何政府的领土界限是上帝钦定的;它们都是历史力量的产物,其中有许多是不公正的、强迫性的。”自由意志主义者也许会反对:“那些法国人也不过就是建立一个魁北克国,为什么这样就比加拿大国要好呢?”罗斯巴德预料到会有这样的批判,展示出了他的政治评论中随处可见的战略智慧。他写道:“一个答案是,权力去中心化本身就是好的……世界被分裂成越多的国家,

① “自由魁北克万岁!”(法语:"Vive le Québec libre!")是戴高乐在1967年7月24日演讲中的一句话,当时他正以参加蒙特利尔世博会为由正式访问加拿大。在蒙特利尔市政厅的阳台上发表即兴演讲时,他高呼:“蒙特利尔万岁! 魁北克万岁!”在一片欢呼声中,他又喊出了魁北克独立运动的口号:“自由魁北克万岁!”——译者

每个国家手握的权力就越小,无论这个权力事关本国不幸的被统治者,还是事关对外国发动战争。”罗斯巴德还断言:“只要国家尚存,独立运动对于根除国家对少数民族的暴政就会有益无害。”支持分离原则,除了可以落实少数民族免受种族和宗教迫害的权利以外,还可以在另一个至关重要的方面推进自由意志主义进程:“如果允许国家的某一部分分离出去,然后分离原则就此确立,那么就必须也允许这一退出部分的子部分分离出去,然后是子部的子部,这样一来,政府就被分成了越来越弱小的残片……直至最终允许个人退出的原则也建立起来——到那时我们就会享有真正的自由。”这会让每一个自由意志主义者都支持分离运动,不管它们会发生在哪里——魁北克、非洲、苏格兰或者其他国外的地方,甚至就在美国这里。在类似报纸专栏上,罗斯巴德也关注了美国的黑人运动——他们想从美国独立出去,组成共和国。

“黑人权力运动”在街道和媒体上势头渐起,1967 年的“漫长炎夏”[①]把好些城市夷为平地,罗斯巴德继续坚持他的分离原则:“坦克在大街上隆隆作响,机关枪火力全开扫射建筑物……”从洛杉矶到底特律,“黑人街区都强制实行了宵禁和封锁”。这些做法戏剧化了一个简单的事实,那就是:“美国的黑人事实上是被占领、被殖民的民族”,所以“我们必须仔细考虑这个看似(说难听点)荒谬愚蠢的解决方案:将美国划分为白人

① “漫长炎夏”指 1967 年夏天,那段时间美国爆发了上百起种族暴乱。——译者

和黑人的国家”。[20]

1967 年，罗斯巴德哀叹“南北战争中南方失败了，从此以后，在这个国家实施分离的观念就被埋葬了。不过，并不是有权就有理，分离的导火索也许会再次出现”。[21]25 年后，导火索的确出现了，当时在南方联盟（Southern League，今称 The League of the South）的会议上，我听到罗斯巴德本人讲解过同一套分离原则，真的是与之前一字不差——南方联盟旨在复辟美利坚联盟国①。听众已不是同一拨听众，而发言人却还是那个发言人。他仍然坚持原来的立场，宣扬同一套自决原则，热切地在中央集权国家的铠甲上寻找裂隙。不过，这次不是黑人社区在被“执法”机构攻击、夷为平地，而是韦科和红宝石山脊（Ruby Ridge）的白人分离主义者和基督教基要主义者在遭受压迫。国家压制的受害者变了，但罗斯巴德一再传达的还是同样的颠覆性信息：分离！

后来，罗斯巴德反对自由派种族融合主义。1967 年夏天，罗斯巴德写了一篇关于城市暴乱的专栏文章。这篇文章分为三部分，盛赞了正在崛起的黑人民族主义：“从之前以强制种族融合为目的、以全国有色人种协进会（NAACP）为领袖开始，黑人运动走过了很长的路。先前的民权运动属于彻头彻尾的国家主义和现代自由主义，目的是借助于联邦和其他政府的武力，迫使

① 美利坚联盟国（The Confederate States of America，CSA），或称美利坚诸州同盟、美利坚邦联或迪克西（通俗说法），是自 1861 年至 1865 年由 11 个美国南方蓄奴州宣布从美利坚合众国分裂而出的政权。它位于北美洲，由今天美国南部的一部分地域组成。——译者

白人与黑人一同工作、进餐和生活。新的运动则截然不同,它由学生非暴力协调委员会(SNCC)的 H. 拉普·布朗(H. Rap Brown)和斯托克利·卡迈克尔(Stockely Carmichael)领导,激进而彻底地跟美国政府和整个权力结构划清界限。”他特别提到了布朗的宣言——“白人制定所有的法律,把我们拖上他们的法庭,控告我们,并自以为是地审判我们”。“这是一个真正的黑人民族主义者该说的话。”他充满敬意地写道,这是一个可以共担事业的人。在罗斯巴德看来,黑人分离主义是“黑人聚居区不断革命的内在逻辑”,而且那年在纽瓦克举行的全国黑人权力会议(The National Black Power Conference)上,黑人活动家已经明确承认这一点。种族骚乱席卷全国;但是就像保守主义者坚称的那样,武力不是解决方案;罗斯巴德认为这种方法只会使暴力激化,使问题恶化。而自由派的解决方案即便不是更糟糕,起码也是半斤八两。罗斯巴德认为“自由派的解决方案代价极为高昂:使用更多联邦拨款,修建更多操场,安排种族间的会议,如此这般。底特律有许多操场,可以算是自由派种族关系的样板”,而“底特律遭受了为期一周的内战和 10 亿美元的财产损失,谢天谢地,底特律谋杀了自由主义”。[22]

先前的民权运动由国家主义者主导,小马丁·路德·金遇刺事件预示了它的失败。罗斯巴德对这一遇刺事件表示哀悼和谴责,“但我哀悼他就像哀悼任何遇刺的人一样,不多也不少”。罗斯巴德注意到,当“伟大的黑人领袖马尔科姆·X”被枪杀时,商店没有停业一周,球类比赛也没有统统取消。为什么这些折腾都冲着马丁·路德·金?因为“对于正在发展的黑人革命来说，他是最大的阻碍力量。我们看看他在危机中的行为就可以更确信这一点：他放松了自己的绝对非暴力原则，为的是站出来支持联邦部队武力镇压黑人暴动”。在得知金的死讯后，华盛顿特区掀起黑人暴乱，“我们看到士兵持机关枪站在白宫的台阶上，这个画面很能揭示些问题。政府经公众自愿‘许可’而统治的说法在这些画面前不攻自破，政府的面纱被这些画面扯掉了，我们看得很清楚，政府是靠枪和刺刀在统治——而且只靠枪和刺刀，也许有些人是第一次看得这样清楚”。[23]

政府对美国黑人的战争与它对越南人民的战争有着相似之处。当城市爆发动乱，黑人大规模公开反抗政府，当局就会分裂为“鹰派”和“鸽派”，泛泛而谈诸如“搜索与歼灭”①战术。罗斯巴德引用了纽约国家警卫队指挥官阿尔马林 · C. 奥哈拉（Almerin C. O'Hara）将军的话，他说，为了扫平城市暴乱“不排除使用武器的可能”。罗斯巴德写道，“‘冲突升级’这个政府借以进行更残酷镇压的借口露出了苗头”。当林登 · 约翰逊强烈谴责 7 月发生的革命，并声称“绝不容许暴力”时，罗斯巴德忍不住心生蔑视。约翰逊声称：“不管是谁在施行暴力，在谁的旗帜下施行暴力，我们都不会容忍。”罗斯巴德说：“这一声明算得上是无意识幽默的典范。”只听到罗斯巴德嘲讽道：“说这话的人掌握着人类历史上最大的暴力机器与最强的毁灭力量。说这

① 搜索与歼灭（search and destroy）是一种在越南战争中广泛使用的军事战术，流程是：利用直升机等垂直起降飞机投放地面部队至指定地点，“搜索”出敌军，“歼灭”之，随即迅速撤退至后方。——译者

话的人负责天天用炸弹、用火、用凝固汽油对付数以千计的无辜越南妇女、儿童和老人。"[24]

约翰逊就任4年后，罗斯巴德总结他的统治时，认为他没有背叛自由主义，反倒是实现了它："对外发动帝国主义战争，把国家权力扩张到经济与生活领域，对社会施加更多军事管理，林登·约翰逊真是在追随导师罗斯福和杜鲁门的足迹——他们不仅是他的导师，也是许多知识分子的导师。难怪林登发现自由派知识分子对自己怀有敌意时，会感到困惑不解和受人背叛。"[25]

自由国际主义肆意抨击保守主义，所以它仍旧是坏脾气老右派的头号敌人和主要攻击目标。罗斯巴德反对征兵制草案，认为它无异于奴隶制。他反对这个似是而非的说法：靠强制征兵而集结起来的队伍可以成为"自由"的守护者。他批判这一说法就如同老右派批判罗斯福把美国推入第二次世界大战的现代版，他指出政府"夸大其词制造恐慌，是为了奴役"公民。罗斯巴德的这个观点呼应了约翰·弗林和麦考密克上校等美国第一主义者的警示：我们会在战场上打败敌人，可惜那时候他们已经溜进了大后方。"至少20年来，"罗斯巴德写道，"我们都生活在一个无异于法西斯主义的社会里。在国内，经济是法西斯式国家垄断资本主义的：大公司、大工会和大政府成为经济支柱，经济体里充满垄断、补贴和特权；国家如同一个兵营，永远都在征兵，与这个以军备生产合同为动力的战时经济体联结在一起。"[26]

在评论美国大学校园的"反抗情绪"问题时，罗斯巴德说很高兴看到“现如今几乎没人支持越战了，也几乎没人不极度厌恶约翰逊总统”。但还有更好的消息：“对战争和美国政府的反对，在很多情况下已经深化为对所有政府的反对——深化为从真正的自由意志主义视角出发，对国家机器之本质的洞察。”[27]

罗斯巴德一向厌恶的冷战时期自由派终于遭到了报应，他几乎要笑出声来。不仅如此，就连奄奄一息、所剩无几的老右派也逐渐东山再起——或者说，至少得到了他们一直以来本该得到的承认。罗斯巴德向SDS（民主社会学生联盟）致敬，称赞他们与自己的敌人——社会民主主义决裂，并有原则地转而反对越战。就在这时，前SDS主席卡尔·奥格尔斯比（Carl Oglesby）出版了《遏制与变革》，该书不仅重申了老右派反对帝国主义的主张，还呼应了罗斯巴德的主张：联合新左派与老右派，携手对抗干预主义这个共同的敌人。奥格尔斯比引用了罗斯巴发表在《连续》上的文章《美国右派的转变》，还不拘一格地引用了国会议员霍华德·巴菲特、乔多罗夫、加勒特和道格拉斯·麦克阿瑟将军，用以支持非干预主义的外交政策。奥格尔斯比表明，在反对战争和中央集权方面，新左派是根植于美国传统的，不仅如此，他们携手自由意志的孤立主义中的右派，有可能给当前的统治精英带来严峻的挑战。[28]

1968年春天，罗斯巴德在《村声》（*Village Voice*）上看到一则消息，称一个新政党——和平自由党（Peace and Freedom Party）在纽约成立。那份只有两条的成员准则提起了他的兴趣。“一条是信仰和平，主张立刻从越南撤军，主张和平的外交政策，”他回忆道，“第二条是……每个群体和个人都应当有权掌控自己的生活。这是个很含糊的主张,每个人都会同意的。所以我觉得这个党听起来不错。”[29]

在国家大舞台上,登场的则是休伯特·汉弗莱和理查德·尼克松——一个冷战自由派和一个冷战保守派。亚拉巴马州州长乔治·华莱士想获得50个州的选票,但是他在南方的势力伸不到推崇孤立主义民粹主义的汤姆·沃森那里。在罗斯巴德看来,“我们需要其他备选项”,于是“我出现在了和平自由党的会议上。我假装什么也不知道似的进去了”,罗斯巴德几年后说道,人们几乎能听到这个说法里不怀好意的笑声。“我卷进了左派政治的旋涡里;真有趣,真是太有趣了。”那些从原则上反对选举政治的自由派“不知道自己在反对政党政治的同时失去了什么”。[30]

自从与《国家评论》及保守主义运动决裂,罗斯巴德就一直在急切地号召以反对越战及随之而来的国内压制为基础,与新左派结盟。纽约的和平自由党就像某种测试这一新战略是否可行的“实验室”。罗斯巴德说,“有趣的是,这个小党派里有许多自由意志主义者,多到足以在实际上掌控至少半个该党派的成员俱乐部(Faculty Club)。某种意义上,这意味着我们在党内处于掌权地位,虽然我们只有10位成员,却是10位关键成员”。[31]

自由意志主义者在成员俱乐部的影响力使罗斯巴德成为地区代表。他回忆道,他踏入了马克思主义派系的旋涡,“一点也不了解那些团体”。不久他就发现,在全国范围内掌控和平自由党的是一个隐秘的托洛茨基主义小团体——自由社会主义者俱乐部,哈尔·德雷珀(Hal Draper)的追随者。“结果我发现这些德雷珀主义者控制着所有负责组织工作的全职岗位，所有党派高级职员，所有在各州奔走的组织者……我刚开始不知道这些。”这些德雷珀主义者总共有一百余人，他们从一开始就把所有成员安插进了这个新兴的年轻党派。罗斯巴德说他们的状态“很奇怪”。“他们哪个党都不支持，”他解释道，“他们只等麦卡锡主义者加入进来。麦卡锡成百万的追随者不久应该就会涌进来，到那时，和平自由党就可以控制他们了。所以他们保持着很松散的结构，也没有什么动作。”紧随德雷珀主义者的群体主要是嬉皮士、“一些左翼无政府主义者，还有那类艺术家、画海报的。所以我跟这些人兴趣都不太相投”。[32]

这个不作为的德雷珀主义政治体系惹怒了罗斯巴德，他和那群无畏的反战自由意志主义者开始寻找同盟来推翻和平自由党当权派。他找到了进步劳工党（Progressive Labor Party），这个党也在和平自由党里形成了自己的派系。罗斯巴德解释说：“结果我们发现，虽然进步劳工派明显是在一个极权主义体制下运行的，但他们对控制和平自由党不怎么感兴趣。他们在西城区有自己的玩意儿，他们控制着西城区俱乐部；他们就想控制这么多……他们只想管分内的事情，仅此而已。所以，他们也需要一个党。他们想继续控制西城区俱乐部，所以想要一个组织紧密、以地理位置为单位、有常规党派结构的党派。于是我们结盟了。”[33]

进步劳工党在严格意义上是推崇毛主义（Maoism）的空想家，不难想见，他们很难与罗斯巴德那个生性快活的无政府资本主义者小队成为同盟。然而，罗斯巴德从来没有为了能与这些人合作，而损害自己对私有产权和自由市场的信仰。他从不支持国家主义者的方案，或者国家权力的任何扩张，而且总是极其清晰地表达自己看问题的立场，清晰得让人不可能误解。这个诡异的联盟给自由意志主义者带来了一些战略上的好处：有效控制进步劳工党 - 自由意志主义者联合体，在和平自由党的施政纲领上拥有发言权。“我记得，最开始只有我们参加政策委员会并尝试制定施政纲领，因为很长时间以来没有什么人真正对这个感兴趣。”与他们结盟后，“我们制定了自安德鲁·杰克逊以来最接近自由放任主义的施政纲领，我记得其中包括贸易完全自由化、大量削减税收和恢复金本位。只有一件事他们强烈反对，他们反对废除租金管制；这一条就好像是他们的某种信仰。他们是一群有组织的租户，他们没法接受这一条。当时还挺好玩的。我记得，有段时间，进步劳工党领袖杰克·罗森（Jake Rosen）在想办法让这个施政纲领通过——当然了，他知道这究竟意味着什么，但是他的追随者没一个知道。然后就该讨论纲领里贸易完全自由化，并废除一切对国际贸易的补贴、掌控和管制这一条了——你知道的，超棒的自由放任主义条款。一个进步劳工党的人物说，喂，这是什么条款，这看起来像布尔乔亚的自由贸易主张。于是杰克说，不，不，我们是一个反垄断联盟，这一条说的是反垄断，所以这一条很好”。[34]

最重要的是，这一切表明了罗斯巴德把自己的政治活动当成一个爱好——在集中精力解决复杂的理论问题之余给自己放的假。他在为《经济学思想史》做研究、记许多笔记，他在写《权力与市场》，他在为《国际社会科学百科全书》（*International Encyclopedia of Social Sciences*）写一篇关于路德维希·冯·米塞斯的传记性报道,[35]他在为哈里·巴恩斯的杰作写一篇关于历史修正主义的重要文章——在做这一切的同时,他抽出时间去参加那些活动,纯粹是为了活动本身,纯粹是为了那些经历带来的愉悦。他的行动主义不仅能让他不时从抽象思想领域抽身出来,还给他机会去观察人,去分析和思考人性之谜。

自由意志主义者-进步劳工党的施政纲领最终被占据多数的德雷珀主义者在全国大会上否决;不久之后,纽约的和平自由党解散。但它给新生的自由意志主义运动提供了党派政治的新经验。罗斯巴德后来总结这段经历时说,要吸取教训,"要对政治党派普遍心存警戒,对左翼要尤为警戒",但这是在反思中说的;当时,罗斯巴德一心要与新左派结盟,增加自由意志主义者在愈演愈烈的反战运动中的影响力,那时这股热情是空前的。[36]

1968 年夏天,罗斯巴德的"左右"结盟战略有了一个重要突破:他的《右翼自由派的自白书》刊登在了《壁垒》(*Ramparts*)上——《壁垒》是新左派的杂志,华而不实。罗斯巴德在文中总结了自己的政治历程,提议让新左派与老右派结为反帝国主义联盟,共同对抗好战的中央。"20 年前,"罗斯巴德坦言,"我是一个极右翼共和党人,一个年轻又孤独的'尼安德特人'(自由派以前这么叫我们)。借用一个朋友辛辣的话,当时我相信'参议员塔夫脱背叛我们投靠了社会主义者'。如今我可以算是一个极左派了,因为我赞成立刻从越南撤军,反对美国的帝国主义,支持黑人权利,而且刚刚加入了新成立的和平自由党。不过这 20 年来,我的根本政治观念一丁点也没有变过。"[37]

这篇为新左派头号杂志撰写的文章受到了广泛关注,它涉及范围之广泛，不亚于他的前作《美国右派的转变》——先是发表在《连续》上，之后又收录在未出版的《对美国右派的背叛》一书中。至于为什么《对美国右派的背叛》没有出版，有一个有趣的小故事。罗斯巴德回忆道，他在1971年完成了原稿，1973年又作了增删："这书列上了壁垒出版社（Rampart Press）1971年秋天的目录，本来计划好了在1972年1月出版，但他们显然想让我大改，而我反对修改。1973年，这书本来该由鲍勃·凯普哈特那短命的自由意志评论出版社（Libertarian Review Press）出版，但是那里的编辑不愿接受书中个人视角与历史视角的融合，我就彻底不考虑出版了。"[38]

《连续》的文章与《壁垒》的文章虽然探讨的主题相似，但是也有不同。后一篇是以第一人称视角写成的，罗斯巴德不仅讲述了老右派的故事，还详说了自己从老右派到新左派的历程。他哀悼老自由派的命运。老自由派曾与二战前的右派结盟，后者包括约翰·弗林、历史学家查尔斯·比尔德以及哈里·巴恩斯，而这些人被前托洛茨基主义者詹姆斯·伯纳姆、苏联间谍惠特克·钱伯斯（Whittaker Chambers）、威尔·赫伯格（Will Herberg）、尤金·莱昂斯（Eugene Lyons）、J. B. 马修斯（J. B. Matthews）、弗兰克·迈耶、施拉姆和其他从苏联叛逃出来的人挤出了公众视野。以前，"右派知识分子对军国主义和征兵制的态度明确无疑：反对，因为它无异于对民众的奴役与屠杀"。然后麦卡锡主义崛起，把右派的群众基础从中西部移到了东海岸，带来了一群新人，而"这群人对个体自由的观点无疑是负面的"。至于他对巴克利派右派的批判，虽然在口吻和内容上都跟前作差不多,但是犀利了许多。罗斯巴德描述《国家评论》资深编辑威尔莫尔·肯德尔(Willmoore Kendall)时,说他也是"一个令人厌恶的政治理论家,企图靠《国家评论》成名",此人相信"社会权利"高于个人权利,所以认为"希腊社会不仅应该处死苏格拉底,而且有道德义务处死他"。门肯、诺克、杰弗逊、梭罗和潘恩不再是右派的英雄,伯克、梅特涅、迈斯特和汉密尔顿代替了他们。[39]在冷战的影响下,美国保守主义者渐渐失去了残余的自由意志主义精神,甚至抛弃了一贯拥护的国内自由市场计划。跟这些老顽固决裂,让罗斯巴德心头一轻。

罗斯巴德现在要去参加和平自由党的会议,而黑豹党领袖埃尔德里奇·克利弗(Eldrige Cleaver,而不是宪法党或者瑟蒙德学生俱乐部的什么成员)刚被任命为和平自由党主席。不过,罗斯巴德在政治上的改变是表面现象。要记住这个重要的事实:虽然他改换了盟友,他的敌人名单始终如一。他的心腹大患仍是支持新政的自由派和社会民主党的官僚——这些人在20世纪50年代声称"意识形态终结了",如今现实毫不客气地指出他们的预言完全不准。罗斯巴德把极左派的《壁垒》当作控诉巴克利的平台,控诉他抛弃了老派自由意志主义的朋友和联盟,"跟相信伟大美国共识的自由派越走越近"。这解释了"巴克利在大众传媒和自由派知识分子中日益上升的知名度"。巴克利等保守主义者"认同经济事务并不重要的说法",而且接受"自由派社团主义的福利-战争国家"。考虑到自由派和保守派联合对抗反战运动和黑人权力运动,"无怪乎自由派的丹尼尔·莫尼汉(Daniel Moynihan)最近竟会号召自由派和保守派正式结盟，毕竟他们在目前这两件大事上的基本观点一致”。[40]

在细讲“一小撮前极右派自由意志主义者”如何创办《左与右》时，罗斯巴德公开了他近来活动的战略精要：“联络已经站在新左派一边的自由主义者，说服还留在右派的大群自由意志主义和准自由意志主义者跟我们走。”[41]虽然难说联络新左派大军里刚萌芽的自由意志主义者有什么进展，但由于身上的自满得意被时代的骚乱动荡削掉了许多，许多右派被罗斯巴德的论辩说服了。《壁垒》上的那篇文章吸引了卡尔·赫斯（Karl Hess）的注意。卡尔·赫斯是一位华盛顿出版商，保守派共和党人，在参议员巴里·戈德华特1964年参选总统时为他做过助理、写过演讲稿。赫斯参与创建了美国企业研究所，一直在做记者，同时是戈德华特提名后共和党的二号人物。不过在当时，就像许多人一样，赫斯正处于个人和政治的转型期，被推着远离了熟知的领域。[42]

赫斯联系了罗斯巴德，一段热烈的对话自此开始，直到几个月后赫斯在罗斯巴德的客厅宣布他转信自由意志主义才结束。赫斯在自传中说道：

> 我遇见了好几个支持自由放任主义的资本主义经济学家和历史学家，特别是默里·罗斯巴德和伦纳德·利焦。尤其是罗斯巴德在左翼杂志《壁垒》上的一篇文章，真是令人在意识形态方面大开眼界。文章描述了无政府主义，所持立场比右派更右，比左派更左。我从来没有深入了解过无政府主义（或自由意志主义），不过读了之后，我觉得我一直

都是一个自由意志主义者。所以，我写信给罗斯巴德，他慷慨邀请我去纽约，住在他的公寓里，还参加夜间集会，这几乎就是当时推崇自由意志主义的整个无政府主义运动。[43]

赫斯对自由意志主义和当时方兴未艾的新左派运动感兴趣，据他说，部分是因为他之前忠于保守主义："在我面前展开的新左派也是孤立主义者，就像我的偶像俄亥俄州参议员罗伯特·A.塔夫脱一样。不过从公关意义上讲，新左派可以叫作反帝国主义。"[44]

之后不久，赫斯召开了华盛顿记者会，宣布自己脱离保守派，支持新左派。《前戈德华特演讲撰稿人加入民主社会学生联盟》(EX-GOLDWATER SPEECHWRITER JOINS SDS)这一猎奇的标题吸引了全美新闻记者的注意力。紧接着就是一连串的杂志文章，比如赫斯刊登在《花花公子》(*Playboy*)上的《政治之死》("The Death of Politics")。这个曾经西装革履的戈德华特主义者如今竟身着格子衫牛仔裤，一下就成了争议焦点。他的声明很吸引右派的注意，尤其是一个名叫自由美国青年的学生群体。这个保守派青年组织对新左派阵营的成功感到不解，在其阴影下逐渐萎缩，失去了影响力。

一场运动的诞生

动荡不安的1969年即将到来。这一次，罗斯巴德的客厅再也容不下纽约的整个自由意志主义运动了，而且约瑟夫·佩登和杰拉德·沃洛茨创办了自由意志主义论坛。第一次会议在上西城一个中国餐馆里举行,有 60 多人从布法罗、特拉华和南卡罗来纳远道而来。之后不久,新杂志《自由意志主义论坛》(*The Libertarian Forum*)刊发了第 1 期,罗斯巴德任编辑,赫斯任华盛顿编辑,佩登任出版商。[45]杂志以时事通讯的形式印发,向读者承诺每月 2 期。1969 年 3 月 1 日的概览特刊表现了罗斯巴德式坚定的乐观主义,宣告现在应该让自由意志主义"成为一场社会运动,而不再只是些混乱零散的个人交流"。[46]

《自由意志主义论坛》断断续续地出版至 1984 年,这是在新左派沦为一群乱扔炸弹的人之后的事了。罗斯巴德最喜欢为这本杂志撰文,那些独特的、个人化的新闻报道花去他不少清晨时光。这对他来说再愉悦不过了:不仅可以对许多事物持有看法,而且有机会去表达看法,定期刊发出来。老右派曾经找不到合适的杂志作为文字上的避难所,罗斯巴德也不得不沉默,如今,这种日子终结了。

《自由意志主义论坛》是罗斯巴德用若干艰深的理论、刺激的小道消息,还有关于"社会运动"的诙谐表述(真的是这样)表达许多观点的渠道,主题则从越南到最新电影。但不仅如此。作为一个热衷政治策略和技巧的学生,他同意列宁的说法:掌控媒体对于激进的社会改革至关重要。列宁在《火星报》(*Iskra*)的基础上建立了布尔什维克党,罗斯巴德也创办了《自由意志主义论坛》作为有组织的自由意志主义运动的先导。

到 1969 年春,罗斯巴德感觉自由意志主义运动进入了一个新阶段,需要一个更正规的组织,于是在纽约市第三次自由意志主义论坛会议期间，于 5 月 17 日成立了激进自由意志主义联盟（Radical Libertarian Alliance）。根据一篇发表在《自由意志主义论坛》的报道，“有确凿无疑的消息来源”表明警方密探渗入了这次会议，因为目击者阅读了警方密探一式六份的文件。[47]不管这篇报道的真实性如何，就当时激荡不安的气氛而言，警方密探出现在政治集会中是极为可信的。20 世纪 60 年代，对反战组织的常规监控加强了——之后的国会调查显示了这一点——当地的警方情报处自然对这个新近的不满分子团伙感兴趣。自由意志主义者的存在对于监控的组织而言是件好事，因为他们代表着对国家安全的某种直接而实质性的威胁。不过这种监控很可能没有必要：激进自由意志主义联盟的领导班子包括一群刚刚崭露头角的年轻罗斯巴德主义学者，比如沃尔特·布洛克、小罗伊·柴尔兹、小威尔逊·克拉克和约翰·哈格尔三世，比起怎么造炸弹，这些人更想参加奥地利经济学会议。激进自由意志主义联盟要给美国青年带来思想上的爆炸，而不是物理上的爆炸。

劳动节假期，在密苏里州的圣路易斯，他们的确带来了一场意识形态上而不是物理上的爆炸。当时，自由美国青年正在开全国大会，导火索是罗斯巴德与激进自由意志主义联盟行动家一道有计划地闯入会议。他们打算利用自由美国青年内部因战争和征兵制问题累积已久的紧张关系。由赫斯牵头，激进自由意志主义联盟手持 1969 年 8 月 15 日刊发的《自由意志主义论坛》来到圣路易斯，那期的头条十分醒目：《听着，自由美国青年》（“Listen，YAF”）[48]！

这篇文章激情四射，逻辑严谨，语言鲜活大胆，彰显出罗斯巴德煽动性和鼓舞性的极致。我们引用开篇部分，来欣赏作者罕见的天才——对他来说，笔战是一种高级的艺术形式：

> 这篇公开信是写给在劳动节周末参加圣路易斯市自由美国青年全国大会的自由意志主义者的。注意，我说的是自由美国青年里的自由意志主义者；我跟所谓的传统主义者没什么可说的（顺便说一下，这是个误称，因为我们自由意志主义者也有自己的传统，而且是光荣的传统。就看是什么传统了：是潘恩、普莱斯、科布登和梭罗的自由意志主义传统，还是托克马达、伯克和梅特涅的专制主义传统）。让专制主义者和他们的埃德蒙·伯克和圣某某皇帝在一起吧。我们有更严肃的事情需要讨论。
>
> 吉米·杜兰特有一句名言："你是不是想走，却又觉得想留下？"这封信就在请求你们利用自由美国青年开办公共论坛的机会，走吧，分裂吧，把保守主义运动留在属于它的地方：留在圣某某皇帝的掌控之中，不管你们做什么，他们都会留在那里。离开你们假朋友的家，因为他们是你们的敌人。
>
> 许多年了，你们一直从各种各样的"前主义者"那里获取政治建议和路线：前共产主义者，前托洛茨基主义者，前毛主义者，前某某主义同情者。我不属于这些人中的任何一个。我生来就是右派，长大后成为更彻底的自由意志主义右派。为什么当一群前左翼分子和君主主义者管理着保

> 守主义运动时，我要离开右派？这是什么保守主义运动？这是与你们无关的运动。[49]

罗斯巴德的语调自信激扬，很明显，他知道这一番话会奏效。在自由美国青年内部，一个庞大而野心勃勃的自由意志主义派系已经凝聚成一个有组织的党派，他们打算在两个关键点上挑战巴克利派的统治：反对越战和征兵制。作为唯一的全国性右翼青年组织，自由美国青年吸收了右翼的全部观点：从传统主义者、一些彻头彻尾的专制主义者，到“融合主义者”、客观主义者，以及人数渐增的自由意志主义者。在20世纪60年代，成百上千的青年涌入自由美国青年：战争让很多高中和大学的活跃分子激进化，他们通过安·兰德的小说开始加入自由意志主义运动。不过，兰德没有给她的客观主义学生在政治方面提供多少出路。她显然觉得，除非所有哲学教授都同意“A = A”，除非从西方思想中彻底擦去康德主义的污点，否则政治活动还“为时尚早”。兰德主义领袖宣称：我们必须先让知识分子支持客观主义认识论，在这之后，而且只有在这之后，我们才有可能去考虑改变世界。[50]

弃权不是罗斯巴德的风格。相反，他不仅一头扎进战场，而且心怀明确的计划——战略的第一步已于圣路易斯完成。在圣路易斯会议上，征兵卡被公开焚毁，人群发生肢体冲突，人们常常提起的这些的确是现代自由意志主义运动史上的关键事件。整个周末，代表们就当天的争议性问题进行辩论，气氛越来越紧张，当需要投票表决自由美国青年在征兵制问题上的立场时，气氛紧张到了极点。好战派嘲笑逃避兵役的“自由放任主义者”，当一个年轻的自由意志主义者点燃一张所谓的征兵卡作为发言结尾时，主张征兵制的好战派成员被激怒了。一场小型动乱发生了。这些足以说明，分裂自由美国青年、开展独立的自由意志主义运动的计划已经成功。美国东海岸以宾夕法尼亚州为根据地的个人自由社（Society for Individual Liberty），西海岸的加利福尼亚自由意志主义联盟（California Libertarian Alliance）和一些当地的圈子、大学组织结盟：这将会是1972年筹办自由意志党的核心小组。

同时，卡尔·赫斯作为一个发展中的激进自由意志主义运动的青年领袖，不仅出现在《自由意志主义论坛》中（他的专栏《华盛顿的来信》刊登于此），也出现在主流媒体中。《纽约时报》[51]和《新闻周刊》[52]都刊发了文章，描写“戈德华特主义者变成的嬉皮士”的意识形态之旅。前者态度尊敬，而后者，根据罗斯巴德的说法，“态度傲慢，充满挖苦。不过”，他断言，“在公共关系的历史里，‘非难就是抬举’，只要他们把名字拼对。况且他们不仅提到了卡尔，也提到了我们发行量小、也没什么预算的杂志《自由意志主义论坛》——这是我们第一次打入主流媒体！”[53]

罗斯巴德做理论家，赫斯做行动家，我们将看到这一模式历经演变，维持很久。罗斯巴德作为系统构建者，无法再承担组织社会运动的任务。必须要有分工。10年前自由意志主义者很少，无需分工，不会分身乏术。如今社会运动发展得如火如荼，在智识上分工不仅可行，而且迫在眉睫。

与罗斯巴德的《听着，自由美国青年》一起在《自由意志主义论坛》发表的是一则名叫《听着呀！听着呀！》（“Hear Ye! Hear Ye!”）的通告：1969 年 10 月 10 日到 12 日，也就是哥伦布节的周末，在纽约市外交官酒店召开自由意志主义会议。主要发言人有罗斯巴德和赫斯，参加座谈会的还有沃尔特·布洛克、小柴尔兹、沃尔特·格林德、伦纳德·利焦、乔·佩登、罗伯特·史密斯，以及新加入自由美国青年的杰罗姆·塔希尔。“于是，”罗斯巴德写道，“我们进发了，向前，向上！”[54]

向前？是的，但并不总是向上。就如《自由意志主义论坛》随后一期的头版所言，这个会议代表自由意志主义运动“进两步，退两步”。罗斯巴德写道：“这是一段野蛮又含混的时间，令人激动的同时又乏味无聊，精彩却又一塌糊涂。”[55]

罗斯巴德对会议的描述很不寻常，他能撇清之前的情感和心智投入，重新审视自己在人际关系和意识形态方面做过的决策。“比起其他会议组织者交出虚情假意的报告来努力证明会议气氛活跃而内容丰富，罗斯巴德的这篇报道是对会议坦率而不加粉饰的赞美。我们的读者值得这样对待。”读者了解罗斯巴德，他们有相应的期待。[56]

从周五晚上到周六下午，与会人数超过 200 人，而且全都是外地人，这让罗斯巴德欣慰不已。“我们这群会议组织者望向人海，几乎一个人也不认识，”罗斯巴德写道，“这是一个伟大的历史时刻。”[57]

年轻罗斯巴德主义者的人数渐增，对越来越广泛的事务显示出热情与才华，这从学术会议满满当当的时间表就可以看出。

罗斯巴德给出自由意志主义体系的大框架,它包括自然权利和财产权的结构。劳伦斯·莫斯当时是哥伦比亚大学的研究生,发表了名为“罪恶的经济学”(“Economics of Sin”)的演讲,塔希尔宣布自己成为无政府资本主义者。马里奥·J.里佐(Mario J. Rizzo)当时是福特汉姆大学的荣誉毕业生,他发表了一篇令罗斯巴德盛赞的文章,揭示了所谓的马克思的“自相矛盾”。里佐认为,将利润看作一种剥削指标,不仅从自由放任主义的角度是说不过去的,而且这一指控对公司国家(corporate state)同样成立——公司国家的利润是国家特权的明证。科尔科等人关于大公司的修正主义观点——大公司是干预主义国家的头号煽动者和设计者——混合纯粹的自由市场视角,让一种激进的替代方案得以诞生。

许多发言人都提到,罗斯巴德和他的圈子重视历史,强调现代自由意志主义是一场历史悠久的社会运动的最新形式。沃尔特·格林德当时是纽约大学的研究生,他追溯了冷战的起源。伦纳德·利焦给听众讲述了爱德华·阿特金森的生平——爱德华是一个自由放任主义经济学家,在美西战争时期创立了反帝国主义联盟(Anti-Imperialist League)。戴尔·格林德也交出了“学识渊博、风趣幽默、富于启发的论文”,讲的是“美帝国主义在中国和远东,1880—1920 年”(“U. S. imperialism in China and the Far East, 1880 - 1920”)。[58]

看到自己聪慧而富有原创性的学生致力于扩展自由意志主义范式的边界,罗斯巴德陶醉了。不过,有人不高兴了。罗斯巴德说,“不少‘青年土耳其党人’(Young Turks)中涌动着一股反叛的暗流，显然，要理解那么多思想让他们很不安，他们开始抱怨会议太过冗长，提议加入更多‘聊天’环节（公开讨论）”。[59]

动词“饶舌”（rap）是20世纪60年代的暗语，现在几乎被遗忘了。这个词似乎总结了那个年代特有的病态：它意味着参与无休止也无目标的“对话”，以便达成集体“共识”。可问题是，罗斯巴德的方法产生的不是共识，而是极化与分裂。

因为想与赫斯维持友谊，罗斯巴德没有指明“青年土耳其党人”的名字。不过对于与会者来说，事情是明摆着的。当时，无论是讨论外交政策、自由意志主义的反战历史，还是讨论如何发展出一套策略来干预反战运动，这一切都提不起赫斯和他的极左派自由意志主义同志的兴趣。赫斯和他的嬉皮士随从身着当时流行的越共山野猎人装，对任何讨论都不感兴趣。他们只想**行动**。

杰罗姆·塔希尔风趣地描述了赫斯在大会上的表现，可谓抓住了他和那个时代的精神面貌：

> 这时，一个身着橄榄绿作战服的人影出现在走廊，周围簇拥着着装相似的随从。
>
> “是他，他来了。”一个声音说道。
>
> “谁来了？”
>
> “革命陆军元帅。”
>
> ……他来了，50个州里就他穿得最不同寻常：所有装束都是刚从 Abercrombie & Fitch 买来的。战靴用生牛皮带系到顶……卡奇衬衫的最上3颗扣子全部解开，胸毛露出

> 来……亮点来了,他戴着一顶菲德尔·卡斯特罗那样的绿色作战帽,帽顶还镶着一颗摇摇晃晃、黑红相间的纽扣。总之,这一身无产阶级装束起码值200个贝壳。[60]

塔希尔回忆道:"那天晚上,革命陆军元帅发表了一番配得上他装束的言论:打啊!进攻!直接采取行动对抗国家!"

> "当我们陷入困难的时候,你们打算站在战壕的哪一边?"赫斯在台上瞪着眼睛问,像是在威胁听众席上的赚钱专家和其他右派自由意志主义者。他问起问题来像是在威胁。"革命不存在中立立场,"赫斯继续说,"你要么在战壕这边,要么在战壕那边。"[61]

就像卡斯特罗鼓动他的革命军去打仗一样,赫斯也力劝大会停止空谈,转而对附近的迪克斯堡发动进攻。为什么光说不做!我们得"践行自由",同志们,这意味着我们得豁出性命!由赫斯牵头,超过1/3的与会者离开酒店走向街头,嚎叫着唱起歌。这就是左派自由意志主义的诞生!

默里真可怜!他真的是独自一人在对抗左派的歇斯底里,他保持冷静的头脑,劝会议组织者继续开展各项事宜。第二天,罗斯巴德、塔希尔和利焦批判了赫斯疯狂的左倾主义和"生活方式上的自由意志主义",听众约有50人。然而,当反利维坦的战士们从迪克斯堡回来时,一种新的疯狂弥漫会场——疯狂的恐惧。罗斯巴德写道:"很明显,酒店的房间和前厅,甚至外面的街道上，突然挤满了便衣警察，他们的警徽和枪在一身平民装束中很显眼。”[62]

赫斯之前一直和罗斯巴德在一起，这时去沃尔特·布洛克提供的一间公寓里躲了起来——布洛克当时在纽约市有一些房产。有小道消息说赫斯遭到联邦政府监视，纽约市的警厅情报处也对他穷追不舍。

会议结尾是灾难性的：左派抢过麦克风，用歇斯底里的卑鄙言辞责备其他与会者不让他们去迪克斯堡挨烟幕弹。这标志着罗斯巴德和赫斯的政治联盟实质上就此终结。虽然直到1970年5月中旬，赫斯的名字都出现在《自由意志主义论坛》刊头，但罗斯巴德的火力越来越集中在他所说的“极端左倾主义的威胁”上。就在会议一败涂地之后，罗斯巴德撰写了一系列文章，批判无政府-平等主义在经济学上犯的错误，指出新左派越发严重的虚无主义和激进的平等主义，终于，1970年3月中旬，罗斯巴德发表文章《新左派，安息吧》（“The New Left, RIP”），宣告新左派的死亡。[63]

赫斯继续走左倾路线。他拒绝纳税，结果遭到国家税务局追查，失去了全部财产，也丢了工作。根据《亲爱的美国》（*Dear America*）一书中的自述，赫斯拒绝纳税纯粹是因为他厌恶在一次审计中遇到的税务官。在1975年的书中，他描述了自己决定成为一名抗税者的时刻：

> 有好几点要说。那种感觉就像愤怒一样突如其来，没有预警。它反映了你的通常状态，而不是有什么具体诉求。

> 简言之，它不是那种功利主义的愤怒，它就是纯粹的愤怒……我没有任何夸张的要求，我只能说我选择面对面地告诉国家的这些首要代理人：“不。”[64]

换句话说，他是冲动行事，不是意识形态上的原因，而是“因为生气了”。[65]这就是那个时代的精神面貌。卡尔·赫斯和他的极端左派自由意志主义群体认为，忠于意识形态上的自由意志主义是不够的：人们应该当“践行自由”。这意味着，人们不仅要拒绝国家权威，也要拒绝道德权威和一切社会传统。在一个人人都在“入世、聚神、出尘”的时代，这一观点不是很有原创性，但在当时肯定很流行。

赫斯在20世纪60年代加入新左派时，放弃了自由意志主义的核心观点——私有财产，再也没有重新支持它。虽然他看似在进步，但从某种意义上讲，他还是没能回到他为之放弃了SDS和黑豹党的社会运动中来，没能批判《亲爱的美国》中展现出的对自由市场的敌意。即使是在职业生涯末期，在他最接近自由意志党的时候，他的理念也没有远离SDS的乌托邦式工团主义。不过他真正的信仰是反主流文化：对卡尔·赫斯来说，60年代从未终结。

但是，罗斯巴德是一个传统的人，他相信一个革命者、无政府主义者也可以过着布尔乔亚的生活。罗斯巴德有时穿得皱巴巴，但总是很体面，少不了标志性的领结、白衬衫和夹克。他对60年代的浮夸青年文化是免疫的，比起艾伦·金斯堡的嚎叫，他更喜欢西塞罗的诗歌；比起披头士，他更喜欢巴洛克风格的音乐。

虽然疏远了赫斯，但罗斯巴德没有放弃他的左右联盟战略：越战持续着，国家尚未脱离尼克松的噩梦。他继续在《自由意志主义论坛》上公开批判美国的帝国主义和尼克松的经济政策，与这种孤立主义－反通胀主义观点一同呈现的是他对新左派越来越严厉的批评，不仅批评它在政治上过激，也批评它的文化异动，比如尚在萌芽期的女性解放运动和各种各样的受害者学。新左派责备罗斯巴德不向女权主义偶像下跪，抱怨罗斯巴德不理解为何女性是“男性殖民压迫”的受害者，为何女性要远离男性以便“让姐妹们联合起来”，而罗斯巴德举起双手喊道：“判断力也！汝已堕入野兽之怀，人丧理性也！”[66]

《自由、不平等、原始主义及社会分工》（“Freedom, Inequality, Primitivism, And the Division of Labor”）的发表，意味着罗斯巴德对20世纪60年代反主流文化批判的完结。在文中，他批判平等主义和原始主义鼓舞了新左派。他写道，“人生来在能力和兴趣上的不平等使得精英的存在不可避免”，我们“必须接受领导者和追随者存在的必要性”。所以，“自由意志主义者的任务就是不要诋毁精英，精英就像对自由的需要一样根植于人性”。强迫性精英（coersive elite）是依赖国家权势来维持自身权力的假贵族。不过，一旦这种权势消散，“我们就会发现‘天生的贵族’将崛起并领导每一个领域”。[67]

权力与市场

看到罗斯巴德奔忙于自由意志主义的社会运动，你可能会觉得他没有多少时间和精力去发展自由意志主义理论。然而，无论是参与意识形态斗争、自由意志主义会议，还是撰写政治宣传册、安排战略转移，这些活动都没有耗尽罗斯巴德的智力与精力。在活动最紧张之时，他还在准备出版《权力与市场》：这本书全面批判了国家在经济体中的作用，是罗斯巴德主义体系的核心基石。[68]

《权力与市场》本来是打算作为《人、经济与国家》第 3 卷出版的，但后者被纳什出版公司的出版商埃德·纳什强行删减成了两册。纳什是一个兰德主义者，觉得这本书太“无政府主义”，太长了。《人、经济与国家》的 900 页原稿于 1959 年完成。然而，当罗斯巴德寄给沃尔克基金会时，基金会主席哈罗德对书的体量很不满，不过伊万·比尔利努力要出版此书。他们一致同意需要一个严格的编辑，于是书稿就送到了沃尔克基金会助理弗兰克·迈耶手中，迈耶的结论是这本书不错——如果只有 200 页的话。迈耶说，问题不仅在于书的篇幅，还在于第三部分的无政府主义倾向。这部分第一章严谨地证明了私人手段可以提供安保，而国家干预导致资源错配，就像其他例子一样。当然，罗斯巴德没有跳出来说无政府主义就是答案。他只想指出国家提供的商品和服务（包括安保）是不可行的，它们从根本上依赖于对暴力的使用——他想让读者自己下结论。迈耶反对将激进的政治结论与直接的分析混在一起，强调了书的体量问题。不仅如此，冷战全面展开，迈耶等保守派不愿意拥护国防的私有化以对抗美国社会广泛的军事化，这也是删掉手稿几乎 1/3 篇幅的主要原因。

米塞斯认为,人行动以获取价值,人使用各种手段去实现特定目的。罗斯巴德更进一步,他反对行为学是“价值中立”,亦即价值选择完全任意的说法。罗伊·柴尔兹在《权力与市场》的书评中称米塞斯是一个“诚实的伦理虚无主义者”,这可能有些过分,但无论如何,米塞斯实质上采取的功利主义视角是让罗斯巴德不太满意的。巴斯夏圈子的成员回忆道,罗斯巴德从一开始就与米塞斯的功利主义不同。他不但相信理性主义伦理的必要性,而且在《权力与市场》中,他在前辈清理出的大地上建立了理性主义伦理学的基础。在《人的行为》中,米塞斯对国家主义做出了让步,如果不纠正的话,可能会导致自由市场理论体系解体。米塞斯写道:“在我们的时代,反对扩军和征兵制就是在替那些想奴役所有人的人做教唆犯。”不仅如此,

> 维持诸如法院、警察局、监狱和武装力量的政府机构需要大量的开支。为这些目的征税与个体在自由市场经济里享受到的自由是并行不悖的。[69]

不过在其他文章中,米塞斯是反对征兵制的,因为它意味着“战时计划经济取代了市场经济”,米塞斯其他更仔细的学生通常不承认这篇文章。罗斯巴德不知道的是,《人的行为》原稿中并没有这一段。多亏人们在莫斯科的苏联文档里找到了米塞斯丢失的论文和手稿,复原的完整版《人的行为》才能在 1999 年出版。复原版澄清了米塞斯对征兵制一贯的反对。[70]

在《权力与市场》的七章中,罗斯巴德系统阐述了一套自洽

的自由意志主义理论，反对政府以任何形式、在任何情况下干预人类事务。第一章以势不可当的逻辑和精确无比的语言，对"国家的存在是自由的必要前提"这一观点发起论战。罗斯巴德指出，"古典经济学家从类的角度思考商品和服务，这是错误的"，现代经济学已经"指出必须要从边际单位的角度思考服务"。他总结道，重回先前的思考方式会使人们发现"各式各样不可或缺的商品和服务，每一种都能被当作是市场活力的'先决条件'。土地难道不是至关重要的吗？食物……或者衣服，住所？市场能独立于它们而存在吗？……这些商品和服务都必须由国家，而且只由国家提供吗？"[71]

在第二章，罗斯巴德系统分析了政府对社会关系的干预，据此为所有的国家强制行为进行分类。他将强制行为的直接和间接后果分成单方、双方和三方三类进行研究。当国家命令"个体做或不做某事，而该行为只直接关涉个体的人身和财产时"，单方干预就产生了。在这种情况下，侵略者从强迫他人的行为中得不到切实的好处。当侵略者，也就是国家，强迫"个体与自己进行交易，或向自己赠送'礼物'"时，"双方"干预就产生了，剪径或者说纳税、征兵制及其他奴役行为都属于这一类。"在三方干预的情形中，国家强迫、限制或禁止两个主体间的交易。"这里，罗斯巴德分析了干预和冲突的关系、个体"效用"和反抗侵略、民主的本质，以及许多其他问题。[72]

在第三章，罗斯巴德批驳了三方干预——价格管制、牌照颁发、质量安全标准、移民法、童工法、反托拉斯、环境保护法，等等。他无情的逻辑体现在他对经济保护主义的批判中。他问了一个至关重要的问题：如果要遏止贸易，为什么止于国界线？如果一国的居民受益于此种“保护”，为什么不把所谓的受益扩展到一个州，一个市，甚至一个农场？在这种摧枯拉朽的分析中，罗斯巴德证明作为经济学理论的保护主义是一种纯粹的唯我论。

第四章和第五章讲的是两种“双方”干预主义：税收和政府开支。两者都扭曲自由市场，不仅不能使人类社会向避免冲突和剥削的方向发展，反而使之不可避免。他证明了政府不能以“企业”模式运营：不像自由交易是双方都能获益的（否则交易就不会发生），从本质上来讲，国家和臣民的关系就是加害人和被害人、征服者和被征服者。

米塞斯在《人的行为》中只用了 6 页的篇幅讨论税收问题，主张“中性税收”的概念是可行的。然而，罗斯巴德从经济学和伦理学角度对所有支持税收的观点进行了全面而冷酷的剖析。特别有趣的是，他认为寻找“公正税收”根本就好比是寻找商品或服务的“公正价格”。现代经济学家早已放弃后者，可是政客和类似的经济学家还在追求前者。《权力与市场》的第六章激动人心，名为“反市场的伦理：一种行为学批判”（“Antimarket Ethics: A Praxeological Critique”），这一章奠定了自由意志主义伦理理论的基础——罗斯巴德后来加以扩展，写成了《自由的伦理》（*The Ethics of Liberty*）。在第六章，他检视了所有可能的反对自由市场的哲学－伦理学意见，包括利他主义、亚里士多德主义、托马斯主义及其他立场，因此涵盖了一系列主题，比如道德与人性的关系、平等问题、安保问题、“运气”概念、慈善、贫穷、人权与财产权、“经济权力”与“政治权力”，等等。

在最后一章中，罗斯巴德指出，在“客观”社会科学的外衣之下，一套未经明说的伦理学假定在起作用，而且被用作全部国家主义手段的理由。经济学本身并不能提供一套伦理理论，“但它的确可以丰富现有法律，而任何想要得出伦理结论的人都不能忽视这些法律”。

罗斯巴德一向谴责那些表面上是自由市场经济学家，实际上却认为国家理应干预某些领域的人，同时，考虑到出版时的情况，《权力与市场》攻击了当时美国国内盛行的自由派－左派共识。在那个时代，共和党总统推行工资和价格管制，他的民主党继任者向贫穷宣战——这导致的危害、毁灭和社会失调几乎堪比美国在东南亚输掉的战争。只有在像哈耶克一样限定好案例，说话模棱两可的情况下，质疑福利国家才是被允许的。但是质疑政府本身的合理性和存在的必要性，就会忤逆 20 世纪 60 年代的范式：绝对需要一个臃肿而集权的国家来保护美国，使之既不受国外共产主义威胁，也不受国内乱局威胁。

罗斯巴德原先在《自由意志主义论坛》中警告过，可能会迎来反左派反扑和大规模镇压，不过到了 1970 年年底，他写道：“之前，一场内战呼之欲出，战争中的法西斯式镇压本可以碾碎吵吵嚷嚷的左派，不过如今，内战的阴影似乎过去了。当权派屹立不倒，而且比前些年更稳固。”[73]

为了新自由：社会运动的发展壮大

罗斯巴德在总结自己和新左派的过往时，对自己和后辈都

很诚实。“回顾与新左派结盟的这个实验，”他写道，

> 很明显了，在很多情况下，结果对自由意志主义者来说是灾难性的；作为孤独、零散的年轻自由意志主义者，威尔逊·克拉克斯、阿兰·米科尔曼，还有一些堪萨斯州的小组迅速成为真正的左派，甚至放弃对个人主义、私有产权和自由市场经济的忠诚。而从一开始，正是这些概念使他们接触到自由意志主义，继而接触到新左派联盟。[74]

新左派彻底疯狂了，无论如何也不可能跟右派和睦相处。保守派仍然被锁死在巴克利和他的前共产主义冷战斗士军团中。尼克松总统刚刚任命这名《国家评论》的编辑进入美国新闻署咨询委员会，该机构是美国政府最重要的冷战宣传武器；这是对巴克利的奖励，因为他整肃了保守主义运动中“可能妨碍保守主义与政治规则和谐相处的一切元素。于是，到 1968 年，除了弗兰克·迈耶继续支持罗纳德·里根外，所有保守主义者都不再质疑理查德·尼克松的伟大与智慧”。真是多亏了巴克利派的努力！[75]

在新左派的巨大震惊消失之后，罗斯巴德研究了意识形态格局，发现战后的保守派-自由派结盟重现了：“我们现在面对的美国，是被同一个国家-社团主义体系的不同派系交替统治的国家，这些派系鲜有不同。”然而他以特有的风格写道：“但是，不能因此而绝望。”[76]

1971 年春天，罗斯巴德的心态跟绝望沾不上半点边，因为

过去长达15年的耐心工作眼看要有结果了。主流媒体厌倦了新左派余党越来越阴险的阴谋诡计,转而关注自由意志主义。罗斯巴德在《国家》(*The Nation*)发表了一篇关于自由意志主义的文章,紧接着又在《纽约时报》社论版发表了至少两篇文章。[77]之后,雪崩一般的发表量实在令人惊叹:《新闻周刊》《时代》《花花公子》《时尚先生》《华尔街日报》《国家观察员》《华盛顿邮报》都刊登了关于自由意志主义的文章。反战联盟(War Resisters League)的杂志《胜利》(*WIN*)出版了自由意志主义特别版,刊登了罗斯巴德、利焦、赫斯等人的文章。[78]突然之间,自由意志主义变得无处不在,甚至上了电视,[79]专栏作家和周末写手的副刊文章也使得他们的读者开始了解罗斯巴德的观点。

这一连串的公众关注促使麦克米兰出版社向罗斯巴德约稿,希望他写一本书概述自由意志主义政治哲学。于是罗斯巴德一挥而就,写下了可能是自己作品中最知名(而且最畅销)的《为了新的自由》(*For a New Liberty*)。[80]《为了新的自由》风格简洁明快而程式化,与副标题"自由意志主义宣言"相得益彰。第一部分"自由意志主义信条"不厌其详地解释了作为财产权和交易基础的自然权利,国家的本质是"人民大众的人身和财产面临的最高、永恒、最为组织精良的侵犯者",[81]寡头政治不可避免(无论国家采取什么样的组织形式,伪装得怎么"民主",无论所有的宪法写了什么),以及御用文人的重要作用是使国家权威合法化。

特别值得注意的一点是,罗斯巴德从一开始就巧妙地否认可以把功利主义作为自由哲学的基础。"假定一个社会执意认

为红头发的人全都是魔鬼的代理人,所以一旦发现了就要处决他们。"他写道:

> 我们不妨进一步假设,任何一代人里红头发都只占少数——少到在统计学上无关紧要。功利主义的自由意志主义者可能会这样推理:"虽然杀死孤立无援的红头发人是可悲的,但要处决的总人数很少;公众绝大多数都不是红头发,他们会因公开处决红头发而获得巨大的心理满足。社会成本可忽略,社会其余成员获得的心理收益很大;因此,社会处决红头发的行为是正确、适当的。"[82]

罗斯巴德控诉税收体系纯粹是盗窃,他写道:"雪上加霜的是,个体纳税人在填税单的时候,也是被政府强制着义务劳动,计算自己欠了国家多少钱,没有报酬,也不被感激。"[83]

在描述反"孤立主义"历史学家使用的罪恶关联技巧时,罗斯巴德写道:"即使不至于亲纳粹,'孤立主义者'也是一群对周遭世界毫不了解、头脑封闭、不学无术的人。相比之下,主张美国在全球大打出手的'国际主义者',就要睿智、世俗、亲切得多。"[84]

贯穿罗斯巴德散文的是一种犀利、恶作剧般的幽默,这种基调不仅使得这本书,也使得他所有的书风格活泼——就像与他本人谈话一样。作为一个作家,他充分利用了自己庞大的知识库存,这得益于他终生广泛的阅读。借助于这庞大的资源,他受到对写作事业的热情和写作纯粹的愉悦鼓舞,接二连三用最快的速度写了不少高深的作品；从他人生的这一刻起，罗斯巴德每隔几年就写出一部大部头。讽刺的语调（有时温柔，不过不常如此）苦乐参半，正对应作家阳光般的乐观主义。

这种乐观主义的本质和精髓反映在罗斯巴德毫不妥协的极端主义中，在理论和风格上皆是如此，这使得他的作品有些鲁莽。“从经验上说，”他在《为了新的自由》中写道，“20 世纪最好战、最干预主义、最帝国主义的政府就是美国政府。”[85]

《为了新的自由》是当作纲领性文件写的，不过它没有这类作品的通病——抽象的宣传煽动。这本书紧扣现实，不仅因为作者对历史与经验资料有丰富的了解，也因为最后一章致力于展示“自由的战略”（A Strategy for Liberty）。罗斯巴德这个人能谈纽约市现任市长家族成员的琐事与性格，也能侃侃高论主观价值论和自然法理论的历史。巴克利嘲笑罗斯巴德是一个不切实际的无政府主义教授，像一个悬在半空中快速旋转的城堡。然而事实相反：罗斯巴德其实是最坚定的现实主义者，他乐观的脾性从不遮挡他的政治观点。在写下 300 页书阐明自由社会所依赖的哲学、政治、经济原理后，罗斯巴德想知道的是：“既已掌握真理，我们要如何获取胜利？”[86]

他是务实的，但不是实用主义者。罗斯巴德谈战略的文章，开篇是一如既往的激进主义，文中引用了 19 世纪 30 年代的反奴隶制活动家威廉·罗伊德·加里森的话，他对奴隶制的态度就如同罗斯巴德对国家的态度：“我们热切地呼吁立即废除它，唉，不过，到头来它也只能慢慢废除。我们从来没说过奴隶制可以被一举推翻，我们应该斗争不止。”[87]

罗斯巴德面对战略理论的方法与处理经济学的方法相同：从基本公理开始系统地推导，再用丰富的历史案例进行阐明。罗斯巴德提出并有效解决了很多议题：社会运动的必要性，内在教育的作用，“左”与“右”的概念和模式与自由意志主义“标准线”之间的偏差，以及在争取自由的斗争中应该以哪些团体为目标。他在一篇力作中提出并有效解决了这些问题，他在文章中用到了“克鲁索经济学”风格的分析，以大量史料作支持，辅以鲜活的奇闻逸事。

此时罗斯巴德尤其关心战略问题，原因很简单，自由意志主义运动正在崛起：发展战略观点就如司机学习驾驶一样重要。

有组织的自由意志主义运动持续获得成功，这对他的鼓舞是前所未有的：就著述方面而言，罗斯巴德进入了一生中最有创造力的时期。在 20 世纪 70 年代结束之前，他已经写作并出版了《教育、自由与强迫》(*Education, Free and Compulsory*)，这一系列文章篇幅堪比一本书，考察了公立学校运动的国家主义起源。[88]他还写了 5 册美国革命的历史，从第一个殖民地到波士顿茶党，再到联邦制的反革命计谋。[89]另外他还写出许多重要文章，包括《路德维希・冯・米塞斯与我们时代的范式》(“Ludwig von Mises and the Paradigm of Our Age”)[90]，文中他应用托马斯・库恩在《科学革命的结构》中阐明的范式理论[91]，或者叫思想体系，去解释他的导师为何总是处于“局外人”状态，当时恰逢米塞斯 90 岁生日。他还写了《平等主义是对自然的反叛》(“Egalitarianism as a Revolt Against Nature”)，这篇经典文章挑战并驳倒了“公平”这一经济学家和伦理学家最为珍视的假设。[92]这还不包括 1971—1976 年发表在各种选集中的 10 个章节，包括《自由、不平等、原始主义和劳动分工》（“Freedom, Inequality, Primitivism and the Division of Labor”，1971），该文批判了当时势头渐起、主张“重返自然”的左派[93]；《赫伯特·胡佛和自由放任主义之谜》（“Herbert Hoover and the Myth of Laissez-Faire”，1972）是讨论胡佛修正主义的精品[94]，该文揭示了这位保守派共和党偶像的本质——新政国家社团主义的先驱；《一战中的战时集体主义》（“War Collectivism in World War I”，1972）精妙地分析了战争对文化、经济及政治的影响[95]；《新政及国际货币体系》（“The New Deal and the International Monetary System”，1976）是一段修正主义风格的经济史，兼顾了政治、战争及货币政策。[96] 不过，这张清单还没有列出他的全部产出：这段时间他还在刚创办的杂志《理性》（*Reason*）上写定期专栏，在《个人主义》（*The Individualist*）上也开有专栏。他还为《人间事》杂志撰稿——写下了《电影英雄是美国文化至关重要的一部分》（“The Movie Hero is a Vital Part of American Culture”）[97]——并在其他自由意志主义期刊上发表文章。最后，还有《自由意志主义论坛》，他过去就在上面发表评论。

这位不寻常的知识分子的多产是个奇迹：他只身一人就像一场意识形态运动，一个组合理论家、宣传家、战略家、记者和政治街头抗议者——不过，这不是一个人所能完成的社会运动。自由意志主义就要进入公众的视野，在当代美国的舞台上占据位置。

1972 年，自由意志党成立了。该党的第一次全国大会在丹佛召开，地点是大卫·F. 诺兰（David F. Nolan）家的客厅，与会代表只有几十人。一开始，罗斯巴德并不看好自由意志党的存在。他肯定认可这个致力于自由意志主义理想的政党，但他对这个特别的党没抱太大希望，毕竟它的领导人很年轻，既没有经验也没有资金来源。

关于是否成立一个自由意志主义政党的问题，罗斯巴德改变态度的时间确定是在 1973 年 3 月 30 日—4 月 1 日，那时纽约的自由意志党正在曼哈顿的威廉俱乐部召开第一次州会议。"虽然受了诱惑"，罗斯巴德在《论坛》里承认道，他还是与自由意志党"保持了距离"。"不过，对这个政界老兵而言，会议的警报拉响，这诱惑不可抵挡。"[98]

他不仅参加了会议，还加入了自由意志党，于是可以投票并参与内部辩论交流。接下来发生的事情证明这个决策是致命的，最终耗掉他许多时间、精力和注意力。[99]

最初他是持怀疑态度的，他承认在聚会前一周自己"惴惴不安地揣测会议能带来什么"。"最开始，"他写道，"根据我的经验，但凡超过 5 个自由意志主义者……聚在一起，就是时候寻找屋里最近的出口了。""回忆起 1969 年纽约自由意志主义大会上涌入的疯子"还是会觉得困扰，罗斯巴德怀疑，"这新一轮能带来什么好事/坏事？"[100]

答案是：都不少。

在 20 世纪 50 年代长长的断层期，当战后自由派高官宣告"意识形态的终结"时，罗斯巴德是一个毫不妥协的第二代老右派，也是一个年轻的麦卡锡主义者，渴望从美国东边的当权派手中夺回自己的党派和国家。罗斯巴德这样的自由意志主义者曾经潜藏在右派黑暗幽深的墓穴里，到 20 世纪 60 年代则出现在大规模反战运动中，以及对政府深深的、越来越普遍的幻灭感中。面对尼克松之后模糊的政治界限和两大政党在意识形态上的日渐融合，罗斯巴德觉得没有必要在一场大运动中实施浸没或者"入门主义"(Entrism)[①]战略。这时，一个颇具规模的自由意志主义者骨干团体已经形成，不仅包括越来越多有抱负的经济学家，即奥地利学派美国分支的第二代，还包括许多社会活动家和普通群众。绝大多数人罗斯巴德都不认识——这段令人耳目一新的发展似乎预示着罗斯巴德的信念：是时候让自由意志主义运动独立出来，成立独立的组织机构，树起自己的旗帜了。

在《为了新的自由》的战略部分，罗斯巴德谈到一个重要问题：什么社会团体为自由意志主义者提供最有潜力的新人？他坚定地主张是"美国中产阶级"。这一群体和左派 - 自由派截然不同，后者比如赫斯，依然指望靠反主流文化来实现自由意志主义社会变革。罗斯巴德无可争辩的文章也与追随安·兰德的自由意志主义者的期望恰恰相反，他们妄想现实会复制《阿特拉斯耸耸肩》中的情节：就像书的护封上声称的那样，英勇的商人们一罢工，"地球就不转了"。罗斯巴德指出，事实上大企业常常是政府进行行业管制的始作俑者和头号受益者。罗斯巴德引用了多姆霍夫、科尔科和其他"进步主义时代"的修正主义历

---

① 入门主义主张政治团体加入现有政党，以期改变后者的政治主张，而不是组成自己的政党。——译者

史学家,写道:这些改革“的确创造出设计改革时人们想要创造出的东西:一个集权国家主义的世界,政府和行业之间是‘伙伴关系’,为企业等既得利益团体提供补助和垄断特权”。[101]

罗斯巴德指出,幸好,并非所有大商人都是国家特权的接受人和现状的获益者。“虽然指望洛克菲勒等大商人投身自由意志主义甚至持自由放任观点完全是空想,”他写道,“但这不意味着所有大商人,或者普遍意义上的商人都没有希望。”管制使一些人获益,却牺牲了另一些人,于是另一些人,“尤其是与拥有特权的‘美国东部权势集团’关系疏远的人”就“更有可能接受自由市场和自由意志主义观点”。[102]

当罗斯巴德写下这些话的时候,他自然不可能知道,一个这样的商人会迅速成为自由意志主义运动的赞助人,而且赞助的是罗斯巴德主义这一派。他是一个美国豪门的继承人,他的家族传承和禀性使他疏远东部精英的社会政治圈子。未来几年,他将赞助罗斯巴德和他的运动,使之达到全新的高度,获得此前做梦也想不到的胜利。

注释

1. Rothbard, “The Betrayal of the American Right,” 未出版文稿, p. 187。
2. 同上。
3. Rothbard to F. A. Harper, 22 March 1962. 哈珀也因为沃尔特基金会瓦解而备受打击:原本它有 1700 万美元资产要给哈珀主持的人文研究所(Institute for Humane Studies, IHS)。但在资产转移完成以前,基金会就解散了,而就如罗斯巴德说的那样,IHS“一夜之间被丢到街头,成了纯粹而可爱的自由意志主义研究机构。终其一生,秃头哈珀都作为 IHS

的领袖而坚持着”。

4. 参见 Rothbard to Ludwig M. Lachmann, 14 February 1957。
5. Rothbard to Ivan Bierly, 12 December 1962.
6. Rothbard to Gordon Tullock, 1 October 1966.
7. Rothbard, “The Betrayal of the American Right,” p. 201.
8. Murray N. Rothbard, “Education in California,” Pine Tree Features, n. d. 这是为《松树特刊》写的 58 篇报纸专栏中的第一篇。这份刊物由科罗拉多州的壁垒研究所运作,该组织是勒菲弗尔派和平主义机构。卡尔·瓦特纳汇编的罗斯巴德文献如此描述这部材料:“58 篇打字稿文章,成文于 1967—1968 年左右,罗伯特·凯普哈特所有;出版信息不详。”这些专栏文章由 R. C. 霍伊勒斯在圣安娜记录中出版。霍伊勒斯是坚定的勒菲弗尔派,是南加州《自由新闻》系列的出版商。
9. Rothbard, “The Betrayal of the American Right,” p. 202.
10. Murray N. Rothbard, *Left and Right: The Prospects for Liberty* (San Francisco: Cato Institute, 1979), p. 8.
11. 同上,第 1 页。着重号为原作者所加。
12. 同上,第 26 页。
13. William F. Buckley Jr., “A Young Republican's View,” *Commonweal* (January 25, 1952).
14. D. F. Fleming, *The Cold War and its Origins* (New York: Doubleday and Company, 1961).
15. Harry Elmer Barnes, ed., *Perpetual War for Perpetual Peace* (Caldwell, Idaho: Caxton Printers, 1953).
16. Charles Callan Tansill, *Back Door to War* (Chicago: Henry Regnery Company, 1952).
17. Ronald Hamowy, “Left and Right Meet,” *The New Republic* (March 12, 1966).
18. Rothbard, “The Betrayal of the American Right,” p. 202. 据罗斯巴德回忆,利焦也短暂担任过纽约《卫报》的总编辑。这是一份左派周刊,但“他因为‘走资本主义路线’,试图降低成本而遭清洗出局”。
19. Murray N. Rothbard, “Principles of Secession,” Pine Tree Features [June-

August 1967].

20. Rothbard, "Principles of Secession," Pine Tree Features, n. d. [July-August 1967].
21. Murray N. Rothbard, "Civil War in July, 1967 Part I," Pine Tree Features.
22. Murray N. Rothbard, "Civil War in July, 1967, Part III," Pine Tree Features.
23. Murray N. Rothbard, "Martin Luther King," Pine Tree Features, n. d. [May 1969].
24. 同上。
25. Murray N. Rothbard, "LBJ—After Four Years," Pine Tree Features, n. d. [November 1968].
26. Murray N. Rothbard, "The Coming American Fascism," Pine Tree Features, n. d. [1967].
27. Murray N. Rothbard, "The Revolutionary Mood," Pine Tree Features, n. d. [1968].
28. Carl Oglesby and Richard Shaull, *Containment and Change* [New York: Macmillian, 1967], pp. 166–67.
29. Interview with Walter Block and Walter Grinder, "Rothbard Tells All," 作者所藏未出版文稿, p. 38。
30. 同上。
31. 同上,第38—39页。
32. 同上。
33. 同上,第39页。
34. 同上,第40页。
35. Murray N. Rothbard, "Biography of Ludwig von Mises," *International Encyclopedia of Social Sciences* 16 (1968): 379–82.
36. Block and Grinder, "Rothbard Tells All," p. 40.
37. Murray N. Rothbard, "Confessions of a Right-wing Liberal," *Ramparts* (June 15, 1968).
38. Rothbard to Thomas Fleming, 21 March 1991. 那位编辑是格雷·亚历山

大(Gary Alexander)。

39. Rothbard, "Confessions of a Right-wing Liberal." 着重号为原作者所加。
40. 同上。
41. 同上。
42. *See* Karl Hess, *Mostly on the Edge*: *An Autobiography* (Amherst, N. Y.: Prometheus Books, 1999).
43. 同上,第 185 页。
44. 同上,第 191—192 页。
45. 这份时事通讯起初叫《自由意志主义者》,但到第 4 期后不得不更名,因为新泽西有一家毫无名气的期刊称自己先使用了这个刊名。
46. "Why 'The Libertarian,'" *The Libertarian* (March 1, 1969): 1.
47. "The Movement Grows," *Libertarian Forum* (June 1, 1969): 1.
48. Murray N. Rothbard, "Listen, YAF," *Libertarian Forum* (August 15, 1969): 1 – 2.
49. 同上。
50. 这种强烈的宗派心理仅见于立场最接近兰德的那些人,而且也不妨碍她为理查德·尼克松和杰拉德·福特背书。
51. "Goldwater Aide Now A Radical, Adopts Anarchism Philosophy," *New York Times*, 28 September 1969.
52. "Ideologues: You Know He's Right," *Newsweek*, 29 September 1969.
53. Murray N. Rothbard, "We Make The Media," *Libertarian Forum* (October 15, 1969).
54. 同上。
55. Murray N. Rothbard, "The Conference: Two Steps Forward, Two Steps Back," *Libertarian Forum* (November 1, 1969).
56. 同上。
57. 同上。
58. 同上。
59. 同上。
60. Jerome Tuccille, *It Usually Begins With Ayn Rand* (New York: Stein & Day, 1971), pp. 117 – 18.

61. 同上,第 121 页。
62. Rothbard, "The Conference: Two Steps Forward, Two Steps Back."
63. Murray N. Rothbard, "The New Left, R. I. P.," *Libertarian Forum* (March 15, 1970).
64. Karl Hess, *Dear America* (New York: William Morrow, 1975), p. 91.
65. 同上。
66. Murray N. Rothbard, "Death of the Left," *Libertarian Forum* (December 15, 1970).
67. Murray N. Rothbard, "Freedom, Inequality, Primitivism, and the Division of Labor," *Modern Age* (summer 1971).
68. Murray N. Rothbard, *Power and Market: Government and the Economy* (Menlo Parl, Calif.: Institute for Humane Studies, 1970).
69. Ludwig von Mises, *Human Action* (Princeton, N. J.: Yale University Press, 1949), p. 282.
70. Ludwig von Mises, *Human Action: Scholar's Edition* (Auburn, Ala.: Ludwig von Mises Institute, 1999).
71. R. A. Childs, Review of *Power and Market*, *Libertarian Forum* (15 November 1970): 4 – 6 footnote.
72. 同上。
73. Murray N. Rothabrd, "The Elections," *Libertarian Forum* (November 15 – December 1, 1970).
74. Rothbard, "The Betrayal of the American Right," p. 208.
75. 同上,第 209 页。
76. 同上,第 211 页。
77. Murray N. Rothbard, "The New Libertarian Creed," *New York Times*, 9 February 1971, and "The President's Economic Betrayal," 4 September 1971.
78. Murray N. Rothbard, "Know Your Rights," *WIN* (March 1, 1997): 6. 这是"右翼"自由意志主义运动的简史,着重讲的是老右派自由意志主义者如何反对帝国主义和战争。
79. 罗斯巴德上过 NBC 的《今日秀》,做过多次播音访谈。

80. Murray N. Rothbard, *For a New Liberty* (New York: Macmillan, 1973).
81. 同上,第 48 页。
82. 同上,第 25 页。
83. 同上,第 95 页。
84. 同上,第 279 页。
85. 同上,第 287 页。着重号为原书所有。该书的 1978 年版本在加图研究所主持下出版,该版紧随引文之后是免罪声明——"这样的陈述必然会震惊美国人",并将这种谨慎归因于"当权派的强烈宣传"。原始版本不包含此类免罪声明。这一修改是加图研究所官员坚持要求的,他们似乎觉得,挑明罗斯巴德声明令人震惊这一事实会以某种方式缓解震惊。
86. 同上,第 297 页。
87. 引用同上,第 302 页。
88. Murray N. Rothbard, *Education, Free and Compulsory* (Wichita, Kansas: Center for Independent Education, 1972).
89. Murray N. Rothbard, *Conceived in Liberty: Vol. I: A New Land, A New People, the American Colonies in the Seventeenth Century* (New Rochelle, N. Y.: Arlington House, 1975); *Conceived in Liberty: Vol II: A "Salutary Neglect": The American Colonies in the First Half of the Eighteenth Century* (New Rochelle, N. Y.: Arlington House, 1975); *Conceived in Liberty: Vol III: Advance to Revolution* (New Rochelle, N. Y.: Arlington House, 1976); *Conceived in Liberty: Vol. IV: The Revolutionary War, 1775 - 1784* (New Rochelle, N. Y.: Arlington House, 1979). 至于该书第 5 卷的故事,简言之,就是罗斯巴德将所有文字录入了慢转密纹碟片,该技术迅速过时,导致文本从未誊写出来。碟片最终下落不明。
90. Murray N. Rothbard, "Ludwig von Mises and the Paradigm of Our Age," *Modern Age* (fall 1971): 370 - 79.
91. Thomas S. Kuhn, *The Structure of Scientific Revolutions* (Chicago: University of Chicago Press, 1970).
92. Murray N. Rothbard, "Egalitarianism as a Revolut Against Nature," *Modern Age* (fall 1973): 348 - 57.

93. Murray N. Rothbard, "Freedom, Inequality, Primitivism and the Division of Labor," *Modern Age* (summer 1971): 226 – 45.

94. Murray N. Rothbard, "Herbert Hoover and the Myth of Laissez-Faire," in *A New History of Leviathan*, edited by Ronald Raosh and Murray N. Rothbard (New York: E. P. Dutton, 1972), pp. 111 – 45.

95. 同上,第 66—110 页。

96. Murray N. Rothbard, "The New Deal and the International Monetary System," in *Watershed of Empire: Essays on New Deal Foreign Policy*, edited by Leonard Liggio and James J. Martin (Colorado Springs: Ralph Myles, 1976), pp. 19 – 64.

97. Murray N. Rothbard, "The Movie Hero Is a Vital Part of American Culture," *Human Events* (June 15, 1974): 16.

98. Murray N. Rothbard, "Present At The Creation," *Libertarian Forum* (April 1973).

99. 至于结果,留待读者评判。

100. Rothbard, "Present At The Creation."

101. Rothbard, *For a New Liberty*, p. 314.

102. 同上,第 314 页。

第五章 蒙哥马利街 1700 号

亿万富豪查尔斯·科赫(Charles Koch)发来邀请,希望罗斯巴德前往科罗拉多州韦尔镇一处滑雪别墅共度周末,罗斯巴德的心情很矛盾。去,是为了商讨自由意志主义运动的未来发展,罗斯巴德当然也乐于看到科赫赞助自己构想的许多项目。但是,罗斯巴德算不上喜欢滑雪的人,所以非常紧张;在他的印象里,滑雪别墅应该坐落在极高的山峰,这样的景象让他心生胆怯。直到乔伊解释了一番,告诉他滑雪要坐缆车上山顶,而别墅位于安全的山脚,他才同意前往。[1]

查尔斯·科赫虽然一出生就含着金汤匙,却没有坐享父亲的劳动成果。他不断扩大家族财富,直到其位居全美甚至全球前列。科赫公司规模庞大,主要经营原油管道、天然气、养牛业和工程,即便是分给科赫兄弟弗雷德、查尔斯、大卫和威廉,仍然能让他们位列亿万富豪俱乐部的前 20 左右。他们的父亲弗雷德·科赫是一名坚定的老右派,还是约翰·伯奇协会的发起人之一,并在该协会的国家委员会担任职位。查尔斯不仅继承了财富，也继承了一些政治态度。他是慷慨而精明的捐赠者，支持带有自由意志主义倾向的保守主义事业。科赫工业集团资助罗斯巴德在1974—1975年从事全职研究并撰写《自由的伦理》，还补助了秘书的费用。他们派了一整个机构——虽然相比整个科赫商业帝国来说算是很小的——从事科赫价值观的宣传事业，并由集团高管交替监督运作。与此同时，科赫逐渐开始从事自由意志主义事业：资助1961年由F. A. 哈珀创立的人文研究所，并填补沃尔克基金会遗憾解散之后的空缺。

加图研究所：早期

罗斯巴德与科赫集团的关系从一开始就不稳定。虽然他的性格讨人喜欢，但当别人越界时他也会发怒，这种倾向在他晚年更加明显。然而，此时他还没有发展出日后横在他与官僚主义的科赫机构之间那种持久的敌意。罗斯巴德充满希望，相信散布全国的自由意志主义圈子日后会成为一支强大的思想和政治力量，然而那些极度悲观的保守派官僚惧怕制造太大的波澜。

第一次小规模冲突记录在一本内部政策备忘录中，这本备忘录从沃尔克基金会的前职员肯尼思·坦普尔顿开始记录，直到科赫的助理乔治·H. 皮尔森（George H. Pearson）。斯坦顿对罗斯巴德提出的建立学术期刊以发展自由意志主义学术的建议嗤之以鼻。在备忘录中，坦普尔顿摆明了自己的态度：他不屑于在“行动主义”（他一直都给这个词打上引号）的泥沼中弄脏双手。坦普尔顿不仅认为那个建议毫无说服力，而且指责罗斯巴德试图建立一个追随自己的小圈子，搞意识形态运动。他反对罗斯巴德发展思想运动骨干的战略，支持推动更多的渗透与合作。“坦普尔顿备忘录”代表了所有罗斯巴德所不喜欢学术界的地方：有着“客观”或“纯粹”学术的虚伪外表，声称像物理学或生物学研究一样“价值中立”，还有暗暗的自命不凡，在学术上鄙视肮脏的“行动主义”。[2]

坦普尔顿怀疑，即使罗斯巴德放弃《自由意志主义论坛》和运动骨干战略，也无法同时担任好两种角色：既是老派公共知识分子，又是能写出《人、经济与国家》和《美国大萧条》这样著作的研究型学者。现在回想起来，坦普尔顿显然低估了罗斯巴德，罗斯巴德不仅延续了行动主义作风，而且他最好、最高产的年纪尚未到来。[3]

罗斯巴德十分蔑视一些社会科学家所谓“无偏见”的态度。14 年前，他在经典作品《科学的外衣》中对此提出了尖锐的反驳。今天的社会科学家早已避而不谈“理性伦理是否可能”这样的古老问题，而是——

> 开始随意挪用每一门社会科学给出的道德判断。当下的时尚是保留 Wertfreiheit① 的外表，同时随意采取价值判断，其判断依据不是科学家自己的决定，而是他人价值观的共识。科学家不选择自己的目标和相应的价值观，反而通过采用社会大众的价值观来保持所谓的中立。简而言之，

① 德语，意为价值自由、价值中立。——译者

> 采取自己的价值观如今被认为是偏颇的、“不客观的”，反而是不加批判地采用别人的口号才有“客观”的高度。科学客观性不再意味着不计代价地追求真相，而是遵从无知者主观偏见的“民意测验”。[4]

面临自由与权力之争，罗斯巴德并不“中立”；事实证明，查尔斯·科赫同样如此。坦普尔顿在这场斗争中败给了罗斯巴德，因为科赫越来越激进，开始笃信罗斯巴德的战略，并把他召唤上山。就在那里，身处韦尔镇的雪峰之间，罗斯巴德完成了游说。

1976 年冬天的一个周末，罗斯巴德和全国最大的家族企业之一的继承人畅谈至深夜。随着精美壁炉中炽热的火焰逐渐烧成闪烁着火光的灰烬，罗斯巴德概述了使新兴自由意志主义运动组织化和系统化、用秩序替代混乱的必要性。

自由意志党已经围绕着总统候选人罗杰·麦克布莱德(Roger MacBride)团结了起来。麦克布莱德身为电视制作人，拍摄的《草原上的小屋》系列节目获得了巨大成功。他作为弗吉尼亚州的共和党选民，曾为自由意志党的第一位总统候选人约翰·霍斯珀斯(John Hospers)投了赞成票，从而俘获了自由意志主义者的心。但由于缺乏资金，选民支持率变成几乎无法逾越的障碍，创始领导层也缺乏经验，自由意志党由此陷入困境。除此之外，大多数普通党员的狭隘片面和反文化主义也总是惹怒罗斯巴德。此时，罗斯巴德对那种激进运动的火热气氛催生的怪诞念头感到非常恼怒，这些怪想在 20 世纪 70 年代的自由意志主义亚文化中似乎尤其普遍。1976年初，他在《自由意志主义论坛》的《老顽固》(From the Old Curmudgeon)专栏上公布了《对运动的新年期望》一文，期盼那些自由意志主义运动中常见的、折磨人的怪事能消停一年。

比如，他十分“厌倦再读到某些人的言论，说应该采购好足够一年吃的干豆，然后背上山。伙计们，我给你们说啊，我从不吃干豆，也决不会把它们背到山上。我会留在可能已经瘫痪的市场附近，继续在豪华舒适的城市享用百事可乐、伏特加马提尼和牛肉焗烤千层茄子”。[5]

他同样对老自由意志主义者建立一个“新自由意志主义国家”的白日梦下了禁令：“如果人真的能从经验中吸取教训，那么，那些荒诞的噱头每次到最后招致的覆辙，应该已经提醒所有支持者：回到现实世界中。”他也希望能够禁绝“心灵鸡汤”：“这不是很棒吗？一整年的清净，不说、不看任何关于‘开放关系’‘个人成长’‘观照自己的感情’‘非专制的关系’‘自由地生活’之类的连篇废话。”自由意志党的活动家对世界的了解普遍还不如科幻小说——罗斯巴德震惊于他们的无知，呼吁“一年内禁止阅读”那些他们主要(乃至唯一能)接触到的、徒有其表的阅读材料。[6]

罗斯巴德感到特别恼火的，还有自由意志党内部兴起的反对候选人麦克布莱德的“左派”。在罗斯巴德看来，他们反对麦克布莱德不是基于意识形态，而是文化：他西装革履，是一个“现实世界”的人，因此在好战的嬉皮士眼中很可疑。从这个意义上说，1975年的提名大会是个重大挑战，罗斯巴德担心20世纪60年代的“左派”狂热重演,他认为这会使运动同真正的支持者——大多数美国中产阶级隔离和疏远。当务之急是避免重蹈覆辙,不让运动再度沦为新左派的宿醉。

罗斯巴德始终惦记着战略问题。《自由意志主义论坛》两周一次(后来变成每月一次)的记录显示,战略是老巴斯夏圈子多次深夜谈话的主题,也是整个自由意志主义运动的一个引起重大争议和混乱的关键点。罗斯巴德不但对这个问题有着非常明确的意见,而且一如既往地系统探讨过。他在默默无闻的《自由意志主义社团》[7]上发表过关于战略问题的系列文章,如今,他和他日益扩大的朋友和同盟圈子,在尽力考察这个重要问题的方方面面。他们在纽约举办了一个私人研讨会,参加者都从各个角度撰写了主题文章:科赫利用家族经历写了一篇关于约翰·伯奇协会的文章,还有一篇关于英国社会主义组织费边社的文章;约瑟夫·R.斯特龙伯格(Joseph R. Stromberg)的投稿是《费边主义与社会变革:永恒的渐进主义》;威廉森·埃弗斯发表了《列宁及其对组织问题的批评》;爱德华·克兰三世(Edward H. Crane III)发表了《自由意志党前景分析》。[8]

成立这个非正式研讨会一事,一直是罗斯巴德、科赫和皮尔森从20世纪70年代初开始的讨论的一部分。当时,他们共同为新自由意志主义组织“自由意志协会”提出了创办计划。他们设想以约翰·伯奇协会为模板,不仅学习它自上而下的等级体系,而且像伯奇协会成员在全国各地设立“美国观点书店”那样建立“阅览室”。这个组织将与自由意志党建立一种共生关系,就像党宽阔的肩膀上放着的大脑。虽然他们三人已经共同决定组建一个“初始委员会”，但他们没有人擅长政治组织，于是这个想法一直处于休眠状态，直到1976年春天。当时，皮尔森给爱德华·克兰递了一份创办计划书，告诉他自由意志协会的想法在与罗斯巴德和科赫的会议上苏醒了。备忘录有一部分是执行董事人选名单，克兰位列名单之首。[9]

克兰是一名年轻的经纪人，来自旧金山，刚刚当选为自由意志党主席。克兰不怎么理会罗斯巴德口中的那些“疯子”，至少为政党机器重新带来了表面上的常规和秩序。克兰意志坚定，散发着指挥若定和强力能干的气场，总是让人印象深刻，这对罗斯巴德颇有吸引力。罗斯巴德在给克兰的一封信中概述了他的战略理论（以胜利为目的，骨干的必要性，“意识形态金字塔”）并赞同遵循创办计划书建议的方针组织自由意志协会。罗斯巴德写道：

> 现在，我们自由意志主义运动拥有很多学者（尽管还是没有应有的那么多），我们有一个庞大而不定形、又时常显得古怪的广大受众群体，但我们几乎没有有组织能力的人。这使得你，埃德，成为独一无二的稀缺资源。你不仅是我能想到的可以领导建立自由意志协会的最佳人选，更是唯一的人选，而且我知道查尔斯[·科赫]也这么认为。这不是在恭维你，只是对现状的坦率描述。[10]

罗斯巴德将克兰看作是在世界上实现自由意志主义思想的途径，而最早担此职责的是赫斯，赫斯之后还有一些人。从此，克兰将在这出高调开场的大戏中扮演罗斯巴德实干弟子的关键角色。

韦尔镇之旅没过多久,加图研究所及其同盟组织开始成形。罗斯巴德以“加图来信”(Cato’s Letters)给研究所命名,这个名字意指美国革命之前,约翰·特伦查德(John Trenchard)和托马斯·戈登(Thomas Gordon)之间假借笔名的一系列论战。他们写的一批充满激情的自由意志主义小册子,经常被历史学家引为革命热潮的主要催化剂。也有研究所的创始人认为,这个名字也会让人联想到古罗马政治家老加图,但这没什么坏处。“加图”不仅可以赋予这个组织高贵的氛围,而且唤起了古典的寓意。毕竟,那位年迈的罗马议员的所有演讲,都以这样一句著名的、针对罗马宿敌的诅咒结束:“必须摧毁迦太基!”把那句中的“迦太基”换成“国家”,就能发现,这个名字彰显了这个新智库的创始人所浸染的罗斯巴德精神。

由爱德华·克兰牢牢掌舵的自由意志党总部搬到了旧金山,加图研究所也很快搬了过去。1977 年初,加图研究所在蒙哥马利街 1700 号安家,坐落在风景如画的电报山脚下的 3 层玻璃钢建筑内。

罗斯巴德一直梦想着建立一个自由意志主义智库。自由派有许多公共政策组织,保守派有传统基金会及其他一些较小的智库和基金会,但是自从经济教育基金会变得中立以来,就再也没出现过一个完善、全面的自由意志主义智库(拥有全职员工和足以吸引全国最顶尖学生的课程)。然而,加图研究所不止于此,它比创办计划书中概述的自由意志协会更复杂(而且免税)。加图应当成为自由意志主义的智囊联合体,整个自由意志主义运动将渗透到学术界、新闻界、出版界,进入大众意识,自由意志党官方只是这场更庞大运动的一个分支。在科赫慷慨的支持下,加图研究所将与布鲁金斯学会和传统基金会并驾齐驱,其余以华盛顿为中心、对政策制订影响深远的智库则更不在话下。此外,加图研究所不用搬去华盛顿——利维坦的震中。

罗斯巴德自己对战略议题的贡献引起了巨大轰动。他的手稿《走向自由意志主义社会变革理论》阐述了一套完善的战略理论:发起运动的需要,运动骨干的概念,呼吁尽快废除国家权力的必要性,机会主义和党派主义这对孪生干扰,意识形态领域企业家精神的本质,领导问题,理性和情感在建设一项运动中的作用,"党从不出错"的错误,以及对20世纪50年代初开始的老右派自由主义运动的历史分析。所有这些都囊括在标满脚注的将近200页书稿中,近乎一部专著。[11]

如我们所见,罗斯巴德不是象牙塔里的哲学家;对他来说,米塞斯所言"经济学(及所有社会科学或者软科学)是人类有目的行动的结果"的律令,是他一生投身于自由意志主义运动的写照。他不只是在纸上书写经济学、政治学和关于自由的憧憬,而且还付出艰辛的(往往是孤独的)努力,把自己的自由意志主义理想转化成现实。

作为一名经济学家、历史学家和哲学家,罗斯巴德的不朽之作是《人、经济与国家》、《自由的伦理》、4卷本美国革命史和他逝世后出版的2卷本《经济学思想史:奥地利学派的视角》。但是,《走向自由意志主义社会变革理论》无疑是他最有趣的作品。在书中,罗斯巴德带读者踏上充满革命和激进政治的历史之旅,他任意引用左右两派的例子,同时采取行为学或“价值中立”的分析,以古鉴今。

这本书是1977年4月写成的一本私下发行的备忘录,分发给了新组织起来的加图研究所的内部委员会。封面上还写着提醒的字句:

> 严格保密
>
> 未经作者书面许可或其他明示许可,不得引用、讨论或传播。

这则提示不是罗斯巴德写的,但当时他一度相信有必要保留。在某种意义上,这本书可以算是罗斯巴德最有时效性的一部著作,只是太“惹火”而不能普遍流通。虽然对罗斯巴德最亲密的朋友和合作者来说,引用列宁并客观分析马克思主义和右翼权威人士(以及美国革命家、古典自由主义者,等等)的战略和组织方式似乎天经地义,但是注定会冒犯所有持不同意见的人。

考虑到人性,特别是这样一个小而严谨的运动的本质,像那样保密宣誓必然会引起自由意志主义者甚至是他们的公开论敌的广泛注意。这本书写就不久,《国家评论》的一篇文章就披露了它的存在,并暗示罗斯巴德是列宁的崇拜者,试图颠覆共和国乃至整个西方文明的基础,传播反美革命分子的阴谋。[12]

自由意志主义被污蔑为“反对所有保守的传统,甚至反对传统本身”,自由意志主义者被描绘为想要“颠覆自由运动”的黑暗阴谋的骨干。那篇文章声称罗斯巴德否认“任何社会权威的合法性”,这是一个谎言,而且收效甚微,因为稍有怀疑的人都可以从他的大量作品中轻易找到相反的证据。事实上,在自由意志主义原则中,社会权威(而不是国家权力)是唯一的合法权威,阿尔伯特·杰伊·诺克和他的门徒弗兰克·乔多罗夫早已指出了这一点。罗斯巴德继承并阐述了这一立场,具体表现为他对弗兰克·迈耶思想的赞赏,后者力图融合自由意志主义者对自由的热爱与保守派对美德的关心和对传统的尊重:

> 说任何不能在别处被证明是“理性的”的习俗都必须被抛弃,那是在曲解理性主义。我们可以得出以下结论:(a)习俗必须是人们自愿维护的,而不是强制执行的;(b)同时,在其他条件保持不变的情况下,人们会很乐意(虽然不是强制的)从有利于习俗的假定出发。例如,在一个所有男士都应该在女士面前脱下帽子的世界,一个人选择不这么做应该是自由的,但他要冒着被大家认为是蠢货的风险。[13]

《国家评论》讽刺自由意志主义是一种想要消灭家庭、消解所有社会传统、开启所有人对所有人的战争状态的魔鬼意识形态,这都与巴克利派将自由意志主义者描绘成受蒙骗的人的一贯态度相吻合:在外交政策上,“自由意志主义立场与共产主义立场无法区分”。[14]《国家评论》的愤怒大都指向加图反对全球干预主义政策和巨额“国防”支出的立场。文章穿插着从战略备忘录中精挑细选的列宁引文，把所谓罗斯巴德派的阴谋家描述成第五纵队[①]，他们毫无疑问通过罗斯巴德直接接受莫斯科的命令。虽然加图拒绝公开罗斯巴德的备忘录，但这篇文章仍是一个可悲的，总的来说没什么作用的狡辩。即使早已证明保密政策适得其反，但是鉴于《国家评论》文章的阴险归罪，备忘录仍然被存放在档案馆中，大约15年后才揭露，成为证明作者多产和多面的又一个证据。罗斯巴德这份长如一本书的备忘录本该公开发表，并在不时陷入怪圈、战略上进展缓慢的自由意志主义运动中尽可能广泛地传播开来，而不是被隐藏起来，成为加图早期创始人的私人珍馐。《走向自由意志主义社会变革理论》是伟大的自由意志主义理论家、强硬的政治现实主义者的杰出宣言，是活动家的政治指南。这份手稿展现了罗斯巴德身兼哲学家和实干家的最佳状态。

书中所引用的一些团体和个人，即便是当时的自由意志主义者也不一定认识。然而，罗斯巴德这位作家的关注点从不是新闻细节，而是支配着当前事件起伏兴衰的基本原则。他首先是一位非常好的老师，这种天赋在这部仍未发表的作品中展露无遗。在此，罗斯巴德详细阐述了自由意志主义骨干的绝对必要性——全职活动家和理论家的组合——并解释了其性质、功能和如何培育这种直到1977年春天才不再稀有的生物。突然间，在全美乃至全球最富有家族之一的帮助下，这些几乎不存在

---

① 代指内奸和间谍。——译者

的生物的数量和质量将会增加100倍。罗斯巴德讨论了杂志社的必要性及关键作用，强调作为运动健康度晴雨表的青年运动的重要性，坚持认为需要通过内部教育来发展骨干，坚持培育自由意志主义学者，这些都预示着加图集团各种附属机构和分支的诞生：《探索》(*Inquiry*)，一份旨在外部联络的双周刊杂志；《自由意志主义评论》，一份针对“运动”的杂志；自由意志协会学生会(Students for a Libertarian Society, SLS)，运动的青年分支；以及吸引广大自由意志主义者，由加图学术奖学金、学术会议和为期一周的夏季研讨会组成的完整学术计划。

《走向自由意志主义社会变革理论》的写作不仅有一定的实际用途，还有宽泛的理论目标：以历史为背景，提出自由意志主义社会变革理论。自18世纪法国古典自由主义者最早明确提出“国家对抗人民”的“阶级分析”以来，很少有自由意志主义者尝试做这样的事情。在“好人与坏人”(Good Guys and Bad Guys)一节中，罗斯巴德分析了从极左到极右的意识形态运动是如何利用非黑即白的思想来牟取利益的。他指出了阶级矛盾模型在经济学等方面的内在谬误，并戳破了把法西斯主义视作“愤怒的资产阶级”对其“地位的不满”的谣言。

罗斯巴德对自由意志主义阶级分析理论的杰出表述，在任何以连贯一致的方式解释事件的尝试都会被攻击为“阴谋论”的今天尤其中肯。罗斯巴德指责“当代自由意志主义者和古典自由主义者”未能“识别出统治阶级的具体成员，即某些大企业集团联合专家治国论知识分子和工会领导人所领导的联盟”。罗斯巴德认为，国家主义体制的根源远不只是思想错误，还是极其有利可图的思想鼓噪。他指出："国家主义符合剥削者的理性自利。在当代美国，它符合那些从国家大量汲取特权、垄断和补贴的商业集团和工会的私利，也符合那些构成统治国家的官僚制度的知识分子和技术专家的私利……必须持续地向公众揭露这个普遍真相，以及构成真相的具体事实。"[15]

对于政治组织中的理性和情感的作用，以及作为"一门艺术而不是一门可以生搬硬套的科学"的"意识形态事业"，他的广泛讨论颇有见地。他相信，成功的关键在于理解这门艺术和战略灵活性之间的关系。[16]

罗斯巴德用"经济体系内价格机制的作用"类比政治战略框架的必要性。虽然他警告"这样的类比不应过头"，但率先照此提出了至关重要的一点：战略方向或理论使意识形态企业家得以——

> 在相互竞争的目标之间分配稀缺资源。换句话说，战略使政治运动能够系统、明确地排序，从而使运动能够以最有效的方式分配稀缺的人力和财政资源。[17]

罗斯巴德把不偏不倚的自由意志主义原则作为自由意志主义的"核心"，并从此展开自己的意识形态宇宙。有两大诱惑引诱自由意志主义者离开笔直的（通常也不宽阔的）守原则的政治道路，罗斯巴德将其定义为右派机会主义和左派宗派主义。罗斯巴德说，两者都来自悲观主义，都放弃了自由意志主义的最终目标：激进的国家消亡是有指望的。左派退却为修辞学上的空谈或是诉诸极端主义，而右派机会主义者则试图偷偷混进自由意志主义原则，躲藏、否认甚至以一些想象中的短期收益为名积极颠覆自由意志主义的最终目标。

罗斯巴德说，作为具有企业家式灵活性的典范，列宁愿意打破常规与共识——这往往表现为他反对最忠实的追随者所持的“正统观念”。上述讨论预示着罗斯巴德生命中这段插曲的结局，但是至少现在，每个人都正读着罗斯巴德写的同一个剧本。在《走向自由意志主义社会变革理论》的最后几页，作者拒绝与新左派的残余力量联盟，并制定了临时战略——依据的预设是：“在当前的历史时期，我们的天然盟友是那些主宰媒体和塑造舆论团体的（温和）自由主义者，而不是保守派或（极端）左派。”[18]

要理解加图年代——其实只有两年，从 1978 年至 1980 年——在罗斯巴德生活中的意义，就有必要回顾他的经历和他所崇拜的自由意志主义者导师们。面对利维坦，上一代的老右派自由意志主义者认为将其击退几乎是不可能的，他们认为最有希望的是继续维持成功的遏制。他们要做的是留在岗位上，把手指插进堤坝，以阻止集体主义的洪流。当他们疲倦地离开的时候，新一代顶上来的人会越来越少，并且每一代人都会看到大潮涨得越来越高，直到吞没一切。

这就是诸如加雷·加勒特等抒情悲观主义者的心态。他关于罗斯福新政的经典作品《去日革命》被罗斯·怀尔德·莱恩形容为“除了坐下来痛哭，和加雷一起缅怀永远不会再有的幸福过去，现在已经无事可做”。莱恩还说，“这样的态度快让我发狂了”。[19]虽然罗斯巴德很仰慕和尊敬加勒特，但是如我们所见，他们对未来的展望根本不同。然而，到目前为止，罗斯巴德很难反驳那些遥指即将到来的大政府巨像、宣称自由意志主义是一场徒劳的远征的人。他在《左与右：自由的前景》一文中构建了一套令人信服的理论，反对如门肯和阿尔伯特·诺克等自由意志主义者的黑暗愿景——除了认为会有微小的“残余力量”将在光荣孤立中弘扬自由和人类文明的传统之外，他们对人类已经失去希望。

打破这种孤立的努力鼓舞着罗斯巴德的一生。虽然乐观主义的愿景在理论上行得通，在实践中却完全不同。多年来，他经常在笔下和私下抱怨说，虽然左派战术家常说的“客观条件”——自由意志主义预言的吸引力——“已经成熟，实际上是有点过于成熟”，但“主观条件”（传播此预言的手段）仍远远落后。1976年，从学术到政治，各个层次的自由意志主义体系仍处于幼苗阶段。

接着就有人在这种刚种下的作物上倒了一大把上好的肥料。随着科赫数百万美元资金的注入，主观条件终于追上了客观条件。罗斯巴德大感放开了手脚。罗斯巴德派也有同感，他们全都被动员起来，在这个新兴的自由意志主义机构中填补各种编辑、学术和行政的职位。

担任《探索》杂志主编这一关键职位的，是威廉森·埃弗斯。埃弗斯是罗斯巴德的密友和同事，在20世纪60年代遇到了罗纳德·哈默威。当时哈默威在斯坦福大学教书，告诉罗斯巴德说他发现自己一个早慧的学生有个令人困惑的习惯：逐字引用默里·罗斯巴德的作品。这是一份重要友谊的开始，那条纽带不仅是对自由的共同热爱，还有大量信件中流露出的真挚感情。这些信充满罗斯巴德曾经希望在自由意志党中找到的友情——被共同挚爱的原则鼓舞，受热爱学习的激励，并被罗斯巴德式幽默的火花照亮，信中甚至写着歌谣。默里和乔伊来到加利福尼亚时，没有搬到加图研究所所在的旧金山，而是选择住在埃弗斯附近的帕洛阿尔托(Palo Alto)。埃弗斯每个工作日都尽职尽责地开车把导师送到办公室。两个人都十分享受这个早间仪式。显然，当时这位小伙子是罗斯巴德最喜欢的朋友。

如果说埃弗斯是罗斯巴德圈子的“好孩子”，那么此时的“坏孩子”或“问题儿童”也许就是才华横溢而古怪的小罗伊·柴尔兹。其实，罗伊早先不是这样的。他早年在纽约，一直是年轻的罗斯巴德派中最早熟和最激进的人物。作为一名来自布法罗的年轻学生，柴尔兹一到纽约市就因为发表了毫无掩饰的《给安·兰德的公开信》而荣升为“奇迹男孩”。他在信中攻击了兰德的有限政府观念，为无政府资本主义提出充分的理由。[20]作为《个人主义》、随后是《自由意志主义者书籍》和《自由意志主义评论》的编辑，柴尔兹是一个耀眼的人物，其魅力、出众的才智和低沉洪亮的声音足以在任何人群中脱颖而出。他复杂、杰出又喜怒无常，并且野心勃勃。他也是一位多产的作家，从奥地利学派经济学到最新的第三世界热点，他能就其中任何题目写出技巧娴熟、干净利落的文章。他在将不少客观主义者劝入无政府资本主义阵营的工作中厥功至伟。他还打消了这些人关于大企业永远都是安·兰德所说“美国受迫害的少数民族”的想法，进一步教他们认识到美国外交政策在“全能国家”的崛起中发挥的作用。他作为激进自由意志主义联盟秘书发挥了关键作用，帮助把地方和地区团体并入个人自由社，后来成了自由意志党的基础。

柴尔兹曾经向一位报纸记者说，默里认为他像是自己“思想上的儿子”，很多年以来确实如此。[21]但是，罗伊并不是随从：他不是推崇权威的那类人。他经常挑战他的导师，幸运的是，罗斯巴德很高兴与年轻朋友就自由意志主义理论争辩到深夜。罗斯巴德和柴尔兹在意识形态上有很多相同之处，在对思想和世界的基本态度上也是如此。两人都是蔑视象牙塔的独立知识分子，都决心在文化政治舞台上为自己的想法而战。与大多数倾向于超脱世俗的自由意志主义知识分子不同的是，柴尔兹是一个务实的现实主义者，对时事有精到的认识。他是一个思想家，但不是那种思路狭窄的一根筋，他知识渊博，兴趣广泛——古典音乐、电影、小说；简而言之，他似乎拥有无限的能力去享受生活的乐趣。在这个意义上，柴尔兹在气质和思想上都是罗斯巴德派，这正是他们友谊的真正基础。

但是，罗伊也有狂野的一面。罗斯巴德一家曾在一次长假期间让罗伊住他们的公寓——附带条件是他不能进入某个房间。当罗斯巴德一家回来时，他们发现他不仅进了房间，事实上还把它租给了别人！[22]他们很生气——但没持续多久。柴尔兹的朋友们，包括罗斯巴德一家都忍受了他的小过失，也许甚至在用纵容鼓励他继续如此。他们为什么这么做？柴尔兹是一个非常有趣的人。他好玩的天性加上广博的学识，使他成为一个令人愉快的朋友;他狡黠的纽约客气场与年轻的理想主义结合在一起,使他那种“世故的无辜”十分讨人喜欢,因此人人都喜欢找他。柴尔兹可以将鸟儿从林中吸引出来,他认识三教九流的人——不仅包括自由意志主义者,还有他用电话和信件一直保持联系的由不同领域的人所组成的庞大社交圈,包括学者、记者、作家、出版商、音乐家和成功人士等。

经年累月,柴尔兹狂野的一面开始占主导地位。酗酒问题和日益增长的体重持续威胁着他的健康,从而影响了他的心理平衡。健康问题无疑导致他无法写出处女作,那本书本来打算以《自由与权力》为题。他还签下了不止一本书的合同,用掉了预支稿费。他的爱情生涯也如暴风骤雨般,其戏剧性足以写一大本小说。再加上写作不顺,他变成了越来越不开心的“罗伊宝宝”(Roychick),这是罗斯巴德对他的昵称。

随着被提拔为《自由意志主义评论》改版后的主编,罗伊的精神为之一振,身心健康状况也大大改善。科赫从罗伯特·凯普哈特手中买下了《自由意志主义评论》,又把它搬到了阳光明媚的加利福尼亚州。但是,有一个新因素让他与罗斯巴德的友好关系日趋紧张(尽管仍旧友好):他越来越敌视威廉森·埃弗斯,而埃弗斯也是罗斯巴德“思想上的儿子”,而且似乎是最喜欢的儿子。

拉尔夫·雷克现任纽约布法罗州立学院历史教授,他请假前往加利福尼亚,编辑《探索》杂志的“尾声”,罗纳德·哈默威被聘为顾问。利焦也被安排在蒙哥马利街 1700 号的一间办公室里,大卫·泰鲁(David Theroux,后来又建立了独立研究所)担任加图研究所的学术计划负责人，经济学家罗伯特·福尔迈尼(Robert Formaini)则继续就职于联邦储备银行。

沿路往下几百英尺，在蒙哥马利街1620号的一间改建过的仓库里，加图研究所的各种卫星组织跟着一连串活动在转动：罗伊·柴尔兹负责的《自由意志主义评论》、两个活动组织、自由意志党，以及自由意志协会学生会。加图研究所的各种职业政党工作人员强征了自由意志党办公室：克里斯·霍克(Chris Hocker)，前推销员；大卫·鲍兹(David Boaz)，一个优雅平和、口才甚好的年轻人；埃里克·加里斯(Eric Garris)是一名前新左派和地方自由意志主义活动家，他的组织技能与制造麻烦的能力一样大名鼎鼎；出生于芝加哥的鲍勃·科斯特洛(Bob Costello)友善而能干，他拥有商业背景，担负着在加利福尼亚投票中让自由意志党占据一席之地的艰巨任务。然后还有戴眼镜的青年领袖米尔顿·米勒(Milton Mueller)，看起来有种修行者和学者的气场。米勒来自伊利诺伊州，他在当地的自由意志党的"葡萄园"里辛勤劳作，组建了自由意志协会学生会。

《自由意志主义评论》——加之罗伊反复无常的运营态度——是我本人进入这间自由意志主义温室的入口。从14岁起，尚未成年的我就一直积极参与自由意志主义运动，当时我和年轻的东海岸自由意志主义者频繁通信，他们后来在这场运动中发挥了突出作用：兰尼·弗里德兰德(Lanny Friedlander)，我通过邮件向他咨询出版一份自由意志主义杂志的计划(他最后决定用《理性》作为刊名)，最大的亮点是他们打算打印而不是用油印。就这样，最初的几期一送到我的邮箱，我就如饥似渴地迅速读完，通常由 12～16 页装订在一起，有真正的照片胶印的封面。我加入了自由美国青年，还有自由修正案全国青年理事会。我在自由修正案全国青年理事会遇到了大卫·诺兰，他后来建立了自由意志党。[23]作为一个好战的兰德主义者，我充满褊狭的客观主义精神，在自由意志主义者和传统主义者著名的哥伦布日对抗发生几个月前就离开了自由美国青年，形成了我自己的团体——资本主义青年激进者组织（YRC）。我在早期自由意志主义通讯《创新者》上面登广告，在《自由评论》上做宣传，设法在有人发现"YRC 全国办事处"实际上只有一个 16 岁的孩子和他的打字机之前，在密西根大学招募了 50 多名成员。除了偶尔前往纽约市参加纳撒尼尔·布兰登研究所的讲座外，我从来没有参加过一次自由意志党会议，对默里·罗斯巴德也只是略有耳闻，知道他写过经济学方面的书。对于他身为自由意志主义活动家的一面，我只知道他在 1964 年给《创新者》写的稿子中攻击戈德华特是战争贩子。他这个看法让我觉得奇怪，部分是因为那篇稿子是投给《创新者》的；毕竟，《创新者》应该是右翼杂志。

1978 年，《自由意志主义评论》设立旧金山办事处，那时我是一个 27 岁的自由意志党活动家和有抱负的作家。自由意志主义杂志确已来到城里的新闻激励着我在打字机前迅速写下一篇文章，并跑到蒙哥马利街 1620 号亲自提交。柴尔兹不仅接受了这篇文章，还当场拍板说我会是一个理想的编辑助理。

所有这些人，虽然背景和风格不尽相同，但都有一个共同点：所有人都要向爱德华·克兰汇报工作。克兰之所以能领导众人，不仅仅或者说不主要是因为他扮演着连接查尔斯·科赫和从科赫的慷慨资助中受益的自由意志主义组织网络的关键角色，也是缘于克兰自己的个人魅力和解决问题的铁腕。作为一个典型的行动者，克兰从不装腔作势或愚弄蠢人。在这方面，他非常像他当时敬仰的那个人——他的导师和自由意志主义运动首屈一指的理论家。克兰是一个“现实世界”的人，具有强大的商业背景，务实而有原则，喜欢诸如“形式上保守，本质上激进”的小座右铭，并知道如何采取政治上的强硬手段。罗斯巴德很高兴，因为克兰和他“现实世界”的伙伴们让自由意志主义者中不脚踏实地的人（Luftmenschen）[24]烟消云散。他们的做法让自由意志主义成为一股政治和意识形态上不可忽视的力量。

当时我没有意识到，自己无意中进入这个自由意志的行动主义的奇异世界，是一件多么荣幸的事情。思想是这个国度的硬币，我们的生活以共同推进伟大事业为中心。这里聚集着最好的自由意志主义学者：罗斯巴德、利焦、雷克和哈默威。这4个人每个人的思想火力都足以构成一整支军队。再加上罗伊·柴尔兹顽皮欢快的正能量，青年们不竭的热情，以及几乎无限的预算，铸就了现代自由意志主义运动早期成功的巅峰。

在派别主义的暴风雨降临在我们阳光普照的加州乌托邦之前，团结一致的自由主至上义运动不仅被认为是一种学术信念，而且首次成为了加州政坛的政治力量。爱德华·E. 克拉克（Edward E. Clark）1978 年的竞选由克兰策划，得到了我们所有人的热烈支持，获得了 5.5% 的投票，这很惊人，是多年来全国第三方候选人的最高得票。专家开始围坐起来关注我们,旧金山自由意志党开始在地方政治中施加明显的影响。一家名为“自由意志主义图书和期刊”的书店在旧金山市场街的中心位置成立,其知名度和便捷性是我们的基层组织理念的象征。[25]

20世纪70年代后期是罗斯巴德非常高产的时期,他出版了《在自由中孕育》的第3卷,以及《为了新的自由》的修订版。罗斯巴德为《理性》与《自由意志主义评论》撰写专栏,同时也在那里写时评。他的文章《奥地利学派史前史新说》(New Light on the Prehistory of the Austrian School)[26]为经济学思想史做出了重大贡献,文中最早提出了一个观点:天主教经院学派作为奥地利学派主观价值理论的先驱,代表着比后来出现的所谓古典经济学和现代自由市场思想的“创始人”亚当·斯密更高的发展阶段。这个观点后来将发展为他的巨作《经济学思想史》的主题。取这样一个题目,显然是有意呼应西德尼·布拉德肖·费伊(Sidney Bradshaw Fay)教授的《世界大战起源新说》一文所蕴含的修正主义精神。1920年,费伊教授在《美国历史评论》上刊登的著名的三部曲系列引发了辩论,很大程度上逆转了关于第一次世界大战起因及后果的学术意见和流行意见。罗斯巴德显然希望引发类似的辩论并重估经济学思想史,但必须要等到几年后他的巨作出版,这个主题才得以充分发展。目前,《新说》一文概述了他的基本观点。在季刊《现代》中,他再度预示了巨作《经济学思想史》的主题。在《路德维希·冯·米塞斯和我们这个时代的范式》中,罗斯巴德援引了科学史学家托马斯·库恩提出的“范式”思想。库恩提出范式的概念来替代科学史学的

“不断前进”的观点:所有的科学数据都由占统治地位的科学范式过滤,直到频繁出现的异常使系统陷入危机,然后在一场斗争之后,一个新的范式胜出。与一系列的前进不同,知识是在间歇性、革命性“飞跃”和退行性衰落之间进步的;知识不仅在获得,而且在失去。这不仅是经院学派的观点,而且与他们的现代接班人——奥地利经济学派一致。[27]

他的视野也包括经济史:《罗斯福新政与国际货币体系》是罗斯巴德追溯英美央行联盟演变为国际货币体系或作为世界央行原型的银行业垄断联盟的重要论文。[28]

除了为《探索》定期撰写文章(包括许多书评),罗斯巴德还担任《自由意志主义研究期刊》的编辑,并在上面刊登了几篇重要文章,其中一些材料后来收入他 1982 年的《自由的伦理》一书。[29]最重要的是,他在月刊《自由意志主义论坛》上持续发表评论,这个刊物虽然经常延期出版,但每期都还算固定。

到头来我们发现,肯尼思·坦普尔顿判断错了:罗斯巴德确实有可能同时撰写严肃著作,编辑学术期刊,为《自由意志主义论坛》等刊物写评论,积极参与自由意志主义运动,除此之外仍然有时间和朋友闲聊,贪婪地阅读,以及充分享受日常生活。事实上,主要媒体开始注意到风起云涌的自由意志主义运动,这让他极为享受。《新闻周刊》认为,自由意志主义学生运动是目前最热门的事情,政治分析家开始注意到新自由意志主义现象,特别是那些认为他们是敌人的人。《国家评论》刊登了一篇关于自由意志主义运动的文章,称这是一个由亿万富翁资助的“颠覆自由运动”的反美无政府主义阴谋;这篇大热文章引用从未发表的战略备忘录,但也只能在罗斯巴德严肃地将列宁视为战略思想家这件事上令读者感到恐慌。[30]左派也对"右翼无政府主义者"和激进亿万富翁结盟而感到不安,据报道,诺姆·乔姆斯基(Noam Chomsky)担心自由意志主义者与日俱增的影响力,年轻的左派人士则对校园内 SLS 的高曝光度感到气愤。

分裂

那些外部势力的攻击有助于团结加图集团,并掩盖他们的分歧。但是,当罗伯特·普尔(Robert Poole)和他在《理性》杂志的新兰德主义同志写信给《国家评论》,变相地说巴克利派而非他们正确的时候,团结有了破裂的迹象。虽然众人对保守派的攻击和"自由意志主义"同路人的背叛有猛烈而明确的回应,但他们在私底下也开始相互指责。爱德华·克兰致力于让运动以他常说的"合理的激进主义"概念为基础。这种范式在当时看起来主要是纸上谈兵。罗斯巴德在智识上的华丽张扬势必与克兰因循守旧的保守主义发生冲突,克兰现在不得不为罗斯巴德所写的每一个煽动性词语辩解。起初似乎只是气质差异和风格之争,很快就扩大为一场全面的意识形态战争。当罗斯巴德的巨大期望在现实的岩石上撞得粉碎,克兰也和别人一样从理想化走向了妖魔化。

第一个公开的争议集中在 SLS,一个我们亲切地称为"科赫八爪鱼"的学生分支(后来没有那么亲切了)。当时我是 SLS 的作家和组织者,作为激进党团(Radical Caucus,RC)及其双月刊

《自由意志主义先锋队》(*Libertarian Vanguard*)的创始人,我已经在自由意志党的编年史上确立了主要名声。这份期刊乍一看像是左派小报,最初的写作风格就如《全球目录》(*Whole Earth Catalog*)描述的那样“燃烧着激情”。至于激进党团,则是反叛自由意志主义举步不前的现状的结果,最初成员有我、埃里克·加里斯和鲍勃·科斯特洛。(要是为鲍勃辩护的话,不得不说,他的加入只是出于友谊,而不是政治共识,之后很快就退出了。)我们没有其他的“榜样”来效仿,就如背水一战,我们模仿了新左派在他们最革命时期的态度,甚至包括他们的字体和图形。我们吸引罗斯巴德的是,在没有阅读他的秘密战略备忘录的情况下,除了《国家评论》所揭示的内容之外,我们已经发展出了那份文件所支持的干部组织原则的粗略版本。像罗斯巴德一样,我们认真考虑战略观,认识到内部教育和自由意志主义媒体的重要性,还深切关心战争与和平问题。不久之后,《自由意志主义先锋队》第1期的出版震惊到了自由意志党长老们脆弱而敏感的神经——当然,理当如此——我收到了罗斯巴德的一封信,他亲切地表扬了我们的努力,表示他和埃弗斯有兴趣加入RC。

《人、经济与国家》的作者把自己和一群瞎读书而没教养的“激进派”乌合之众放在同一水平上,这在当时并没有给我们留下深刻的印象。我们所知道或关心的只是此举能给我们在党内操作空间上带来多少政治优势。然而,我们很快就发现了真正的优势:接近20世纪最伟大的思想家之一,更重要的是,他平易近人。罗斯巴德的智慧不仅十分成熟,而且以一种自然而有趣的方式吸引着年轻人。最重要的是，我们喜欢与他探讨问题。激进党团中央委员会的会议在我们活动的高峰每隔几个星期就举行一次，对我们来说，每一场会议都是一次学习经历，而罗斯巴德是无可超越的老师。

仅在激进党团的范围内讨论罗斯巴德在科赫时代（大致从1976年至1981年3月）的活动是不对的；作为一个组织，RC从来没有这么重要，而且正如他的信件所示，罗斯巴德从没有认真对待过RC。然而，我们的讨论产生的一份文件，即RC的10点计划，与理解罗斯巴德政治的核心有关，也是加图组织即将分裂的主要原因。其中的第6点"民粹主义"指示自由意志主义者争取赢得"绝大多数美国人"，并且明确指出激进的美国中产阶级是自由意志主义胜利的关键。在我们敲定计划的长期而热烈的讨论中，罗斯巴德坚持把这一点包括在内，反对由我和加里斯领导的RC"左派"赞成的民族文化特殊主义。

这个民粹主义的取向使他脱离了以克兰为代表的加图领导层，象征着他决定性地偏离了《走向自由意志主义社会变革理论》末尾阐明的战略。那个战略的结论是："无论如何，在当前的历史时期，我们的天然盟友是那些主宰媒体和塑造舆论团体的（温和）自由主义者，而不是保守派或（极端）左派。"[31]罗斯巴德渴望在领导层迎合的媒体和中产阶级自由派之外寻找支持者，已经开始在自己的备忘录所述的战略限制下冷静下来。尽管自由主义媒体的潜在支持者乐意支持自由意志主义者在毒品合法化和堕胎等社会问题上的态度，但他意识到，他们绝不会坐等罗斯巴德革命迅速推动福利－战争国家的系统性崩溃。

让麻烦初露端倪的是罗伊·柴尔兹与米尔顿·米勒，他们提出要在自由意志主义理论中引入意识形态“创新”：核电本身不安全，而且本质上是国家主义的，因此所有的核电站都应该立即关闭。米勒开始与科学家约翰·戈夫曼（John Gofman）博士来往，后者在20世纪70年代末期新兴的反核运动中占有重要地位。戈夫曼为《自由意志主义评论》写了几篇文章，罗斯巴德和埃弗斯予以回应，这个问题引来一时轰动。罗斯巴德抽空写出了独幕滑稽剧《抓住群众：一出滑稽剧》，很好地捕捉到了SLS的心态。“现场是旧金山的一个仓库，那里充作《自由意志主义者月刊》及其校园组织自由意志主义青年团（LYL）的共同总部。这两个组织中有10多名青年聚集在一起……召开每周例会。”青年领袖，即LYL负责人正在作报告：

> 青年领袖：……我们的基本战略是快速胜利，夺取美国的权力。我们会走近各个方面的群众，向他们表明，他们在不同领域貌似是国家主义的观点其实是真正的自由意志主义。但他们的观点是情绪化、零散而临时性的：我们可以为他们提供一个强大的智识系统，从“1就是1”、自尊和财产权开始，最后以他们最喜欢的国家主义结论收尾。[32]

青年领袖显然正是米勒，LYL就是SLS，《自由意志主义者月刊》则是《自由意志主义评论》。罗斯巴德无情地嘲笑道，他们追逐着每个校园往昔的左翼时尚，从抵制雀巢到南非撤资运动。这种戏剧性短途旅行——就像他以前在这个领域的作品

《莫扎特是个共和党》,一出基于他在兰德派的亲身经历所写的模仿剧[33]——使我们想起罗斯巴德对门肯的评价:那类"基于同样的对真理和自由的奉献精神,取笑和讽刺这个已经拒绝变得更好的社会"的个人主义者。[34]

至于柴尔兹本人是否真的想要严肃地声称——正如米勒所说——核能或任何技术可以与政治挂钩,这一点仍是非常可疑的。然而很明显的是,他用米勒和戈夫曼的假设激怒了埃弗斯和罗斯巴德,他们旋即发动了全面攻击。

在单一捐助者支持的非营利组织,员工追随金主的心情和行动,就好比太阳花向着太阳。在加图,作为科赫名副其实的喉舌和代理人,克兰就是太阳,他的员工则是围绕着他乖乖旋转的卫星。

只有罗斯巴德和埃弗斯是例外。罗斯巴德在争夺自由意志党控制权的4年派系战争结束时,给埃弗斯写过信。信中,罗斯巴德颇有感触地介绍了这场史诗般的斗争的起源,并回顾说:"4年前,就只有我们两个人,完全孤立……与强大的金钱、全职专业人士、意见力量和权力作斗争……我们发起了绝望的战斗,因为别无选择:我们俩谁都不觉得我们会赢。然而我们做到了。如果我是一个信教的人,我会说天意照亮了我们的努力,因为胜利似乎来得这么不可思议……想想,威廉森,我们迎面打败了10亿美元!"[35]

虽然之前有过几场小规模前卫战,但蒙哥马利街1700号真正的"萨拉热窝事件"是爱德华·克拉克在1980年的总统竞选——在科赫的资金和克兰的"专家"支持下,他拒绝出面鼓动一些今天看起来似乎完全没有争议的措施,比如取消所得税和拆除国税局。自由意志主义者克拉克没有建议“结束我们知道的所有福利”,而只是不要增加更多的人在册。罗斯巴德在给克拉克的一封信中指出,克拉克所倡导的20%的削减少于肯普和罗斯巴德所说的33%,“如果说自由意志主义者支持什么,那就是大幅减税”。在了解克拉克更多偏离自由意志主义准绳的观点,比如关于毒品和内部竞选组织之后,罗斯巴德祈求道:“埃德,这是很严重的情况,我恳求你重新考虑你的路线。”[36]

克拉克没有重新考虑。如果克兰认为罗斯巴德会坚持高深的理论,不干涉现实世界的政治,并且继续执行原计划,那就大错特错了。罗斯巴德公开表达了自己的批评:《自由意志主义论坛》和《自由意志主义先锋队》都开始猛烈攻击克拉克。当克拉克出镜《夜线》节目,应特德·科佩尔(Ted Koppel)要求用一小段话总结自由意志主义时,克拉克信誓旦旦地回答:“低税自由意志主义。”这证实了罗斯巴德的批评。如此一来,一轮派系斗争开始了,4年后,自由意志党至少减员一半,毁掉了成为有效政治力量的可能。

虽然克拉克竞选活动是罗斯巴德与他在加图领导层的往昔门徒之间争论的主要领域,但这一争端很快就蔓延到了其他领域。在克兰的唆使下,加图雇用了芝加哥学派经济学家。罗斯巴德发现,加图及其附属学术计划都开始淡化奥地利学派经济学。这些在他看来都是一种背叛。罗斯巴德坚信,克兰和他的助理们已经下定决心,为了追求权力、金钱和社会地位而抛弃原则。

罗斯巴德的愤怒没有界限。他决心抗争，无论代价如何。他也在十分努力地奋斗，不收也不要一分钱。他私下抱怨说，克兰和科赫打算将他降低到图腾的地位：在法定假日把他拿出来，赞扬他的激进主义，然后放回架子上。他说，这是一个他不想默默忍受的命运。

罗斯巴德的谩骂之激烈使许多人感到困惑，甚至还有许多人（包括我自己）基本上同意他对克兰的分析，视克兰的行为是一个机会主义者的背叛。只有在几年后，在完成本书的研究时，我才明白罗斯巴德在这段时间里行动的全部含义和动机。针对罗伯特·凯法特对《自由意志主义论坛》上一篇反对加图集团的极具煽动性的长文的批评，罗斯巴德回信解答了那个常见的指责——“是的，但你为什么要搞得这么*个人化*？”——进而回想起这场斗争和所有斗争之间的联系：

> 鲍勃，更年长、智慧的头脑们……在我的一生中一直在给我类似的建议，我也相信所有的建议都是正确的。拉尔夫·雷克有一天和乔伊打电话，他们都在反思我的生活，拉尔夫说：“默里从来没有小心谨慎过。”毫无疑问。当我是一个年轻的自由意志主义者时，伦纳德·里德建议我：“只批评不好的措施，而不要批评这些措施的提倡者。”可以批评政府制定的规章，而不是倡导这些规章的人。这样一来，有个很大的麻烦就是，人们仍然忽视了统治阶级，也忽视了大企业经常会推动监管措施来方便其组成垄断联盟，所以我仍然点出了他们的名字。20 世纪 60 年代末，当《新个人

主义评论》蓬勃发展时，我（无意识地）帮着摧毁了它——我写了一篇文章指出，赫伯特·胡佛不是一个自由放任主义者，而是国家主义者和新政的创始人。这将使我永远受格伦·坎贝尔（Glenn Campbell）、阿特·肯普（Art Kemp）和其他胡佛崇拜者的仇视。[37]我为什么这样做？因为我不能忍受这样的不公，这些人全都在崇拜（一点儿也）配不上如此敬意的胡佛。

之后当我成为一名无政府主义者时，我也被告知："忘掉'无政府主义'这个东西。它会妨害你的职业生涯，毁掉你作为自由放任主义的奥地利学派的学术形象。"我当然没有遵循这个绝对正确的建议。然后，20 世纪 50 年代后期，朋友们建议我："看在上帝的分上，忘记关于'和平'的废话。坚持经济学，不管怎样，这就是你的学术领域。每个人都反对这个'和平'，它会终结你的学术形象，并用保守主义运动毁掉你。"那当然确实发生了。之后，"不要直接攻击［芝加哥学派经济学家米尔顿·］弗里德曼，只推动奥地利学派"。然后是"不要太过于推动奥地利主义，这样你就可以成为自由市场经济学大家庭的一部分"。

……所以你看，鲍勃，我这一生都对我的职业形象弃之不顾。如今为时已晚。我相信如果当年，用拉尔夫的话说，"小心一点"，遵从了那些明智的建议，我现在将陶醉在大把的金钱、名声和美妙的氛围里……

为什么我一直在走错的路？我倾向于认为触动我的主要原因是，当年我在托尔斯滕·戈德隆德（Torsten Gard-

> lund)给伟大的瑞典"奥地利学派"经济学家克努特·维克塞尔(Knut Wicksel)所写的生平中读到了一件事。有人问维克塞尔:"你是一位伟大的经济学家,但是你正在做的所有疯狂而激进的事情,总是让自己陷入困境,还毁了学术形象。"(例如,维克塞尔因主张废除禁止生育管制法而被监禁了一段时间)……而维克塞尔简单地回答:"因为没有别人这样做。"
>
> 对我来说,这句话就是总结。如果自由意志主义者有很多人是无政府主义者,有很多人反战,有很多人是统治精英,有很多人攻击胡佛、弗里德曼等人,我可能不会做出上述选择,因为这些重要任务不管怎样都会有人做,所以我也可以专注于自己的"定位"。但是,每走一步,我环顾四周,都没看到有人在这样做。所以,这就是我的责任了。[38]

就自由意志党来说,"我相信它是自由意志主义政治活动最重要的焦点,我不可能黯然离去而不作丝毫斗争"。[39]而且,也没有人在做这件事。

对他生活模式的详尽反思,让人们关注范式背后的这个人。虽然他不鄙夷职业和经济上的"成功",但对正义的热情赋予了他别的优先项。其中第一个就是真理,他敢于叫板权力,为此付出了很大代价,但他甘愿承受。不过,质疑罗斯巴德当时是不是夸大了他的境况,也是不过分的。个人和政治之间的界限很难辨别出来:回顾往事并不容易。尽管两派之后的政治演变使他们走上歧路,但这在当时根本看不出来。私人恩怨和意识形态争端都是持续的派系战争的根源，在那些年撕裂了自由意志主义运动。然而，谁能明确区分其中何为因、何为果，特别是在后期？无论如何，正是一种个人和意识形态冲突自我强化的循环，最终导致了派系大决战。

可以说，与他所谓的"克兰机器"的斗争占用了罗斯巴德1979—1983年的很多注意力，但是没有耗干他的精力，虽然他身边的许多人已经精疲力竭。那段时间他除了写了几篇重要的学术文章外，还撰写并出版了两本书——《自由的伦理》[40]和《银行业之谜》[41]，同时完成了一本关于美国历史上"进步主义时代"的书的研究工作。他在这么高产的同时，还参与这场越来越势同水火的争端，这更证明了他的天赋异禀：他是侏儒群中的巨人，他太高大，与他那走入歧途的追随者的斗争耗不干他。

然而，这样的压力对罗斯巴德的健康无疑产生了影响：这段时间他患上了心绞痛。医生开的药片消除了他的胸痛，这个潜伏的病症10年内都不会重现，在此期间，他有很多时间来品尝生活的甜蜜，特别是他对往昔门徒的胜利。

长期的派系斗争在自由意志党1983年的全国大会上达到了高潮。这一标志性事件的准备工作十分激烈，双方代表都摆开阵势，展开推销自己的候选人、攻击对方的宣传攻势。克兰的势力支持乔治敦大学国际事务教授、德高望重的外交政策分析师厄尔·拉文纳尔（Earl Ravenal）。罗斯巴德及其盟友当时组织的"原则政党联盟"则举起大旗："除了拉文纳尔之外谁都行"。在对适合叛军事业的代言人进行了十分痛苦的商议后，埃弗斯和罗斯巴德终于定下了一个无线电谈话节目的主持人吉恩·伯恩斯(Gene Burns),伯恩斯声称自己是自由意志主义者。《自由意志主义先锋队》杂志发表了对候选人的访谈,看起来他会是我们要的人。[42]接着,小型干预主义小组“自由意志主义国防党团”发布的一则邮寄给所有代表的通讯犹如晴天霹雳:在信中,伯恩斯表示支持美国在尼加拉瓜的军事干预,并表示我们不应在“第82空降师运抵”之前坐等桑地诺解放阵线通过格兰德河。

厄尔·拉文纳尔当选为候选人使我进退两难。不管怎么客观衡量,拉文纳尔比我们能想到的任何人都更有资格担任总统。他受人尊敬、理性,但对两党制国际主义持激进的批评态度,无疑还会倾向于把战争与和平的问题摆在竞选的中心位置。然而,很难想象我们会支持令人厌恶的“克兰机器”的候选人,不是吗?

激进党团中央委员会的下一次会议是一场暴风骤雨。埃弗斯被放倒在地,愤怒的质问连珠炮似的砸过来:你的伙计伯恩斯是怎么了?你为什么不告诉我们他是战争贩子?可怜的埃弗斯花了好几天试图从候选人那儿得到一个“澄清”,但是伯恩斯不肯改变态度。陷入绝望的埃弗斯转向了南加州律师、消防员,曾是党的州长候选人的大卫·伯格兰(David Bergland)。他是一个好人和坚定的自由意志主义者,正好不在拉文纳尔的阵营里。我和埃里克很沮丧:伯格兰成为候选人,凸显了派系战争是多么可笑,破坏性有多么巨大。但是我们的替代选项是什么?提出第三名候选人为时已晚,所以我们去了大会,不情愿地支持了伯格兰。

不到24小时我就意识到，确实有一种替代方式，即按照派别方式进行投票——但这是把党和运动的长期生存置于短期派系博弈之上。

我和埃里克在这件事上并不是孤立无援。尽管莱蒙多－加里斯少数派热切宣称这场斗争已经丧失了最开始的意识形态特征，但是好几个月来，《自由意志主义先锋队》的编辑斯科特·奥姆斯泰德，还有科林·亨特这位成功的硅谷企业家都在派系斗争中忠实地支持罗斯巴德－埃弗斯路线。何况，我们一直以来进行的批评水滴石穿，待我们到了大会上，肯定会争取到他们。我向拉文纳尔的人发出试探，很快就得到了回应：与候选人举行会谈，承诺在加图研究所的领导地位，说服我们做出出人意料的举动，支持拉文纳尔。

有了激进党团中央委员会的多数派的支持，我和埃里克决定在公共论坛——也就是接下去那天的激进代表会——上演一场“政变”。组织这次会议显然是为了第一次全国大会制订计划，并声援伯格兰。但是，我们把这次会议当作一个平台，宣布激进党团中央委员会的大多数投票支持拉文纳尔。我在会议伊始就宣布了这一决定，埃里克则负责分发小册子，详细解释我们的理由。随后，我首次当众提起了此前和激进党团领导层私下讨论的问题：派系斗争成了一种困扰，让大家忽视了眼前真正的政治选择。这个时候，埃弗斯起身吼叫起来。一时间，会议似乎变成一团糟，但是最终人群平静下来，开始讨论眼前的问题。埃弗斯进行激情洋溢的演讲，但是因为激动而几乎难以说完；他可以说是以泪水结束了发言。至于罗斯巴德，我从未见他如此愤怒。“我希望借此做一个声明，”他说，“很短，所以请不要打断我。任何党团，不论是布尔什维克、孟什维克、农民委员会还是缝纫圈子等都有底线，那就是不能公开批评党团同志。贾斯廷公开批评我和埃弗斯，大大破坏了这条底线。现在我不清楚激进党团是否还存在，更不用说是否准备好了召开全国大会。现在，它与其说是党团，不如说是一个蛇窖。其次，我想以最强烈的方式强调，只要激进党团支持拉文纳尔，我就立即退出。我不会撤回我的决定。”[43]

就在这次会议流产之后，激进党团中央委员会召开了最后一次会议，显而易见，也是至今最撕心裂肺的一次。罗斯巴德严厉斥责了我们，而埃弗斯坐在那里沉默不语。这是一次侮辱、不可饶恕的背叛，是背后捅刀子：我们被拉文纳尔竞选活动所允诺的“高位”出卖了！我向罗斯巴德指出，当他是多数派的时候，我们一直都忠实地按照方针行进，只在私底下争论各自的立场。既然我们是多数派，他也应该遵守“党团纪律”，支持拉文纳尔。

罗斯巴德面前的选择有：政治正确，激进党团的风格，还有科赫－克兰派系不断掌控自由意志党。罗斯巴德不久就做出了决定，他从椅子上跳了起来：“好啊！我出局了！”他夺门而出，埃弗斯紧随其后。

第二天的大会上，竞选非常紧张。就像是你追我赶到终点线的赛马，主持人宣布投票总数之前，会场安静得令人窒息。罗斯巴德坐在那儿，手里拿着笔记本，在报票数的时候迅速记下数字，而埃弗斯游走于各个代表团整理投票，还像无线发报机一样自言自语。最后，伯格兰以 2 票优势侥幸取胜。

水落石出的时候,拉文纳尔的代表们纷纷起立,仿佛事先说好了似的离开了会场,根本不理会接下来的党内干事选举。他们的信息响亮而清楚:你们想要自由意志党,那就拿去吧。

罗斯巴德高兴地接下了。他在一封写给埃弗斯的信中,鲜明地表达了他对以前的同志和门生的态度:"摆脱了克兰机器……激进党团中央委员会即将瓦解。对此,我个人的反应可以用我们以前在校园唱过的老歌来形容:'我们讨厌见你走,我们讨厌见你走,我们希望你再也别回来,我们讨厌见你走。'"[44] 超过半数的人才和几乎所有资金离政党而去,这似乎并不让他担忧,也许他用了列宁说明布尔什维克必须与孟什维克决裂的格言来安慰自己:"少而精更好"。

他在庆祝胜利的时候欢呼道:"宁静但热烈的两人庆祝时间到了。我们做到了,威廉森。4 年前我们不顾一切'对抗全世界',这场孤单的战斗到此结束了。我们成功了;我们把妈妈打倒了。"[45]

自由意志主义与自然法:《自由的伦理》

罗斯巴德密切参与自由意志党的活动,但丝毫没有损耗他在思想上的能量;我们看到,他在这一时期只能用多产来形容。这一时期主要完成的项目是 1982 年出版的《自由的伦理》。这是他至今最为优雅的一部著作,在某种意义上说也是最雄心勃勃的。罗斯巴德的《自由的伦理》定义并捍卫了由自然法推导出的自由意志法,确立了其方法论、道德和政治基础。虽然《自由的伦理》描述了自然法的概念与历史,但它不是针对个人道德的规定,而是在建构一种社会伦理:作为政治哲学的自由意志主义。

罗斯巴德引用了詹姆斯·萨多夫斯基(James Sadowsky)对采取具体行动的权利和那个行动的道德性进行的重要区分,从而为全书定调,断言政治哲学无法告诉你是否要流产,是否应该离婚,或者说生命的意义是什么。它只能告诉你什么是(或者应该是)被允许的,而不能告诉你什么是正确的或者可欲的。

这本书的优雅之处在于,从自然法出发,用经典的"克鲁索经济学"完美推导出正义的财产权利:从岛上孤单一人的克鲁索开始,罗斯巴德证明自我所有权内在于人作为思考、行动、选择动物的本质。将星期五引入岛上之后,罗斯巴德随后描述了市场经济如何起源于自然法,即,由人的天性还有人要生存就必须生产的现实而来。他的严密论证令人印象深刻,用无懈可击的逻辑压倒了所有可能的反驳。罗斯巴德讨论的话题涵盖侵犯行为的性质、强制的犯罪性、土地盗窃问题、儿童权利、财产权和契约理论、救生船问题,以及动物"权利"等问题,在具体案例中应用了自由意志主义政治理论的一般原则。在第二部分"国家对自由"中,罗斯巴德将国家定义为一帮以盗窃为本的强盗,用恐怖主义和威胁等手段维持其对特定领土的垄断。在随后一章中,他又指出国家的内在矛盾,尤其是相信有限政府的自由放任主义者的思想矛盾。很多人认为无政府主义是空想的产物,这些讨论国家本质的章节就是为他们度身定制的:罗斯巴德以强大的逻辑和无情的现实主义,将国家描绘为“一个制度化犯罪和侵权的大型机器”,为无政府资本主义提供了有力支持。对于罗斯巴德和后人尤为重要的一章是“论国家间关系”。在这章里,罗斯巴德用克鲁索经济学的方法论分析战争与和平、正义与非正义战争、报复与赔偿、大规模杀伤性武器的道德性,以及帝国主义本质等问题。他在一部政治哲学论著中扛起了老右派孤立主义大旗。自由意志主义外交政策有独特的道德视角,罗斯巴德这样总结道:

> 自由意志主义者热衷于尽可能缩小国家侵犯个人的领域,不论是在“国外”还是“国内”。就国际事务而言,唯一的办法就是让各国人民迫使自己的国家将活动局限于所垄断的领域,不要去侵犯其他国家垄断组织——尤其不要侵犯其他国家所统治的**人民**。[46]

在第四部分“其他现代自由理论”中,罗斯巴德剖析了功利主义,米塞斯(论“价值中立”经济学),以赛亚·柏林对权力与自由的混淆,哈耶克含糊不清的非暴力“强制”概念,以及罗伯特·诺齐克的“国家无原罪论”。在证明完全自由的无国家条件的正义性及其理论可行性以后,罗斯巴德在最后章节向我们展示了他的“自由战略理论”。这一章的很多概念在此前一些论文中点到过,这里则进行了学理的探讨。罗斯巴德的战略构想是居中的激进主义,即接受并鼓动任何削减国家权力的方针。对领导者的需要,废除主义的必要性,计划性去国家化的痼疾,偏离中垂线的“左”与“右”的本质和起源，自由意志主义者为何应当乐观等，罗斯巴德使用理论与实践相结合的策略，巧妙地将问题结合到了一起。这一章以强烈的现实主义和长远的视角，确实抹去了一切认为无政府主义必然是乌托邦的偏见。

罗斯巴德的意图不是建立一种以自然法为基础的个人道德原则，而是“阐述自然法的分支，发展自然权利的概念，讨论政治中的人的身份，即以暴力和非暴力作为人际关系的模式。简而言之，推出一种有关自由的政治哲学”。[47]

汉斯－赫尔曼·霍普（Hans-Hermann Hoppe）在 1998 年版的序言中称，《自由的伦理》是“罗斯巴德的第二部代表作”，是“罗斯巴德体系第二大支柱……展示了如何通过产权概念整合经济学与伦理学”。虽然现代社会科学家大多否认理性伦理学的可能性，但“罗斯巴德给他的主张寻求支持，比如论证理性伦理学的可能性，根据晚期经院哲学家以及追随他们脚步的‘现代’自然权利理论家，如格劳秀斯、普芬道夫和洛克等人的著作中的私有财产概念，整合经济学与伦理学”。霍普指出了重点，即虽然此前很少有人那么清晰有力地表达这些观点，但“罗斯巴德也没有宣称这些正当行为的根本原则是全新的，是他自己的发现”。罗斯巴德对社会科学有广泛涉猎，不相信是自己最先提出了自我所有权理论，也不相信只有自己探究了其意味。在这个意义上，他是“旧的、传承至今的真理的保护者和捍卫者”，不是擎着火把闹革命，而是在捡拾人类丢失的知识：“对于自己的原创性，他和米塞斯一样是极其谦虚的。”[48]

不过如霍普所说，罗斯巴德的贡献卓著。他所复兴和完善的传统上溯到古典时代,他所熟稔的公理演绎法是他强大的思想工具,让他不仅能提出有力的论据和证明,还建造出“比前人更加系统、全面且前后一致的伦理学说或者法典”。[49]

虽然有的内容(比如论惩罚)早就发表过,但该书大部分内容是在加图研究所和自由意志党派系斗争的高潮期间写成的。在写作这部伟大作品的同时,还能为派系斗争倾注如此多的精力,足见他的才能之卓越,工作能力和专注力之强,情感之平衡。这段时间,他的学术产出并不限于《自由的伦理》:他正在构思一部讲进步主义时代的书,已经部分完稿;这本书的一节内容发表在了《自由意志主义研究期刊》,题为《作为成就的第一次世界大战:权力与知识分子》。[50]文中他考察了宗教在现代战争国家兴起过程中的重要角色,尤其是后千禧年虔诚主义,它推动了一系列国家主义举措,包括禁酒、政府管制商业,以及将美国拖入第一次世界大战的德国人恐惧症。罗斯巴德有关进步主义时代的著述虽然从未收集成一卷出版,但是值得当代学者(不论是不是自由意志主义者)深入挖掘。罗斯巴德的叙事扣人心弦,有如小说情节之铺陈,讲述了领导进步主义运动的男人还有女人的故事:部长、社工、知识分子等职业社会改革家。他们热切地要将美国改造成(通常世俗化的)上帝的形象,这份热忱所根植的神学观念是,人类是在地球建立上帝王国的代理人。这些主题与他另一项工作紧密相连,也就是日后的2卷本《经济学思想史》。

在20世纪80年代初,加图研究所打包迁至华盛顿特区,日后成为最有名的自由意志－保守主义政策咨询智库。

罗斯巴德个人则走了完全不同的道路。现在他已近60岁。这个年纪的人,我们大多以为会圆滑起来,放松自己,躺在过去的成就上。但罗斯巴德不是这样的人。他没有变成自由意志党里的老好人,而是形成了新的思想倾向,最终抛弃了曾经努力"挽救"的整个运动(在一封给埃弗斯的信中,他称之为"我们亲爱的党")。他没有被过去20年的思想能量和成就所束缚,反而开始有了新的战略导向,对日新月异的世界历史潮流有了新的视角。最终,他会回到熟悉的领域,回到自己老右派的根。

在《左与右:自由的前景》中,罗斯巴德评价阿克顿勋爵:"思想史中的稀有者,他的魅力在于越老越激进。"[51]这句话也是罗斯巴德写给自己的墓志铭。

注释

1. Interview with JoAnn Rothbard.
2. Ken S. Templeton, "Memo to George Pearson," 1 May 1974.
3. 同上。
4. Murray N. Rothbard, "The Mantle of Science," in *Scientism and Values*, edited by Helmust Schoeck and James W. Wiggings (Princeton, N. J.: D. Van Nostrand, 1960), pp. 159 – 80.
5. Murray N. Rothbard, "My New Year's Wish For The Movement," *Libertarian Forum* (December 1975).
6. 同上。
7. Murray N. Rothbard, "Libetarian Strategy," pts. 1 – 5, *Libertarian Connection* (February 10 – August 9, 1969).
8. 这些引自 Murray N. Rothbard, "Toward a Theory of Libertarian Social

Change," 作者所藏的未出版文稿,1977 年。本次研讨会也有其他人宣读论文。

9. Pearson to Crane, 5 May 1976.

10. Rothbard to Crane, 5 May 1976.

11. Murray N. Rothbard, "Toward a Theory of Libertarian Social Change."

12. *National Review* (June 8, 1979).

13. Murray N. Rothbard, "Frank S. Meyer: The Fusionist As Libertarian," *Modern Age* (fall 1981): 352 - 63.

14. Ernest van den Haag, "Libertarians and Conservatives," *National Review* (June 8, 1979): 725 - 39.

15. Rothbard, "Toward a Theory of Libertarian Social Change," pp. 43 - 48. 着重部分为原文所有。

16. 同上,第 56—62 页。

17. 同上。

18. 同上,第 170—171 页。

19. Garet Garrett, *The Revolution Was* (Caldwell, Idaho: Caxton, 1952). Roger Lea MacBride, ed., *The Lady and the Tycoon: The Best of Letters of Rose Wilder Lane and Jasper Crane* (Caldwell, Idaho: Caxton, 1973), p. 126.

20. Roy A Childs Jr., "Objectivism and the State: An Open Letter to Ayn Rand," *The Rational Individualist* 1, no. 10 (August 1969).

21. Scot Sublett, "Libertarians' Storied Guru," *Washington Times*, 30 July 1987.

22. Interview with JoAnn Rothbard.

23. 自由修正案是一项宪法修正动议,不仅要求废除所得税,还要求禁止一系列联邦政府活动。

24. 罗斯巴德最喜欢的绰号,出自意第绪语,意为"空中的人",指的是轻浮的波西米亚人或者江湖混混。

25. 书店做了 19 年,它的兴衰与自由意志主义运动同步。市场路 1800 号最后的自由意志主义店主 1998 年被驱逐,当时旧金山市宣布整块地为"重新发展区",高价买下破旧的建筑,然后转手给一个同性恋"非营利”组织,建造政府补贴数千万美元的同性恋社群中心。

26. In Laurence Moss, ed., *The Foundations of Modern Austrian Economics* (Kansas City: Sheed and Ward, 1976), pp. 52 –74.
27. Murray N. Rothbard, “Ludwig von Mises and the Paradigm for Our Age,” *Modern Age* (fall 1971).
28. Murray N. Rothbard, “The New Deal and the International Monetary System,” in *Watershed of Empire: Essays on the New Deal Foreign Policy*, ed. Leonard P. Liggio and James J. Martin (Colorado Springs: Ralph Myles, Publisher, 1976), pp. 19 –64.
29. Murray N. Rothbard, “Robert Nozick and the Immaculate Conception of the State,” *Journal of Libertarian Studies* (winter 1977).
30. Lawrence V. Cott, “Cato Institute and the Invisible Finger,” 8 June 1979, pp. 740 –42.
31. Rothbard, “Toward a Theory of Libertarian Social Change,” pp. 170 –71.
32. Murray N. Rothbard, “Capturing the Masses: A Skit,” 未出版文稿, 1979—1980 年,具体日期不明,p. 1。
33. Murray N. Rothbard, *Mozart Was a Red* (Burlingame, Calif.: Center for Libertarian Studies, 1996). 成文很早,应该是在 20 世纪 50 年代晚期。
34. Murray N. Rothbard, “H. L. Mencken: The Joyous Libertarian,” *New Individualist Review* 2, no. 2 (summer 1962): 16.
35. Rothbard to Evers, 20 March 1983.
36. Rothbard to Edward E. Clark, 5 January 1980.
37. 拉尔夫·雷克是《新个人主义评论》的编辑,他说这“并不是真的”。Letter to the author, 12 March 1999.
38. Rothbard to Robert Kephart, 14 April 1983.
39. 同上。
40. Murray N. Rothbard, *The Ethics of Liberty* (Atlantic Highlands, N. J.: Humanities Press, 1982).
41. Murray N. Rothbard, *The Mystery of Banking* (New York: Richardson and Snyder, 1983).
42. “Interview with Gene Burns,” *Libertarian Vanguard* (August 1983).

43. Rothbard's notes, 为作者所藏。

44. Rothbard to Evers, 19 March 1983.

45. Rothbard to Evers, 20 March 1983.

46. Murray N. Rothbard, *The Ethics of Liberty*, p. 193.

47. Rothbard, *The Ethics of Liberty*, p. 25.

48. Murray N. Rothbard, *The Ethics of Liberty* (New York: New York University Press, 1988), pp. xvi – xvii.

49. 同上,第 xviii 页。

50. Murray N. Rothbard, "World War I as Fulfillment: Power and the Intellectuals," *Journal of Libertarian Studies* (winter 1984).

51. Rothbard, *Left and Right: The Prospects for Liberty*, pp. 7 – 8.

第六章　新的开始

罗斯巴德在自由意志党领袖之争中取胜了，但这是一次皮洛士式的胜利[①]。从 1980 年至 1983 年，由于党内致命的、旷日持久的派系斗争，自由意志主义运动停滞不前。待斗争消停之后，自由意志党大不如前了。该党 1984 年的总统候选人大卫·伯格兰获得了 22 万张选票，是克拉克 1980 年所获选票总数的 1/4。失去克兰之后，"原则政党联盟"分崩离析，党内的政见之争又开始了。只不过，这次争论的并非废奴主义还是渐进主义这样惊天动地的话题，也不是自由意志主义外交政策的要求。当前的话题是：谁将成为新的总统？竞选指挥部设在哪里？谁来运营、推动投票？这些争论无一不是直指个人品行，意识形态早已抛诸脑后。

罗斯巴德则不然。尽管他热爱政治策划，也非常关心由谁提出什么样的政党口号，但是他像一个既宠溺又严厉的父亲一

---

①　皮洛士式的胜利（Pyrrhic Victory）：希腊伊庇鲁斯的皮洛士有一次打败了罗马军队，但自身也损失惨重。意指"伤敌一千，自损八百"。——译者

样关注着他亲爱的党的意识形态状况。1984 年，在一封写给时任《自由意志党新闻》(*Libertarian Party News*)编辑的迈克·霍尔姆斯(Mike Holmes)的信中，罗斯巴德不惜时间和精力，用长达 2 页的篇幅详尽地批评了普莱瑟县(加利福尼亚州)的自由意志党活动。在总统选举的糟糕表现之后，自由意志党的支持者竟然开始吹嘘他们在地方层面取得了所谓的成功，并把它作为衡量自由意志党真正价值的尺度。霍尔姆斯将一大堆剪报和资料寄给罗斯巴德，但是他不为所动。罗斯巴德回顾了普莱瑟县自由意志党人在两个关键地方事务上的资料和公开声明，然后说道："在道路问题上，他们糟糕透了；在县政府大楼问题上，他们软弱无力。"在道路问题上，"迈克，他们不需要主张道路买卖。但是也不能攻击现任的国家主义管理者削减县内道路预算！"至于县政府大楼，"普莱瑟县的自由意志党人至少没有秉持邪恶的立场"。他一边评论，一边长叹，"但是太微弱了"。[1]

普莱瑟县的事情"表明自由意志党存在一个基本问题"。他继续说道："我们逐渐成长为一个政党，从 20 多岁的嬉皮士变成了更加务实、拥有固定工作的 30 多岁的成年人，我们越来越团结和受尊敬，也得到了在社区有影响力的人的支持。这真了不起。但是从负面看，我们面临着意识形态不纯的危险。年轻人时常带给我们这种危机感，而那些有固定工作者往往显得有些软弱。"包括《探索》在内的众多持自由意志主义立场的杂志的没落，加之对内部教育的"渴望"，这一切让罗斯巴德哀叹不已。他有些不知所措，"我们如何才能够应付这个生死攸关的长期难题？……至少我们需要好好想一想"。[2]

既然罗斯巴德回到了纽约，回到了教学岗位，回到了更加熟悉的环境中，他就有充裕的时间来考虑这些问题。大量证据显示，罗斯巴德的确好好想了想他和自由意志党的关系。现在有理由相信，虽然自由意志党仍是他“亲爱的党”，但是开始迅速变得不那么可爱了。罗斯巴德怒不可遏，伯格兰在竞选中打出了《平等权利修正案》的旗号——当初他就拿这项罪行斥责过克拉克和克兰。尽管据说罗斯巴德“胜利了”，但是他一直在进行同样的战斗。他透露出的不耐烦、恼怒以及对 1985 年有组织的自由意志主义运动的愤慨，使他逐渐确信自由意志党最终会死路一条。1984 年夏天，罗斯巴德仍然对自由意志党的胜利充满希望，事无巨细都逃不过他的眼睛。在一封给埃弗斯的信中，他详细探讨了如何罢免党内官员的问题，并且罗列了 11 种可能的替代方案。[3]但是不到两年，他的语气就变得相当不耐烦了。在给埃弗斯的信中，他抱怨道：“我有一些困惑。我们国家面临着那么多重要的问题，但是自由意志党全国委员会却没有在这些问题上拿出立场和解决方案。为什么我们要采用一种冗长的、由 16 个部分组成的侵权法改革方案?”[4]

这种矛盾的态度需要一段时间才会自行平息。与此同时，罗斯巴德一直坚持己见，这时候还得到了小卢埃林・H. 罗克韦尔越来越大的帮助。

路德维希・冯・米塞斯研究所：一条生命线

罗克韦尔生长于波士顿，是保守派中坚分子尼尔・麦卡弗里(Neil McCaffrey)的门徒。他在担任阿灵顿出版社资深编辑期间,对激进自由市场思想产生了兴趣,这家出版社再版过几本米塞斯的著作。1975年他第一次见到罗斯巴德的时候,就立刻确定他们两个是同道中人。那时,罗克韦尔供职于希尔斯代尔学院(Hillsdale College)——自由市场学术研究阵地,他试着让学院邀请罗斯巴德来演讲。"但是立即被否决了,"罗克韦尔说,"他们告诉我,罗斯巴德也许是一位优秀的经济学家,但他不受任何约束。因为他是一个独立的知识分子,游离于正规保守主义机构之外,所以天生就危险。"[5]

罗克韦尔担任《私人诊所》①编剧的时候,尝试将奥地利学派的经济学思想运用到医疗卫生经济学中。后来,他成了得克萨斯州众议院议员荣·保罗(Ron Paul)的首席助手。1982年,在玛吉特·冯·米塞斯②的帮助下,罗克韦尔成立了路德维希·冯·米塞斯研究所。米塞斯研究所日益成为美国奥地利经济学派的重镇,也成为罗斯巴德在后科赫时代的一条生命线。1982年,罗斯巴德接受了副所长一职,管理学术事务。3年之后,在罗克韦尔的协助下,罗斯巴德编辑了《奥地利学派经济学评论》(*Review of Austrian Economics*),这是一个让他心仪的工作。米塞斯研究所的夏季研讨会吸引了全国最好的学生,整个研讨会期间,学员在罗斯巴德的课上全神贯注地倾听,感受他渊

---

① 《私人诊所》(Private Practice),一部2007年9月—2013年1月在美国广播公司(ABC)播放的医务剧。——译者

② 玛吉特(Margit),路德维希·冯·米塞斯的妻子。——译者

博的学术知识。罗斯巴德很少做授课笔记,他完全是用广博的知识和幽默感征服听众的。对于罗斯巴德来说,米塞斯研究所拥有加图研究所本该具备的一切:米塞斯研究所的经费和加图研究所相比简直微不足道,但是在向更多的学生普及奥地利学派的核心理念。这让罗斯巴德非常高兴。在 20 世纪 80 年代早期,科赫主导的组织实际上垄断了自由意志主义智囊团,并且为不同的研究项目大量出资。米塞斯研究所的成立不仅打破了垄断,而且拿到了最好的一张王牌——罗斯巴德。

研究所建立没多久,罗克韦尔说他就接到了科赫基金会的乔治・皮尔森打来的电话:"皮尔森说米塞斯的思想太激进了,让我不要以他来命名组织,也不要宣传他的思想。"传闻皮尔森还说:"米塞斯太极端了,就连米尔顿・弗里德曼都不喜欢他。"新科赫集团的手段对强硬的反国家主义者——米塞斯和罗斯巴德完全不起作用,于是他们换了一个更温柔随和的方法。"如果我坚持自己的计划,反抗他们的独裁命令,那么他们会不惜代价和我对抗。"此外,新科赫集团的手段中还有一个方面。当罗克韦尔无视威胁,继续按照计划给罗斯巴德一个平台时,圈子内的更多电话接踵而至:"全都要求我开除罗斯巴德并且和他断绝关系,不然我就得不到资助。"

不管别人如何评论卢・罗克韦尔——同在自由意志主义和保守主义圈子的对手从不羞于表达他们的意见——没有人相信他会被轻易地吓退。就在罗克韦尔按照计划创立《奥地利学派经济学评论》,制定编辑和投稿人名单之后,大量与科赫主导的组织有关的电话和信件涌来了。罗克韦尔证实:"他们听从摆布，誓要与我为敌。”罗克韦尔失去了一些重要的捐赠者，《奥地利学派经济学评论》也面临无限期延迟出版的情况，他有些吃惊了。他说：“这是我创办研究所经受的洗礼。”

这些威胁远不能让罗克韦尔退缩，反而适得其反。罗克韦尔带有一种罗斯巴德式的作风，不仅没有气馁，反而在反对声浪中鼓起了勇气。《奥地利学派经济学评论》于 1986 年第一次出版，此后共出版了 10 卷，现在替换成了规格更高的《奥地利学派经济学季刊》（*Quarterly Journal of Austrian Economics*）。罗克韦尔在自家餐桌上开始，到 20 世纪 90 年代的时候，米塞斯研究所毗邻奥本大学，有了自己的大楼、5 个定期发行的期刊，以及一个不断扩展的学术项目，它在美国各地的经济部门中传播米塞斯的核心思想。

但与此同时，整个过程也很困难。罗克韦尔在思考是什么刺激研究所的那位宿敌时，不禁发问：“为什么一个亿万富翁会在意研究所的存亡？我是说，我们和他相比，就好比蚊虫和水牛。我至今都无法完全搞清楚这个谜题。”[6]

关于这些恶毒的攻击，一个解释便是罗斯巴德与加图研究所决裂之后的私人恩怨。自 1983 年以来，摧毁自由意志主义运动的派系斗争不断发生，这不过是最近发生的一个罢了，罗克韦尔对此会越来越熟悉。

同样地，在政治意识形态方面，罗克韦尔不断地扮演着曾经属于克兰的角色——一个思想企业家和实干家，能够创办对于开展自由意志主义学术研究和社会活动来说必不可少的机构。罗斯巴德写信给埃弗斯，兴奋地告诉他《纽约时报》刊登了自己有关农场补贴的文章，信中还提到了罗克韦尔具备思想企业家才能："凭直觉认定《纽约时报》会对我的门肯式批评——批评农民时刻希望政府援助——产生共鸣……他把我的文章寄给他们，结果他们真的发表了！"罗斯巴德在《走向自由意志主义社会变革理论》中论述过这种才能。虽然罗克韦尔认识罗斯巴德很多年了，但是直到20世纪80年代中期他们才开始合作，这让这位受困的老战士至少收获了一些该有的荣耀。罗斯巴德写道："我越来越为罗克韦尔所感动，他非常优秀，还是一个一流的组织者，一位在学术领域精力充沛的企业家，一名欣赏学术的可靠骨干……他能迅速了解别人，同时'在抗争中越来越激进'。从某种意义上来说，他就是克兰在1976年本该变成的样子。"[7]

最初，罗克韦尔的资金少得可怜，但是凭借自身钢铁般的意志以及米塞斯的遗孀玛吉特的帮助，他终于创办了米塞斯研究所，使奥地利学派能够在美国乃至全世界发声。第一届由师生共同参与的全奥派研讨会、《奥地利学派经济学评论》、《奥地利学派经济学简讯》(*Austrian Economics Newsletter*)、著作出版(既有经典著作，也有汉斯-赫尔曼·霍普、大卫·戈登①等学术界后起之秀的开创性作品)，这些成就使罗克韦尔成为罗斯巴德式的典范——能人所不能。这种友谊和学术情谊，将在罗斯巴德未来的岁月中长存。

---

① 汉斯-赫尔曼·霍普是奥地利学派经济学家和自由意志主义哲学家，大卫·戈登是美国自由意志主义哲学家和历史学家，两人都深受罗斯巴德经济学思想的影响。——译者

最令人欣慰的是，自1966年起（除了在加利福尼亚州间断的两年以外）一直在布鲁克林理工学院任教的罗斯巴德，最终获得了很久之前就该得到的专业认可。1985年，他成为内华达大学拉斯维加斯分校S. J. 霍尔杰出经济学教授（S. J. Hall Distinguished Professor of Economics）。尽管仍然将纽约市作为根据地，但罗斯巴德派再次前往西部，默里很快也心满意足地开始了新的教学工作。

但在政治意识形态方面，情况并不乐观。早在1986年夏天，就有传言说罗斯巴德厌倦了作为一种文化现象的自由意志主义运动。在一封写给他长期的党内竞争对手伯格兰的信中，他对伯格兰用"慵懒的加利福尼亚"语气写下的自由意志党宣传册大为光火。尽管形式上是正确的，但是罗斯巴德写道："看了你的文章以后，我开始考虑战略问题。在我看来，我们的许多作品只是为了迎合'自由灵魂'，迎合那些不想操控别人、不想受人摆布的人。简单来讲，大部分美国人也许都是拘谨压抑的墨守成规者，他们只想彻底清除附近地区的毒品，或者将穿奇装异服的人赶出去，等等。如果真的是这样，那么只对我们也许在文化或者美学上赞同的少数自由灵魂推销我们的理念，从而失去循规蹈矩的多数派，我们是不会获胜的。"[8]

与其假想国家完全由嬉皮士、加州冲浪者等"自由灵魂"组成，罗斯巴德认为更应该考虑的是为什么自由意志党争取不到广大的美国中产阶级。随着1988年总统选举的临近，罗斯巴德、罗克韦尔以及伯顿·S. 布鲁莫特（Burton S. Blumert）——罗斯巴德的朋友、资深自由意志主义活动家——推举众议员荣·

保罗作为自由意志党的总统候选人。

虽然保罗是共和党人,但是他和自由意志党一直关系亲密,经常出席其活动,近年来一直有人猜测他总有一天会寻求自由意志党的总统候选人资格。1988 年是让罗斯巴德备受煎熬的一年,因为他亲爱的党在文化上的怪异行为让他怒不可遏。保罗的反对者联合了拉塞尔·米恩斯①。米恩斯是美国印第安人运动的领袖和活跃分子,因积极倡导美国原住民事业而在全国享有声望——这种激进的拥护常常升级为威胁和暴力冲突。米恩斯突然认为自己是一名优秀的自由意志主义者,他没有关于自由意志主义的言论(更别说积极活动了),但是宣布竞选自由意志党总统候选人。每一个自由意志党的"自由灵魂"都聚集到他的麾下,大战一触即发。

对于罗斯巴德而言,他彻底厌倦了空想知识分子,确信是这些人把"真实世界"的人们赶出了自由意志党和自由意志主义运动。这么多年来,他一忍再忍,容忍着他所说的"疯子":先是新左派时代的极端左翼疯子,他们让全国自由意志主义第一次会议步履维艰;后是反麦克布莱德的"生活方式"的疯子,他们指责 1976 年的这位总统候选人西装革履;现在则是这些空想知识分子对众议员保罗和他的妻子卡罗充满敌意——保罗夫妇"代表了让这些疯子坐立不安的美国人"。对保罗意识形态的批评——归根到底是因为保罗本人反对堕胎——只是"为了掩饰他们在文化上对拥有工作和稳定收入的中产阶级的敌意"。[9]

---

① 拉塞尔·米恩斯(Russell Means)1987 年加入自由意志党。——译者

保罗最终获得了提名,但在一次激烈的会议辩论之后,自由意志党分成了彼此冲突的派系,派系对抗一直持续到11月的选举之后。好在荣·保罗的总选票数是伯格兰的3倍多,这缓和了党内左倾人士的情绪,也改善了捉襟见肘的财务状况。但是,随着保罗的成功(确切地说,是由于他的成功),他持续受到攻击,保罗的拥趸突然也被无礼地免去了领导职位。

罗斯巴德曾经失败过,没有什么能阻挡他再次站在众人的对立面,积极对抗那些威胁他亲爱的党的机会主义和派系纷争。但这次不行。除了罗斯巴德彻底厌倦以外,另一个促使他决定离开自由意志党的原因是发生在党外的事件:苏联和东欧的剧变所带来的国内政治的变化。随着柏林墙倒塌,"专家们"踌躇着,试图解释为什么他们中没有一个人预见到,而美国奥地利学派的泰斗却欣然一笑;1920年,米塞斯就在分析计划经济体制下的经济计算不可行的名篇中预见了这一崩溃。[10]

早在1954年,罗斯巴德就写道:"从长期的威胁看,我们不应该担心俄国或是中国的军事打击。他们从一开始就是落后的国家,因为我们知道计划经济是一种相对低效的经济体系,我们不需要担心他们的军事挑衅。"[11]在《左与右:自由的前景》中,他说得更加明确。罗斯巴德在1965年解释道,国家主义的危机——

> 在一个彻底的计划经济社会中,将是十分严重的。因此,在苏联阵营的国家中,国家主义不可避免的崩坏是显而易见的,因为必将完全面临着国家主义的内在矛盾。他们

> 不顾一切地要去实现所承诺的工业增长目标、人民群众更高层次的生活标准以及国家形式的最终消亡,但是这些通过集体主义的手段完全不可能办到,因此必然失败。[12]

苏东剧变对国内政治的影响虽然过几年才见分晓,但是早在1983年,罗斯巴德就搅动了激进党团的内部会议,肯定地提出国家免不了要遭受新一轮"右翼民粹主义"。他对克拉克竞选的批评虽以"激进"作为幌子,但本质上仍然保守:克兰正在迎合"中产阶级自由派"。[13]

回归老右派

罗斯巴德的文化保守主义,以及他对左派自由意志主义空想知识分子日益加深的厌恶,是和老右派在政治中的重新崛起同步发生的。多年来,罗斯巴德一直在路上,远离他真正的政治意识形态家乡;20世纪50年代中期,他的家乡彻底消失了。冷战结束的时候,老右派重新出现,如同神秘古国亚特兰蒂斯浮出深海。正如罗克韦尔所说:"在旧自由意志主义看来,保守主义者不仅质疑海外干预,还质疑所有提倡新政、'伟大社会'和'更友善、更文雅的国度'的机构①。"他为右派日益加深的分裂而欢呼,同时说明了后冷战时代的一种新转变,一种新的战略眼光:

① 新政指罗斯福新政,"伟大社会"和"更友善、更文雅的国度"分别是威尔逊和老布什的执政口号。——译者

> 保守派的这种衰落，代表自由意志主义运动拥有一个历史性的机会。冷战使右派备受打击；现在右派逐渐恢复元气，因为阿克顿勋爵的名言“自由是每一个人最高的政治追求”深深刻在了自由意志主义者和旧保守主义者的内心。虽然有差异，但是差异的数量正在减少，而且没有一种差异会大到阻碍交流与合作的程度。[14]

这次对罗斯巴德过去30多年的方针的偏离，已经足够激进了。但是罗克韦尔（还有支持他的罗斯巴德）没有就此止步。因为这不仅是同右派“恢复旧有的和谐”的好时机，而且在这个目标实现之前，也有必要给自由意志主义运动“除除虱子”。千百万支持自由意志主义理念的民众“被自由意志主义运动中的伍德斯托克式风情耽误了。音乐剧《头发》①或许在百老汇落幕已久，但是水瓶时代②仍在自由意志党上演”。这种反主流文化主义是“致命的包袱”，必须抛弃，否则“我们将错过几十年来最好的机会”。[15]

罗克韦尔的文章引起了反对者的一片惊呼，这也证实他命中了要害；但是罗克韦尔和罗斯巴德没有时间倾听。自由意志主义者从不关心和了解国外事件，似乎也很难注意到冷战结束

---

① 《头发》（*Hair*）：19世纪60年代的一部摇滚音乐剧，是反传统文化和性解放的产物。该音乐剧充斥着脏话、非法吸毒、性爱、裸露、亵渎国旗等场面。1968年4月，该音乐剧登上百老汇的舞台。——译者

② 水瓶时代（Age of Aquarius）：即音乐剧《头发》中，那群生活在纽约城的长发嬉皮士所处的时代。——译者

对国内政治的重大影响。另一方面,保守派运动正在发生变化:右派的“孤立主义”传统重新发挥作用——这是促使罗斯巴德进行战略转变的一个关键因素。在给自由意志党的“分手信”发表之后不久,罗斯巴德和罗克韦尔创办了一份新的杂志《罗斯巴德－罗克韦尔报告》(*Rothbard-Rockwell Report*,以下简称《报告》),宣布同自由意志党及其运动决裂。《报告》的编辑把自己看作旧自由意志主义者。“旧”(paleo-)这个前缀意味着要恢复逝去的历史,用现代术语来说就是要寻根。这就是罗斯巴德和罗克韦尔所要做的:老右派回归,他们的使命是把握这次右派突然来临的机会。毕竟,别人也不会做。

因为各种目的和意图,《自由意志主义论坛》停刊了,最后一期要追溯到1984年9月—10月。现在,老传统复苏了,罗斯巴德再次挺身对抗自由的敌人——不仅是拥有各种信仰和主张的国家主义者,更有“自由意志主义”异端分子和冒名的骗术高手。他非常怀念为《自由意志主义论坛》撰写文章的那些上午,除了希望自己每个月能在杂志上自由而充分地表达见解以外,再别无奢求。他怀着过去的兴致迎接工作,写作主题从波斯尼亚内战一直到最近自由意志主义者的丑闻细节。《报告》的受众不再局限于自由意志主义者,还包括想知道右翼民粹主义者的大本营在想什么的首都环线①内的保守派。

---

① 指Capital Beltway这条环绕华盛顿的环形道路。这条道路的交叉口有大量接近联邦机构和国会议员的私人公司,其主要业务是为政府提供咨询服务以获取丰厚的报酬。——译者

罗斯巴德的政治学和经济学文章还有一个定期发表的平台，就是米塞斯研究所的月刊《自由市场》（*The Free Market*）。自1985年以来，罗斯巴德每个月都会在文章中揭露经济学谬论、极具迷惑性的理论，以及用以支撑国家主义体系的政府宣传。这些文章短小精悍，充分体现了罗斯巴德的独特风格——极富说服力，逻辑清晰、用词精准，浅显的术语、勇敢的辩驳、挖苦的讽刺，在许多学科上都富有见解——在他死后结集成册，以《让经济学更有意义》（*Making Economic Sense*）之名出版[16]。大多数学生，乃至经济学专业的学生，一想到要阅读有关主题的文章就足以哈欠连天。然而罗斯巴德之所以让人兴奋，是因为他有能力让抽象理论切合实际，从而变得更好接受、更有趣。譬如在1987年发表在《自由市场》的文章《人类行为的结果：有意还是无意？》（"The Consequences of Human Action: Intended or Unintended?"）中，他指出了哈耶克理论的瑕疵，后者认为资本主义的生产效率和慈善行为都是"人类行为的结果，并非人类设计使然"。罗斯巴德不仅明确表示这忽视了一个事实，即我们永远无法**真正**了解经济行为人的意图——他们具有复杂的心理，都是独一无二的个体，同时从另一个层面探究了"非意图的结果"理论对现实世界的**影响**。他写道：

> 方法论上晦涩难懂的方式总是会产生意想不到的政治后果。也许，那些坚信"非意图"与"非意图的结果"的人，同样也倾向于替20世纪以来政府的扩张行为进行粉饰，而这绝非偶然。因为，如果行为大体上都不是有意的，那就意

> 味着政府像托普西①那样生长，没有个人和组织会想到这种生长所带来的邪恶后果。哈耶克的理论掩盖了权贵精英从政府寻求和占有特权的自利行为，因此推动政府持续生长。[17]

罗斯巴德给所谓的“沉闷的科学”带来了新的活力。加利福尼亚州“农场委员会”（实为卡特尔组织）合法地阻止个头小、质量差的水果进入市场，罗斯巴德细述了他们有一种反竞争恐惧，并嘲笑这个10人的桃子委员会的主席调用纳税人的税款成立“小组座谈”，并且声称“这是消费者的意愿”。罗斯巴德讥讽道：“别浪费钱了，伙计们。我永远都能预想到结果：消费者永远喜欢个头更大的桃子，正如同把凯迪拉克和杰傲（Geo）车放在他们面前，他们一定会选择前者。如果有机会挑选礼物，也就是说不必补贴差价的话。所以，整件事的关键就是价格。”桃子卡特尔揭露了“福利国家”到底在为谁谋取利益。从本质上来讲，这个制度就是“政府成立卡特尔组织，限制竞争，削减生产，提高价格，最终伤害了低收入消费者。那些受雇于政府的专业人员却在帮助提供虚假信息……假模假样地叫喊这个政策为消费者带来了多少利益”。如此这般，当权者的雇工们从他们的公共服务中获得报酬——显然，这些特定的结果并不是无

① 托普西（Topsy）是小说《汤姆叔叔的小屋》中的一个衣衫褴褛的奴隶小孩。当被问及是谁创造了她时，她认为既不是上帝也不是她的母亲创造了她，她是自己长出来的。——译者

意的。[18]

罗斯巴德对正义的热情支撑着他分析国家资本主义，他坚持要从中找出从体制中受益的罪魁祸首——他在《走向自由意志主义社会变革理论》中称之为“坏人”。这种热情也激励他评论国家政治，分析权贵精英——“没有统治阶级会主动放弃”——这让他能先人一步发觉国家主义的趋势。在克林顿抨击地方校园自治以及支持“教育系统国家标准化”的呼声日盛之前，罗斯巴德就从老布什政府那里看到了端倪。大规模政府干预导致国家教育体系的崩溃，然而“新保守主义福利国家会继续这么做：代表国家罪恶的教育管理系统扩大财政预算，将教师和课程交给国家管理，还完全控制孩子”。[19]

20世纪80年代末，在同自由派暴民抗争，为企业家迈克尔·米尔肯①辩护的时候，罗斯巴德对权贵精英的分析再一次提供了理解事件意义的重要见解。在引用金融慈善家大卫·洛克菲勒有关米尔肯事件的评论，即“米尔肯不寻常的收入不可避免地让我们提出质疑，金融体系的运作是否一直是稳健而没有漏洞的”之后，罗斯巴德想知道：

> 洛克菲勒怎么会有胆量谴责高收入？路德维希·冯·米塞斯多年前就说明了这个问题。他认为那些拥有丰厚遗

① 迈克尔·米尔肯（Michael Milken）被称为“垃圾债券大王”，20世纪80年代末因通过杠杆收购数十亿美元而被判入狱，服刑22个月。出狱后一直从事慈善事业。——译者

> 产的人，那些从资本或者资本利得中赚取收入的人更偏爱累进所得税，因为他们不想让工薪阶层崛起，成为新的竞争者。

罗斯巴德直接向洛克菲勒致意，继续道：

> 的确，洛克菲勒先生，事实上，整个米尔肯事件完全就是恐怖统治……让我们质疑我们的政治和金融系统的运作，让我们质疑失衡的政治权力。这种失衡受到既有金融和财团权贵精英的青睐，他们能够游说联邦政府镇压、迫害甚至关押他人。而这些人的“罪行”只不过是促使资本从低效率的人手中转移到高效率的人手中，以此赚钱。如果有一天高效且富有创造性的商人被投入监狱惨遭侵害，而强奸犯、强盗和杀人犯却逍遥法外，那么情况就真的很不对劲了。[20]

情况的确很不对劲。罗斯巴德对权贵精英的分析是一种知识分子的微观分析，关注点在于其他方法所忽略的细节和模式，这种分析结合他对经济史的广泛研究，使他能直击问题的核心。

罗斯巴德对微观分析的运用可以参考他 1994 年写的《对美联储说不》一书，书中讲述了这个最具权势而又最鲜为人知的政府机构的故事：它的形成，它的幕后推手，它行使巨大职权的方式，以及获益者。[21]

对于普通民众而言，美联储是一个包裹在谜团中的神秘组织，就像艾伦·格林斯潘[①]在国会委员会前低声发言时的那张脸一样神秘莫测。同以往一样，罗斯巴德的文章简明清晰，带着辛辣的嘲讽，用非技术性的散文化语言极具启发地为我们揭开了美联储的神秘面纱：它不仅是一个银行业的卡特尔组织，一个建立在欺骗性的银行部分准备金制度之上的庞氏骗局，也是美国金融精英中的主导派别为掌控巨大权力而建立的组织。罗斯巴德用个人主义方法论和奥地利学派经济学理论分析权力问题，将20世纪的美国经济史看成是一部经济精英之间，以及摩根财团与洛克菲勒集团之间的权力斗争史。借助于这些必不可少的自由意志主义分析工具，罗斯巴德对美国精英和现代历史进行了犀利的解释。

《对美联储说不》和另一部作品，如今出了单行本的《华尔街、银行和美国外交政策》[22]的两大主题，源自作者对经济和历史写作的终生追求。在前一本书中，罗斯巴德从历史角度探寻了联邦储备系统如何通过强大的银行业利益集团欺骗毫无防备的美国群众。他的语言简明扼要，所涉内容广泛，包括货币的本质、政府发行纸币的起源、银行部分准备金制度的内在不稳定性（和本质上的欺骗性），以及商业周期（银行的信贷扩张）的真正起因等。正如罗斯巴德在他的经济学著作中所解释的那样，关键在于理解货币也是一种商品，因此受到市场规则的约束。货币是经济系统的根基，如果政府垄断货币，那么必然产生通货膨胀、货币贬值等状况，产生其权力事实上不受约束的永久的财阀

① 第十三任美联储主席。——译者

阶层(plutocracy)。

在《华尔街、银行和美国外交政策》中,罗斯巴德将这种分析运用到了国际舞台。他将经济史——一部精英领导并出资建立联邦储备系统的运动史——和导致两次世界大战的相互影响的事件融合在一起,进行了详细阐释。在这两本书中,罗斯巴德的权贵精英分析法臻于成熟并且引人入胜。经历漫长的斗争,美国建立起了中央银行,金融界高层的“大祭司们”终于夺取并巩固了对国内经济政策的控制。对他们而言,之后就是在国际上扩大统治,逐渐实现最终目标:成立凯恩斯想象中的世界中央银行,只发行一种全球货币,从而随意制造通货膨胀。到时候,像银行部分准备金这样制度化的攫取财富的体系将会欺骗全世界。国家禁止讨论两个政策制定机构,即美国外交关系协会以及后来的三边委员会,但是罗斯巴德蔑视规定,强调它们不过是统治精英的急先锋。

这两个政治堡垒已经被新右翼民粹分子所占领,显然,他们事实上构成了权贵精英的主体。只有在读了罗斯巴德的书之后,才能用正确的历史视角洞察这一点。正如罗斯巴德所说,远在美国外交关系协会和三边委员会建立之前,美国就存在权贵精英,即使这些组织不复存在或者转变了,权贵精英很可能仍然会长存。

罗斯巴德在他的经典小册子《为什么我们的钱变薄了?》(*What has government done to our money?*)、《对美联储说不》以及其他众多著作中说过,美国金融和政治精英的权力与财富建立在一个不牢靠且内在不稳定的基础之上,那就是银行部分准备金制度。它规定在任何时间内,银行只需要持有实际存款的10%。“银行家天生容易倒向国家主义。”罗斯巴德在《华尔街、银行和美国外交政策》一书的开篇就断言:

> 商业银行正忙于不合理的部分准备金,在自由市场中,常常在破产的边缘摇摇欲坠。因此,他们总是向政府寻求紧急财政救援。
>
> 投资银行的大部分工作就是在国内外替政府债券承担责任。因此,他们为了既得利益而扩大赤字,迫使纳税人承担政府债务。这两类银行都和政府政策捆绑在了一起,因而能够影响和控制政府在国内外事务上的行为。[23]

罗斯巴德和《华尔街日报》所代表的保守派运动划清界限,用批判的眼光看待格林斯潘升任美联储主席一事。当有传言说保罗·沃克尔(Paul Volcker)将要离任时,财经媒体窃窃私语,认为世界经济的稳定性和可信度都有赖于沃克尔连任。当他最终离开时,沃克尔像所有美联储前任主席一样变得无人问津,不再被誉为像阿特拉斯一般,以宽厚的肩膀承载世界经济的重量。新任命的阿特拉斯化身成了格林斯潘。罗斯巴德说,这件事收到了来自政治谱系中各个方面的和撒那①。是什么让美联储主席广受赞誉?“如果改写一下艾德蒙·希拉里爵士(Sir Edmond

---

① 和撒那(Hosanna):宗教用语。是犹太教和基督教中对上帝的欢呼和赞美之词。——译者

Hilary)被问到为什么坚持攀登珠穆朗玛峰时的著名回答,那就可以说,因为美联储主席在那里。美联储的存在,自动让它的主席变得受人崇敬,变得对世界经济举足轻重,等等。"这种"威严神秘的氛围"是用来掩盖这个体系本质上已经破产的障眼法。[24]

对于罗斯巴德而言,对格林斯潘的任命有一种特别的讽刺意味。30 年前,格林斯潘是安·兰德的核心圈子成员,罗斯巴德知道他是客观主义教派一位虔诚的信徒。理论上,客观主义者信奉的是金本位制;理论上,格林斯潘反对美联储的存在。但事实上,正如罗斯巴德指出,他是一个保守的凯恩斯主义者。《纽约时报》等机构注意到格林斯潘曾经尊崇兰德主义和自由放任思想,然而准确地说,这种信念"只存在于一个高境界的哲学之中"。罗斯巴德说道,作为一个"推崇自由放任的实用主义者",格林斯潘"只有在预算平衡、贸易自由、通胀消除以及每个人都有正确的哲学观等条件都成立的时候,才会推崇金本位制"。既然这些前提条件几乎不可能自发地成立,也就"没有人能够把这种'高境界的哲学标准'运用到行为中。现在权势集团招来这个人,情况会越来越刺激有趣"。罗斯巴德嘲讽道:"让格林斯潘担任主席,掌管国家的货币,那么权势集团可以睡上安稳觉了。更加锦上添花的是,格林斯潘在哲学上信仰兰德主义,毫无疑问会让许多倡导自由市场的人误以为他们热爱的事业如今处在权力席位的前排。"格林斯潘表面上是"客观主义的追随者",其实他更信奉务实主义而不是"务虚的哲学"。他还是 J. P. 摩根公司董事会以及摩根担保信托公司董事会的成员之一,因此是一位值得权势集团信任的人。[25]

另一个以“自由市场”掩盖其社团主义本质的例子，就是北美“自由贸易”协定（NAFTA）。罗斯巴德揭露了北美自由贸易协定的本质纯粹就是重商主义，通过建立一个区域贸易集团，他们的经济活动并不比欧共体自由多少。真的想要自由贸易吗？那没什么困难的。权势集团“只需要撤销多如牛毛的贸易壁垒、进口配额、反‘倾销’法案，以及其他由美国实施的贸易限制就可以了”。同时，罗斯巴德也提出了一个关键问题，那就是美国宪法中存在的巨大缺陷。“宪法的每一条法规都被认为是‘这个国家的最高法律’。”罗斯巴德警告道，“如果一定要我们提防某一条法规的话，那我们必须坚决反对那条能建立超国家组织（例如北美自由贸易协定）的规定。”20 世纪 50 年代中期，由老右派共和党人提出的，试图弥补漏洞的布瑞克宪法修正案①的失败让罗斯巴德哀叹不已。他认为，邪恶的“附带协议”会使美国商业受跨国官僚体制的威胁。[26]

在反对北美自由贸易协定，揭露它历来的重商主义骗局的过程中，罗斯巴德和米塞斯研究所实际上孤立无援，周围全是表面上支持“自由市场”的专家学者和智囊团（就连比尔·埃弗斯带领下的自由意志党，也在提出冗长的限定条件和警告之后加入了为北美自由贸易协定欢呼的潮流之中）。他们只能在“反动的”右派中找到盟友——不仅有帕特里克·J. 布坎南，还有和伊利诺伊州

① 由参议院议员约翰·W. 布瑞克于 1952 年 2 月提出。“布瑞克宪法修正案”意在去除那些凌驾于宪法而缔结的条约，并希望通过在宪法中写入“任何与此宪法条款相冲突的条约都视为无效而不得执行”来保护美国的独立性。——原书

罗克福德市的罗克福德研究所①有联系的一批右派知识分子。

罗斯巴德同罗克福德研究所"旧保守主义者"的联合,是后冷战时期右派重新结盟的一次重要进步,对他来说也是一次值得高兴的进步。是罗斯巴德最先联系的,他写信给罗克福德研究所月刊《编年史》(*Chronicles*)的编辑汤姆·弗莱明(Tom Fleming)——新保守主义攻击的最新对象。比尔·考夫曼(Bill Kauffman)是一位才华横溢的小说家和别具一格的自由意志主义者,弗莱明发表了他的一篇文章,考夫曼在文中赞扬戈尔·维达尔(Gore Vidal)是老右派的一员。[27]因此,《编年史》及其出版机构罗克福德研究所受到了米基·德克特(Midge Decter)和诺曼·波德霍雷茨(Norman Podhoretz)的抨击,被说成是包藏反犹太主义祸心的"敌人"。弗莱明则被污蔑为"本土主义者",因为他拥护南方小镇的唯农论②传统,反对东北城市精英虚伪的世界公民论③。

有的读者也许会问:这一切和反犹太主义有什么关系?在大多数人生活的客观世界里,答案是没有关系;但是在以波德霍雷茨和德克特为代表的纽约知识分子的白热化世界里,答案是完全相关。因为你可以看到,"世界公民"甚至"都市"等词是犹

---

① 罗克福德研究所(Rockford Institute):具有美国保守主义以及旧保守主义传统的智囊团。——译者

② 唯农论(agrarianism):一种社会和政治哲学。唯农论者认为乡村社会优于城市社会,独立的农民优于领取薪酬的工人,并且将农业看成是一种能够塑造理想社会形态的方式。——译者

③ 世界公民论(cosmopolite):一种认为全球化的公民身份高于任何民族主义以及地域认同的观点。——译者

太人的代号,因为(据说)犹太人倾向于聚集在城市中。所以,攻击城市是一种仇恨犯罪,是一种恶毒的反犹行为。当弗莱明把对波德霍雷茨厌恶之事的赞美刊登在杂志上时,他的确超出了界限。多年前,维达尔就招来了他们永久的敌意,因为他在文章中公开指出,如果有人以"是否对以色列人有利"作为评判所有外交政策问题的标准,那么就可以将其标记为"第五纵队"。

罗克福德研究所仅用一个简单的事实就反驳了污蔑和诋毁:在《编年史》等罗克福德出版物上找不到丝毫反犹太主义的言论或推断,否认这一点就是对《编年史》众多犹太裔作家、编辑和读者的致命侮辱。但是那些携手想要抹黑弗莱明并且毁掉罗克福德研究所的人没有罢休。相反,他们的恶意中伤登上了《纽约时报》首页。这些新保守主义者招揽了理查德·约翰·纽豪斯(Richard John Neuhaus),他是总部位于纽约的罗克福德宗教和社会研究中心(Rockford's Center for Religion and Society)的主管,一位路德宗牧师。纽豪斯与弗莱明素有隔阂。罗克福德研究所的一位工作人员说:"纽豪斯一边在赞助者面前诋毁罗克福德研究所,一边却大把大把地花机构的钱。"纽豪斯立即被解雇了,他很快就发现研究中心办公室换了门锁。他在《纽约时报》上哭诉,说他和他的财产被丢在了大街上。纽豪斯和他的新保守主义盟友将这种自卫行为谴责为"没有教养"。[28]

我们不难想象,罗斯巴德读到宿敌在最近的血腥运动中的陈述,会想些什么:"难道我们真的要不惜一切吗?"对于这帮人捏造"反犹太主义"控诉来毁掉别人职业生涯,他之前还丝毫不放在心上！罗斯巴德写信给弗莱明,表达了对他的同情和支持,这让他们保持着愉快的通信往来。之后他们又开始了长期的电话交流,接着见了一次面,结果成立了一个新的组织——约翰·兰道夫俱乐部(John Randolph Club)。俱乐部的名字取自罗阿诺克的约翰·兰道夫,他是美国殖民时期的一位激情洋溢又有趣的演说家,曾经宣称:“我热爱自由,最憎恨平等!”1992 年,那些受邀而来的旧保守主义记者、宣传员和学者举办了俱乐部的首次会议。右派的这个开局相当成功,罗斯巴德大喜过望。那段日子里,他总对我说:“我们终于脱离了自由意志党,是不是很棒?”他发觉和保守主义者在一起远远要比和自由意志党成员在一起来得趣味相投,因为后者是一群粗鄙的人。

新的频繁交流,找到自己思想新的聆听者,以及建立新的友谊所带来的激动,被一位老朋友去世的消息浇灭了。当罗伊·柴尔兹于 1992 年夏天去世时,罗斯巴德深受打击,但是并不意外。病魔将罗伊击垮了,他的健康状况一年不如一年。加图研究所在分裂之后东迁,罗伊也跟着去了,只是忧郁难安。他喜欢旧金山,这个城市像他一样有着随和、幽默的天性,他不愿意离开。但是《自由意志主义评论》不复存在,《探索》杂志也随之逐渐被人遗忘。这让习惯自称“编辑”的柴尔兹该何去何从？这位编辑没有东西编辑了。看上去加图研究所是这位天赋异禀而又雄心勃勃的人的理想之地,但是他一反常态,去了首都环线。也就是那个时候,他得了重病。在加图研究所短暂逗留之后,柴尔兹担任了“自由放任丛书”(Laissez-Faire Books)的编辑主任,这套书由他的好友豪伊(Howie)和安德烈亚·里奇(Andrea

Rich)负责运营,目的是提供自由意志主义图书服务。豪伊和安德烈亚都知道柴尔兹的困难处境,想方设法帮助他恢复健康和心理平衡。尽管受到糖尿病、身体超重问题以及其他各种病痛的折磨,柴尔兹依然坚持写作。他在困难时期为"自由放任丛书"书籍目录所写的评论,就是一颗颗小小的红宝石,串在一起就是一部从一位智慧、博学而有激情的自由拥护者的视角考察的浓缩的近期思想史。这段时间,柴尔兹无法四处走动,但是依然通过电话、信件同众多相隔甚远的朋友保持联系,并且不曾放弃年轻时的抱负——成为有名望的公众人物。当他听说电视主持及制片人约翰·斯托塞尔(John Stossel)想请人参加一个节目,谈谈对超重人群的"歧视"以及揭穿"肥胖者权利"的说法时,柴尔兹立刻抓住了机会。他不仅在节目上表现出众——"老实说,"他打趣道,"我不是金发冲浪者。没人和我约会,这算歧视吗?"——而且和斯托塞尔成了朋友。斯托塞尔一直是电视广播行业的自由意志主义之星,做了许多有自由意志主义倾向的电视特别节目。柴尔兹做梦都想成为这样的人。但是到了 1992 年夏天,柴尔兹甚至无法走出公寓了。柴尔兹知道是时候该做决定了。在查尔斯·科赫等朋友的劝说下,他前往迈阿密的普里蒂金医疗中心接受减肥和康复治疗,以便继续生活。不幸的是,这不可能发生了。1992 年 6 月 12 日,他在普里蒂金的病房去世。

罗斯巴德写信告诉一位共同好友:"罗伊死后,有人说他是最后一位老派自由意志主义者,一位在旧虚无主义产生巨大分裂之前的老派新兰德主义综合者(old neo-Randian synthesis)。

这是一个极富洞察的见解。我很高兴我们在最近一两年和解了。上一次他给我打电话，是在他去世前两个星期。"[29]罗斯巴德夫妇参加了在纽约举行的追悼会。这是由安德烈亚和豪伊组织的，参加追悼会的人由于各种原因已经多年未见，但是仍然抛开旧日恩怨，坐在同一个屋子里，庄严肃穆地悼念离世的朋友。

对于罗斯巴德而言，如果罗伊·柴尔兹的死亡意味着一个时代的终结，老派自由意志主义者进入了人们传颂的运动史，那么在这个时候，海湾战争这一标志性事件的发生，意味着新自由意志主义的诞生。乔治·布什打着"新世界秩序"的旗号，发动了美国在后苏联时代的第一次大规模海外战争。许多保守主义者都表示反对，尤其是帕特里克·J. 布坎南。弗莱明以及专栏记者萨缪尔·弗朗西斯(Samuel Francis)在《编年史》上直言不讳，猛烈批判海湾战争。在纽豪斯事件中向弗莱明发泄的那一群人，现在把怒气撒向了布坎南。像对罗克福德研究所那样，他们合力想要让布坎南闭嘴并彻底击垮他。但在两件事情上，损毁名誉的图谋都失败了。

罗斯巴德在《报告》中尽力为布坎南辩护，很快又加入了布坎南联军——"拿叉铲的农民"(peasants with pitchfork)，以起身抵抗共和党的东部权势集团。这一切仿佛时光倒流！复兴的老右派虽有差异，却很团结，再次领导全国反抗傲慢的东部精英。在1992年的共和党全国代表大会上，罗斯巴德是布坎南代表团的嘉宾。他在菲利斯·施拉夫利(Phyllis Schlafly)的陪伴下度过了快乐的时光，而且非常欣赏布坎南的挑衅性演说——这个演说让媒体憎恶，但是很受民粹主义大众的欢迎。不过，在最近发表的一篇文章中,罗斯巴德说布坎南是一句古老谚语所讽刺的典型——这句谚语形容一个人(尤其是政治家)常常关注自己最不擅长的事务。对于布坎南而言,毫无疑问就是经济领域,例如贸易政策。罗斯巴德循着孤立主义者的启明星,加入了布坎南联盟,但是对布坎南的论调越来越不安。布坎南说丝毫不必考虑“已故的奥地利学派经济学家”在贸易政策上的论述,这让罗斯巴德大为震惊。

那一年跌宕起伏,也是罗斯巴德生命中的重要时刻。罗斯巴德不仅终于结束了战略上的四处投靠——这让他远离了老右派传统——得以返本还源;他不仅得以摆脱自由意志党的枷锁,而且终于在常年的否定之后得到了专业上的认可。1994 年,罗克福德研究所将英格索尔奖(Ingersoll Prize)颁给了罗斯巴德,以表彰他的“作品确立了西方文明的根本原则”。得过这个奖项的权威人士有:马里奥·巴尔加斯·略萨(Mario Vargas Llosa)、温德尔·贝里(Wendel Berry)、缪里尔·斯帕克(Muriel Spark)、奥克塔维奥·帕斯(Octavaio Paz)、V. S. 奈保尔(V. S. Naipul)、拉塞尔·科克(Russell Kirk)、罗伯特·尼斯贝特(Robert Nisbet),以及福里斯特·麦克唐纳(Forrest McDonald)。这个奖项的奖金有 2 万美元,对于为自由事业贡献了巨大力量而回报甚少的罗斯巴德来说,这是一笔不菲的财富。

当罗斯巴德被任命为内华达大学拉斯维加斯分校 S. J. 霍尔杰出经济学教授时,他的精神和职业方面已经有了巨大提升。1987 年,在接受《华盛顿时报》采访时,乔伊·罗斯巴德说,“可以和同事们在一个真正的经济学系工作,她的丈夫很满足”。[30]

1991 年以前,他和这些同事的关系一直是学院式的:他的系主任在年度报告中一直给他“良好”和“优秀”的评价。但是在 1991 年,马克·塞耶(Mark Thayer)教授升任经济系主任后,蜜月生活结束了。

1992 年 3 月某个寒冷的日子,罗斯巴德在信中抱怨道:“我对这个冬天很不满意。”罗斯巴德以最无礼的方式描述这位系主任,一想到塞耶虚假的“评价”——塞耶勉强把他评为“满意”,他就有一种屈辱感。塞耶明确表示,虽然罗斯巴德侥幸躲过了更加直接的批评,但是未来可能就没那么幸运了。[31]

每当塞耶评价别人的时候,总会在吝啬的表扬之后加上一记耳光。比如,他说罗斯巴德教授的总体表现还是令人满意的,不过“他基本上只接触经济学专业的学生”,然后警告罗斯巴德必须“教更多的学生”。

这一记耳光的确让罗斯巴德感到疼痛。他一直在“教更多的学生”,直到塞耶和同僚废除了文学硕士项目——这个项目吸引了全国各地的学习奥地利学派经济学的学生。目前,学院的管理者放过了罗斯巴德,不过提出了警告。他的评审员写道:以后,罗斯巴德必须“作为初级教师的榜样而存在”。对此,罗斯巴德回应道:“我认为,让我‘树立榜样’的最好方式就是允许我不受干扰地从事自己的学术和教育工作。同事之间必须是一种双向关系。”[32]

罗斯巴德从不贪图那些不够资格的学者头上的荣誉,他所期望的是放任他做自己的工作。但是,这小小的愿望从未真正实现过。晚年,他花费大量宝贵时间怒斥学术对手,同他们无尽的阴谋诡计作斗争。这段时间,罗斯巴德在信中总谈到对手肮脏卑鄙的手段。更离奇的是,一个有前途的学生在读了罗斯巴德的书以后,被书中的力量所鼓舞,来到了内华达大学拉斯维加斯分校,但是罗斯巴德在院系的对手却极力劝阻。这位未来的学生千里迢迢来到内华达大学拉斯维加斯分校参观经济学系:“我听了 3 小时的说教,就为了向我解释为什么我并不想学罗斯巴德教授的任何思想。”[33]

罗斯巴德让塞耶修改了某些方面的最初评价,但是仍然为日后受到攻击留下了隐患。他拒绝在评估报告上签字,转而附上一份独立的评论。两份文件都送到了行政部门,也就是院长办公室。相比于系主任,院长更偏向于罗斯巴德。他疲惫地对罗克韦尔说:“战争还在继续。”[34]

面对当时的主任塞耶的攻击,罗斯巴德不得不捍卫他的学术研究,特别是他的工作效率。有人开玩笑说,塞耶“唯一拿得出手的成就,就是和别人合写了一篇有关防晒霜的各种优点的文章”。塞耶的行为是一种侮辱,罗斯巴德不能也不会容忍。1992 年 9 月 18 日,罗斯巴德、汉斯 - 赫尔曼 · 霍普以及克拉伦斯 · 雷(Clarence Ray)联名向经济系递交了一封公开信,宣布他们“正式脱离”经济系,并提议在人文学院开设经济系。他们写道:“多年来,我们一直在该系忍受系统性的不公正待遇。我们的研究、教学和服务受到持续的诽谤。”尽管承认这种分歧部分是因为“性格差异”,但是信中指出,纷争的核心是“对经济学这门学科的认识不同”。“系里大部分人认为经济学是一门量化的计量学科;但在我们看来,经济学是一门定性的哲学学科。”

这封信将脱离原则①——罗斯巴德经常在政治著作中讨论这一原则——转变为学术政治术语，指出：大部分人的方法更加适用于商学院，而奥地利学派经济学偏向哲学，更适合出现在人文学院的课程当中。在信的最后，他们陈述了一些普遍的原则，并且用朋友和对手都钟爱的雄辩方式结尾：“和平分离对所有人都好。校方也会欢迎，因为这意味着经济学系能够为了众人的利益暂时抛开个人恩怨。如果在几个世纪的敌对以后，捷克可以和斯洛伐克和平分开，那么我相信内华达大学拉斯维加斯分校的经济学系也能做到这一点。”[35]

罗斯巴德晚年的悲惨和传奇都与内华达大学拉斯维加斯分校的经历交织在一起。道格拉斯·弗伦奇（Douglas French）参加过罗斯巴德的“经济学思想史”课程，他在一个回忆老师的活动中，把听罗斯巴德讲课比作“坐着飞车高速竞逐”。“当我们顺着罗斯巴德的论据和观点思考的时候，他会突然转变方向，带领我们前往一个看似偏离原来方向的目的地，但事实上从来没有真正偏离过。他清楚他想表达什么。我坚持听完了剩下的课程，拼命想记下每一句话。”弗伦奇不是自由意志主义的信奉者，至少他在参加罗斯巴德的课之前并不信。“绝大多数自由意志主义者认识罗斯巴德，都是通过阅读《自由的伦理》《为了新的自由》或者他的其他某部作品。我认识他，是通过1990年内华达大学拉斯维加斯分校秋季课程总览上的一个词条——

---

① 脱离原则（the principle of secession）：当一国或一个地区的部分成员不赞同社会的契约时，可以选择脱离该社会环境而不受制约。——译者

‘经济学思想史，授课教师：罗斯巴德’。”[36]

罗斯巴德受学生欢迎，这很需要他抽出时间。“但是他从来没有用高人一等的口气对我或者任何学生说话，”弗伦奇写道，“经常是有问有答。”这位优秀的老师和学者赢得了学生们的喜爱，“却没有得到内华达大学拉斯维加斯分校经济学系大部分老师的尊敬”。弗伦奇说道：“系里其他老师怨恨‘大楼的东侧尽头’，因为5楼东侧尽头是罗斯巴德、汉斯－赫尔曼·霍普，还有几位自由市场支持者的办公室。”[37]

罗斯巴德和所有人一样，也经历过怀疑和士气低迷的阶段，只是不为人所知罢了。在院内冲突达到顶点的时候，罗斯巴德激情昂扬地写下大量信稿，展现了他永不低头的斗志。他蓬勃的乐观精神，可能部分源自他的幽默感和爱好玩乐的性格。还有谁会把建立新的经济学同捷克斯洛伐克的解体相比较呢？

他的乐观还随着所获得的精神回报而强化。因为他看到自由意志主义思想，还有奥地利学派的洞见，不仅通过米塞斯研究所的不懈努力在学术界得以扎根与传播，而且在政治文化圈也广泛流传。在1994年的国会选举中，整整一代激进共和党人横扫了所有反对政府的席位。这也表明，在经历漫长的意识形态孤立并且濒临绝望之后仍然保持乐观是值得的。罗斯巴德欣喜若狂。因为克里姆林宫倒塌了①，联邦的利维坦将会是下一个。在《报告》和私人谈话中，罗斯巴德认为我们也许即将进入革命的第一阶段。活在这个时代真是幸事。

---

① 代指苏联解体。——译者

20 世纪 90 年代的希望曙光最终一扫 80 年代早期的失望阴霾。罗斯巴德作为学者和政治理论家的地位快速上升，他迎来了鼎盛时期。他摆脱了曾经牢牢束缚他的自由意志党的包袱，他越来越乐观，确定即将实现少年时的伟大梦想——一场伟大的民粹主义运动浪潮的兴起终将推翻权贵精英的统治。1992 年罗斯巴德在约翰·兰道夫俱乐部发表了著名的演讲，欣喜地谈到老右派的回归，还考察了老右派重现之后革命的可能性。他引用了头发斑白的老右派斗士加雷·加勒特的话：

> 仍然有人认为他们手握筹码能够对抗即将到来的革命。但是他们错了。他们以为革命会正面袭来，谁知它却在绝望的深夜低吟浅唱，一边歌颂着自由，一边从他们的背后走来。[38]

接着，罗斯巴德说，所需要的就是一场反革命，领导者不是保守派，而是自觉的右派激进分子。他提醒我们，这确实是第二次世界大战以前的老右派的立场。他把他们分成了 3 个群体：(1)“极端”个人主义者和自由意志主义者，比如加勒特、H. L. 门肯、阿尔伯特·杰伊·诺克以及罗斯·怀尔德·莱恩；(2)杰弗逊式的右翼民主党人，比如密苏里州的参议员詹姆斯·A. 里德(James A. Reed)；(3)“温和新政主义者，他们认为罗斯福新政过于极端，代表人物是赫伯特·胡佛”。老右派联盟的成员团结一致，不仅反对罗斯福及其智囊团中央集权化、国家主义化的国内政策，反对把美国拖入第二次世界大战的运动，同时也拒绝支持政治权贵的军事干预主义——如果用查尔斯·A. 彼尔德(Charles A. Beard)的预言来说,那就是“为了永久的和平而发动永久的战争”。[39]

罗斯巴德解释了外交政策辩论的首要影响如何以及为什么使政治光谱重新排列:右翼国际主义者刘易斯·W. 道格拉斯(Lewis W. Douglas)曾经反对新政,如今站在罗斯福阵营;资深的左翼孤立主义者彼尔德、哈里·巴恩斯和约翰·T. 弗林,在“坚定反对外交新政的过程中,逐渐转变成了右翼人士”。冷战时期,老右派在反对同质化和军事化的保守派运动中,坚决和孤立主义者、兰德主义者以及自由意志主义者等异议人士划清界限,成为当时名副其实的一方宁静的乐土。在整个反对对外战争和国内社会主义的框架中,有一些“迷人的反对意见”,归结起来就是从不同角度回答了一个问题:“我们把现有政府废除到什么程度?”最起码要废除新政,但“有些人强调要废除伍德罗·威尔逊总统的‘新自由’改革”,例如取消美联储和废除个人所得税。包括罗斯巴德在内的另外一些人“在《1789 年联邦司法条例》废除之前是不会停止的,也许还有一些意想不到的建议,并且要求恢复建国初期优良的《联邦条例》”。[40]

当右派逐渐寻回老右派传统时,罗斯巴德也渐渐找到了自己的初衷。他深情地回想起青年时期,在那个充斥着左派人士的环境中,他是一个孤独的右翼分子。那段时间里,“身为纽约的中产阶级犹太人,我的亲戚、朋友、同学和邻居一生唯一考虑的道德问题是:应不应该加入共产党,应该为共产主义事业贡献自己的一切,还是应该扮演同行者,贡献些许的力量”。[41]

罗斯巴德告诉旧保守主义听众："1946 年我发现了老右派，和他们愉快相处了 10 多年。"显然，罗斯巴德非常期待和新发现的保守主义同盟再保持 10 多年的亲密关系。重组的老右派逐渐恢复生机，变得更成熟、更有智慧。新生的老右派运动没有中心和"政党路线"，但是团结在关键议题周围，将不得不解决一些根本性的战略问题。左派将问题表述为谁会是社会变革的主角，罗斯巴德的表述方式略微不同："右翼要回答的问题在硬币的另一面：我们把谁当作坏人？谁是阻碍社会变革的主角？"[42]

这个时候，听众偶尔提及他们的自我定位是一场反抗运动，一场寻找敌人乃至替罪羊的运动，他轻笑起来。因为罗斯巴德认为，其实应该把那些统治国家的权贵精英当成替罪羊，他们要为自己的罪行付出代价。问题是，谁是自由的最大敌人？罗斯巴德说："右派大体上有两个答案：(1)底层大众，(2)权贵精英。"不过他"很早就断定最大的威胁是精英而非大众"。即便承认保守主义者看不起"普通大众"，对他们有深深的畏惧，但是，绝大多数普通人其实并没有时间参与政治阴谋。他们要赚钱谋生，在日常生活事务中花费大把的时间和精力，只是偶尔对政治感兴趣。有时间从事政治的是专业人士，是"依赖政治统治过活的官僚、政客和特殊利益团体"。政治给他们带来生计，所以他们每天 24 小时都活跃在政治领域。

权贵精英统治、剥削绝大多数普通民众，向他们征税、剥削他们，自己却像国王一样依靠积聚的财富生活。为什么人们忍受这一切呢？罗斯巴德把这个问题称为"温顺服从之谜"。好几位思想家，如大卫·休谟、埃蒂安·德·拉·博埃蒂(Etienne de la Boetie)以及路德维希·冯·米塞斯都认为,“确切原因在于统治阶级只是少数人”,长远来看不能仅仅依靠武力进行统治。政府首先要在被统治者的心中拥有合法性,这项工作由知识分子完成,即给出证明。知识分子不断替政权辩护,给民众灌输了——用左派的话来说——“虚假意识”。这样做能给这些御用文人带来特权、名望和权力。右派和所有挑战现状的团体所面临的问题就是,如何破除这种“虚假意识”的催眠,让民众认识到统治者的本性。[43]

唯一的选择是哈耶克的“教育至上主义”(educationism)。这种方式认为思想是成功的关键所在,必须逐级往下渗透,“从顶层的哲学家开始,然后是学者,再到记者和政治家,最后到大众”。这种“温和而文绉绉的”策略深受实践者的喜爱,但并不适合旨在保护和扩展自由的运动。首先,哈耶克的方法“至少要花上几百年的时间”,况且还有几个使这种“下渗”理论失灵的因素。比如,许多科学家都清楚环保主义者的说辞——人类给地球带来了灾难——是没有科学依据的,“但是不知为何媒体只喜欢引用这些疯狂言论”。这种现象持续存在是因为“知识分子阶层可能会部分地解决问题,但也是问题的主要部分”。最主要的是他们醉心于国家的权力和合法性,因此,花费所有的时间来说服他们反抗主子看上去是愚蠢之举。[44]

另一种策略是“费边主义”,罗斯巴德称之为“和平说服”。它出现的地方不在学界,而是在华盛顿特区,在权力中心。这种策略模仿了过去的费边社——“使英国逐渐积聚起了强大的社会主义力量”。但是当自由意志主义者和其他人想要用它削减政府权力时，它就错误百出了，因为“帮助政府集中权力的手段不能用于削减政府权力”。费边主义者只不过推动英国走上了一条它本来就已经在走的路。他们鼓动在国家内部缩小政府，然而国家机构天生有扩张的冲动，“结果只能是被国家招安，然后使自由意志主义者本身费边主义化”。[45]

虽然罗斯巴德并没有轻视知识分子，把他们看作潜在的盟友，但是他认为在反政府运动中，必须把焦点放在美国中产阶级身上。但这并不意味着在策略上要谨慎与克制：“右翼反抗的合理进程在策略上必须既要大胆对抗，又要有干劲与激情。简而言之，就是要从睡梦中唤醒群众，揭露傲慢的精英在统治他们，控制他们，向他们征税，掠夺他们。”[46]

这样的策略怎么能被称为“保守”呢？几十年来，自由派一直谴责所有意图废除新政和公平施政的人，认为“那不是保守主义而是激进主义”。罗斯巴德也承认这一点：对于“激进主义”这一指控，他骄傲地“认罪”。也恰恰是这种激进主义，才能打破右派一直以来对左派那些“成果”的默认。自新政以来，左翼的每一次“大步前进”，每一次向集体主义前进都伴随着政治怪圈：保守主义的“强力反对”使得左翼的成果得以保留（甚至扩张）而不是废除。罗斯巴德问道：“我们什么时候才能结束他们的游戏，开始扭转局势？”[47]

但这意味着什么？怎样才能做到这一点？罗斯巴德用一个历史事实来阐述：“快问快答：在20世纪的美国政坛中，谁最受憎恨，最受诅咒？他不是自由意志主义者，不是孤立主义者，甚至也不是保守主义者；事实上，他是一个温和的共和党人。然而他到处遭人谩骂,他的名字几乎就是邪恶的代名词。"罗斯巴德答道:"乔·麦卡锡。"自由派和保守派都赞成麦卡锡的目标,但是对他的方式不敢苟同;罗斯巴德鄙视他的目标,但是非常欣赏他的对抗方式。"麦卡锡最独特也最值得称道的地方"就在于,"他能够避开美国精英的强烈反对达数年之久:从艾森豪威尔-洛克菲勒政府到五角大楼和军工企业,再到自由派和左派媒体以及学术精英"。如果极右派想要获胜,那么这些都是需要打压的敌人。麦卡锡做到了,尽管只是暂时的。

罗斯巴德认为,左翼知识分子对麦卡锡主义极为恐惧,联合起来攻击麦卡锡的一切想法。在丹尼尔·贝尔(Daniel Bell)主编的、影响甚广的著作《新的美国右派》(*The New American Right*)中,一群著名的左翼社会学家和辩论家(其中一些在20世纪90年代转变成了"新保守主义者")对麦卡锡和他的信徒做了宣判:"对现实不满"造就了这群人,他们嫉贤妒能,心智不稳定,容易产生危险的情绪。[48]

帕特里克·J. 布坎南参加总统竞选时打出"美国第一"的旗号,在乔治·布什政府发动海湾战争时期扮演起了林德伯格①的角色。恐惧的激进右派全力支持,而诽谤者也回到了原有的立场。舆论导向者用"对现实不满""妄想狂"以及最流行的批评"极端主义"来形容布坎南。布坎南的"拿叉铲的农民"被贬斥为偏执狂、反犹太主义甚至是佛朗哥主义。罗斯巴德最感兴趣

① 林德伯格(Lindbergh):美国著名的飞行家,强烈反对战争,坚持孤立主义。——译者

的一点是布坎南对手的特性，这些精英憎恨布坎南，并且和当初憎恨麦卡锡的理由如出一辙：他直率、毫不妥协的明确立场，他好斗的风格，以及他有能力避开权贵势力。

这么多年来，罗斯巴德第一次觉得绕开精英直接呼吁民众是可行的——这就是他先后支持布坎南和罗斯·佩罗（Ross Perot）的原因。他看到"体面的"思想集中在了左翼和右翼期望的社会民主实际上出现的地方——这是替代方案出现的绝佳时机。随着苏联解体，如今最大的敌人是孟什维克主义——一种倡导社会民主的温和左翼思潮。它体现在现代福利－战争国家中："如今在美国，我们陷入了一种孟什维克幻想，各种流派的马克思主义者为我们的体面辩论设置了窄窄的界限。"[49]

社会民主共识能被打破吗？随着老右派在20世纪90年代复兴，罗斯巴德坚信精英的控制能被粉碎，辩论的术语会改变。他看到新的政治格局正在形成，它将撼动联邦利维坦的基础。旧保守派运动的全部意义就在于挑战保守派势力的陈腐领导，代之以一支全新的、至关重要的、激进化的突击队，团结民众对抗美帝国。在1994年共和党人获得国会多数席位的前两年，罗斯巴德就预言并试图领导即将出现的右翼民粹主义，确信这一次能避开甚至推翻权贵精英。

罗斯巴德说："在我成长的过程中，我发现反对自由放任、支持社会主义的主要理由是认为社会主义和共产主义是不可避免的：'你不能将时钟往回拨。'但是曾经不可一世的苏联的时钟……不仅往回拨了，而且停止不动，永远地坏了。"然而，我们的使命自此开始而非结束。贝尔所编《新的美国右派》的一位

作者说过:“当我得知激进右派想要废除整个20世纪时,我既恐惧又震惊。”罗斯巴德想起这句话,语带讽刺地回应道:

> 这真是天理难容!谁愿意废除20世纪?这是一个充满恐惧的世纪,一个极权主义横行的世纪,一个到处都是毁灭和屠杀的世纪。谁愿意废除这些?那好吧,我们毛遂自荐去做这件事情!……我們要打破社会民主,打破伟大社会计划,打破福利制度,打破罗斯福新政,打破伍德罗·威尔逊的“新自由”改革以及长年累月的战争。我们必将废除整个20世纪。[50]

这种乐观让罗斯巴德能够长年忍受孤独——在左翼泛滥的年代,他是一名反对新政的小学生;当诺曼·托马斯(Norman Thomas)代表右派时,他是大学校园的一名老右派成员;在冷战的高潮时期,他是一名孤立主义者;面对一群机会主义者,他是一名坚定的自由意志主义者。如今,这种乐观在他的作品和生命中爆发了。他更加多产,更加成功,享誉世界,这是前所未有的。他始终追随他口中的“反国家主义者和孤立主义者的启明星”,一直孤独地对抗各种艰难险阻,最终迎来了那一天——1994年5月底,他在米塞斯研究所举办的“战争的代价”会议上发表了主题演讲。那是自1941年美国第一委员会解散以来,反战和反帝国主义的保守主义者第一次大规模集会。学者、作家、罗克福德研究所成员、米塞斯研究所成员以及自由意志主义研究中心(Center for Libertarian Studies)的成员从四面八方赶来,倾听著名的演讲嘉宾发言，例如保罗·福塞尔（Paul Fussell）的"战争文化"，以及拉尔夫·雷克的"反思丘吉尔"。这次会议高朋满座，演讲嘉宾慷慨激昂，还组织了难忘的石山之旅，石山就在亚特兰大会场边上。美食和南方人的热情好客是一个愉悦的开场。最后在那天傍晚，罗斯巴德发表了演讲"美国的两场正义之战：1775 年和 1861 年"。罗斯巴德脱稿演讲，用他的幽默和个人传奇鼓动听众，在压轴环节融合个人观察经历阐述了正义战争理论。太阳缓缓地从石山落下，罗斯巴德说道：

> 在我的生命中，我在意识形态和政治上的积极活动一直都集中反对美国的战争。首先是因为，我坚信我们发动战争是非正义的；其次是因为，用自由意志主义者兰道夫·伯恩在第一次世界大战中的犀利话语来说，战争一直是"国家的健康状态"，一直是强化国家权力的工具，借此控制国民的健康、生命、财产以及社会制度。[51]

演讲结束时，所有听众都站了起来，鼓掌欢呼。这场重要而圆满的活动达到了高潮。之后我们围坐在一起，在明亮的灯光下品着咖啡，罗斯巴德看向我说道："贾斯廷，这是不是很棒？我是说，回想一下几年前，当时我们还在自由意志党。我们挤在简陋的旅店中，向一堆自由意志主义疯子解释为什么外交政策那么重要。"他回头看看会议厅黑压压的人群，继续说道："贾斯廷，我们终于来到了世界的顶端。"

我们的确做到了。对于罗斯巴德而言，这是他的鼎盛之日。

他准备再接再厉,继续完成多年来还未完成的计划:将积累成箱的笔记编写成几千页的手稿——他不朽的著作《经济学思想史》。

可悲的是,罗斯巴德时日无多了。那一年,米塞斯研究所在加利福尼亚州的克莱蒙特学院举办了夏季研讨会,他抱怨晚上无法入睡。回到纽约之后,他咨询了一位他在脱口秀上碰到的医生。那场脱口秀讽刺的是医院给病人进行太多毫无用处的检查,这种观点正好符合罗斯巴德长久以来对医生的怀疑。8年前,在一封写给埃弗斯的有关侵权法改革的信中,他就明确表示:"坚决反对爱泼斯坦(Epstein)支持医生的言论。我相信,大部分医生是收费高昂的屠夫和杀人犯,他们的主要罪行不是契约问题或者自愿承担风险的问题,而是想尽一切办法侵犯权利。"为了证明医疗工作者的背信弃义,罗斯巴德讲述了他姐夫的经历:

> 主治医师建议他服用特定数量的抗高血压药物。每次服用那种药物之后,他都发现一只眼睛会失明几个小时。他向他的内科医生和一位眼科专家反映了他的担忧,但他们告诉他不用担心并让他坚持服药。他们确信这些症状是暂时的,没什么可担忧的。短短几周,他的那只眼睛永远失明了。之后他向主治医师反映,医生手册上提到眼睛问题属于药物的副作用,那位医生说:"天哪!你是对的!"威廉森,真的应该让这群混蛋知道什么是法律的威严。[52]

罗斯巴德的另一位医生建议他去罗斯福医院，但是他一口否决了：他上次在那家医院的就诊是一场灾难，一位医师抱怨他“凹凸不平的胸部”妨碍了一些检查——就好像罗斯巴德为了刁难她故意让胸部凹凸不平。那是纽约的一个寒冬，天气让他心烦意乱。他知道自己越来越虚弱，但是乔伊、他的朋友甚至他自己都不知道他会心力衰竭。

1995 年 1 月 7 日，乔伊和他们公寓半个街区外的一家眼镜店作了预约。下午 3 点左右，罗斯巴德和罗克韦尔通电话，乔伊出门前提醒他，他说过要陪她一起去取新眼镜。10 分钟以后，罗斯巴德来到了那家眼镜店。他跟店员说，他的妻子在里头试眼镜，他想让店员把他的眼镜弄紧。正当店员在里屋处理眼镜时，外面传来一阵碰撞声。等店员冲到前台的时候，罗斯巴德已经失去了意识。急救人员马上赶到了现场，但为时已晚。所有抢救方法都没有效果。他被送往罗斯福医院，几个小时以后便去世了。

罗斯巴德的追悼会在纽约举行，有 100 多位朋友和仰慕者出席，有些人是这么多年来第一次相聚。他们向这位对他们的生活和思想产生巨大影响的导师致敬，这种影响他们刚开始意识到，并且深表感激。

罗斯巴德最大的对手小威廉·F. 巴克利利用这次机会，以“讣告”的形式攻击诋毁罗斯巴德。他重提了 20 世纪 60 年代赫鲁晓夫访美时，罗斯巴德冲出公寓向他扔花束的虚假报道。

至于罗斯巴德曾经的自由意志党盟友，他们的反应一如既往地缺乏理智与品位。自由意志主义媒体报道了众多对罗斯巴德一生的总结,其中最愚蠢的是一位杂志作家的文章。他评论道,如果自由意志主义保持现状,那么所谓的"叛逆者"罗斯巴德就是一个左派——这一言论透露出作者对罗斯巴德人格和思想的无知。在华盛顿特区,一位著名的自由意志主义智囊团的主席正在参加研讨会,他的助手打断会议进程告诉他罗斯巴德的死讯,他的脸顿时变得煞白。[53]

人们常说天才总在死后才得到认可,这句话在罗斯巴德身上也不幸地应验了。最主要的原因是,那些本该对从事自由市场和私有产权项目研究的知识分子施以援手、给予荣誉和学术职位的人,却对这位最坚定的拥护者大加挞伐。不管罗斯巴德是活着还是死去,他反对的权势集团肯定不会爱戴他。

虽然朋友和追随者爱戴罗斯巴德,但他们在很多方面都忽视了罗斯巴德的天才之处。部分的原因是罗斯巴德与他们距离太近了。只有当他离开的时候,他们才意识到这是多么巨大的损失。不过,他的思想品质未被充分赏识还有一个原因:罗斯巴德在努力创作一部能展现其才学的作品。只需要看一眼罗斯巴德毕生出版作品的脚注,就能觉察到他学识的广度和深度。1997 年出版的 2 卷《经济学思想史》是无人能及的作品,罗斯巴德第一次将他的博学淋漓尽致地展现在这部主题广博的著作中。它是罗斯巴德毕生创作的顶点,是他学术王冠上的宝珠。罗斯巴德一直在反复计划和构思这部作品,至少可以追溯到 1949 年秋天,当时他第一次写信给米塞斯并催促他写一部"学说史"来"合理评价所有经济思想的贡献"。[54]

米塞斯把任务留给了罗斯巴德,而他用惯有的认真开始了工作:罗斯巴德的研究笔记有好几卷,满是富有启发性和犀利的评论,全部标注了引文来源。《经济学思想史》不只是一个学术成就,它最充分地展现了"不顺从的人文主义"(defiant humanism)是奥地利学派或者米塞斯派经济学的核心。它让读者看到在宗教、伦理、文化和政治思想的绚丽多彩背景下的整个经济思想模式。

如果把罗斯巴德毕生建立的思想体系和范式看作一个雄伟高耸、层级众多、结构复杂的建筑,那么《经济学思想史》就位于最顶端。这座大厦有无数个房间,里面装满了缺失的知识珍宝,有的是被遗忘的,有的是被压制的,足够人们穷其一生去探寻。

《经济学思想史》不仅包含这位百科全书式大师的满腹经纶,还体现了他的人格。他花了很长时间思索、阅读和记录,这部著作已经和他融为一体,成为他的作家和经济学家生命中不可缺少的一部分。罗斯巴德也的确将它视为自己毕生的成就。所以,值得用单独的一章对它做更多的分析。

注释

1. Rothbard to Mike Holmes, 30 December 1984.
2. 同上。
3. Rothbard to Evers, 1 August 1984.
4. Rothbard to Evers, 12 May 1986.
5. Interview with the auther.
6. Interview with Llewellyn H. Rockwell Jr.
7. Rothbard to Evers, 16 May 1986.
8. Rothbard to David Bergland, 5 June 1986.

9. Murray N. Rothbard, "Life or Death in Seattle," *American Libertarian* (August 1987).
10. Ludwig von Mises, "Economic Calculation in the Socialist Commonwealth," in *Collectivist Economic Planning*, ed. F. A. Hayek (London: Routledge and Sons, 1935), pp. 87 – 130.
11. Aubrey Herbert [Murray N. Rothbard], "The Real Aggressors," *Faith and Freedom* (April 1954): 23.
12. Murray N. Rothbard, *Left and Right: The Prospects for Liberty*, p. 26.
13. Cited in Justin Raimondo, *Reclaiming the American Right*, p. 215.
14. Llewellyn H. Rockwell Jr., *The Case for Paleolibertarianism and Realignment on the Right* (Center for Libertarian Studies, 1990), p. 4; 最初发表于 *Liberty*, January 1990。
15. 同上。
16. Murray N. Rothbard, *Making Economic Sense* (Auburn, Ala.: Ludwig von Mises Institute, 1995).
17. Murray N. Rothbard, "The Consequences of Human Action: Intended or Unintended?" *The Free Market* (May 1987).
18. Murray N. Rothbard, "By Their Fruits," *The Free Market* (October 1992).
19. Murray N. Rothbard, "The Neocon Welfare State," *The Free Market* (September 1992).
20. Murray N. Rothbard, "Michael R. Milken vs. the Power Elite," *The Free Market* (June 1989).
21. Murray N. Rothbard, *The Case Against the Fed* (Auburn, Ala.: Ludwig von Mises Institute, 1994).
22. Murray N. Rothbard, *Wall Street, Banks, and American Foreign Policy* (Burlingame, Calif.: Center for Libertarian Studies, 1994).
23. Rothbard, *Wall Street*, p. 1. 着重部分为原文所有。
24. Murray N. Rothbard, "The Mysterious Fed," *The Free Market* (October 1991).
25. Murray N. Rothbard, "Alan Greenspan: A Minority Report on the Fed

Chairman," *The Free Market* (August 1987).

26. Murray N. Rothbard, "The Nafta Myth," *The Free Market* (October 1993).
27. Bill Kauffman, "Gnawing Away at Vidal," *Chronicles* (March 1989).
28. 至于旧保守派对这个争论的看法,见 Paul Gotfried, *The Conservative Movement*, rev. ed. (New York: Twayne Publishers, 1993), pp. 144–45。新保守派的观点,见 David Frum, *Dead Right* (New York: Basic Books, 1994), pp. 134–35。
29. Rothbard to Robert D. Kephart, 13 June 1992.
30. Scott Sulett, " Libertarians' Storied Guru," *Washington Times*, 30 July 1987.
31. Rothbard to Llewellyn H. Rockwell Jr., 5 March 1992.
32. Murray N. Rothbard, "Comment on Chairman Thayer's Annual Evaluation," 19 March 1992.
33. Jeff A. Neumayer to Rothbard, 25 August 1991.
34. Rothbard to Llewellyn H. Rockwell Jr., 18 March 1992.
35. Murray N. Rothbard, Clarence Ray, and Hans Hermann-Hoppe, "Memo to the Department of Economics," 18 September 1992.
36. Douglas French, "Rothbard the Teacher," *Liberty* (May 1995): 14–15.
37. 同上。
38. Garet Garrett, *The Revolution Was* (Caldwell, Idaho: Caxton Printers, 1945), p. 1.
39. Murray N. Rothbard, speech to the John Randolph Club, 18 January 1992.
40. 同上。《1789 年联邦司法条例》让联邦法官有权裁决不同州的居民之间的争议。
41. 同上。
42. 同上。
43. 同上。
44. 同上。
45. 同上。
46. 同上。

47. 同上。

48. Daniel Bell, ed. , *The New American Right* (New York: Criterion Books, 1955); revised edition, *The Radical Right* (New York: Anchor Books, 1964).

49. Rothbard, JRC speech.

50. 同上。

51. Murray N. Rothbard, "American's Two Just Wars: 1775 and 1861," in *The Costs of War: America's Pyrrhic Victories*, edited by John V. Denson (New Brunswick, N. J.: Transaction Publishers, 1997), p. 119.

52. Rothbard to Evers, 12 May 1986.

53. 没过多久,这位智囊团主席又参加了约翰·麦克劳林(John McLaughlin)组织的电视采访,连着3次否认罗斯巴德对自由意志主义思想的重大影响,转而表彰哈耶克和米尔顿·弗里德曼。

54. Rothbard to Ludvig von Mises, 22 September 1949.

第七章　顶　点

我们已经明白,《经济学思想史》几乎从一开始就在计划中。在给罗斯巴德的回信中,米塞斯解释道:“正是认识论方法让不同的经济学‘流派’彼此区分。”此外,他进一步勾画了自己计划在研讨会上研究的主题。然而,米塞斯没有采纳罗斯巴德信中的建议,承诺写一本关于经济学思想史的著作。相反,他写道:“我希望你能马上完成你的论文,留足时间开始写一本关于你信中所提问题的伟大著作。”[1]

罗斯巴德有没有当即决定开始这项任务,我们不得而知。但不管怎么说,他应该很早就对这部著作动过念头。除了笔记之外,正式写作开始于 20 世纪 70 年代早期。我们提到过,一份大纲或浓缩的基本思想,已经以短文的形式发表了——也就是 1976 年的《奥地利学派史前史新说》。[2]80 年代初,罗斯巴德开始充实自己的主旨。当时在经济学家马克・斯考森(Mark Skousen)的建议下,他同意写一部经济学思想史。斯考森则通过政治经济研究所安排出版事宜。

然而一切并不顺利。在 1983 年的一封信中,罗斯巴德抱怨他的《经济学思想史》遇到了危机。出版社想在夏天结束之前拿到手稿,而他的编辑坚持认为罗斯巴德“应该强调后亚当·斯密时代。所以,我认为唯一能实现这一点(同时也如他所愿,让书尽量简短)的方法,就是把我目前已经描写详尽的绝妙而出色的内容推翻,代之以他想写的内容——也就是乔伊所说的‘10 位伟大的当代经济学家’的简略版,然后希望仍有充沛的时间把 2 册合并成 1 册。要不然,我可能会分为 2 册:1 册‘简略版’,1 册统摄全局,内容也更加丰富”。[3]

事实表明,未来几代自由意志主义者非常幸运,罗斯巴德没有舍弃组成第 1 卷的绝妙而出色的内容。相反,就像他在致谢中所写的:“在思考这个问题之后……我告诉(编辑)我还是得从亚里士多德开始。因为相比于他的很多先贤,斯密的学说是一个大退步。”[4]

“统摄全局”说得恰到好处,这可能是唯一适合公正评价罗斯巴德主旨的短语。正如他在导言中所说,“这部作品和现行的标准化著作完全不同”。罗斯巴德反对狭隘的“经济学”,赞同介绍经济学理论得以形成的哲学、宗教和政治背景,从而创造了一幅生动的思想史全景:不仅有经济学思想,还有所有的社会思想。

这一主旨的逻辑起点是米塞斯派的经济学观点——经济学属于人类行为学,也就是关于人类行为的研究,其中还包括心理学、历史学、伦理学、政治经济学和所有的社会科学(或“软科学”)。从奥地利学派的视角来看,经济学思想史必须通过多个角度来看待其主题,而不能把它们硬塞进几百页的书里。这必然是一项庞大的任务,一项需要穷尽一生来完成的工作。换作别的学者,就连接受这样的挑战都将是一种傲慢行为,即使他们全身心地投入其中。然而罗斯巴德在接受这一挑战的同时,还要定期出版著作,发表学术论文、政治评论和杂文。

思想史上的杰出人物并不都是好老师,天才往往对普通人缺乏耐心,因为普通人无法迅速或者用同样的方式建立起事物之间的联系。将奥地利学派的经济学思想史限于所谓的十大经济学家,只能表明他们——哪怕是自诩为米塞斯派的人——对人类行为学方法是多么无知。无论这让罗斯巴德多么沮丧,这种悲哀的无知非但没有使他气馁,反而使他更加坚定地去教育这些人,甚至可以说是帮助他们达到他的认识水平。这一修正错误的动力——不仅是修正错误,更是提供一种复杂的和更为理性的替代范式——使他成为一名伟大的教育者。

罗斯巴德反对经济史中的"伟人"理论。这种理论认为"亚当·斯密创造了经济学,就像雅典娜完全成熟且全副武装地从宙斯的脑袋里跳出来一样"。相对地,他提出一种新的范式,将无限复杂的人类经验考虑进来。作者一开始就声明其意识形态上的忠诚,表明"这是一部从坦率的奥地利学派立场出发的经济思想通史",也就是说,遵循奥地利学派的经济学视角。"不仅如此,"他继续说道,"这一视角的基础是当前奥地利学派众多分支中最不流行(尽管不是最微不足道)的'米塞斯派'或'人类行为学派'。"[5]

在方法论领域,米塞斯最伟大的成就是把经济学从科学幻想中拯救出来。受这种幻想蒙骗的拥护者将经济学视为“科学”,认为它可以像物理学一样不断增加知识和精确性,同时不断完善分析最终实现对事物的全面理解。罗斯巴德说,这种不断前进发展的经济史观显然是错误的。存在一种“缺失的知识”,历史会(而且经常)误入歧途,会在谬误的引导下走上一条不正确的毁灭道路。

罗斯巴德引用托马斯·库恩的《科学革命的结构》,指出即使是物理学等“硬科学”也不会经历这种“浪漫的、过分乐观的”发展历程。库恩驳斥了罗斯巴德指出的科学中的“辉格史观”(the Whig theory of history),说明科学不是这样发展的。范式一旦被选择,就很少受到挑战和考验;只有当反例和矛盾的数量激增时,主流范式才会陷入“危机”。然后,旧的范式被推翻,新的范式取而代之。人们无须采用库恩的虚无主义观点——所有范式都同样有效或无效——就能够认识到,“他不那么盲目乐观的科学观,不论对于历史学还是社会学而言,看起来都是正确的”。[6]

如果现代主义的偏见——“越新越好”——连“硬科学”都无法适用,那么对于经济学等“软科学”研究而言,显然更是无稽之谈。因为在经济思潮的前进和衰退中,政治、宗教以及伦理等各种因素都在起作用。罗斯巴德反对经济学思想史的主流范式,即标榜每一种学派和潮流都为经济科学的整体发展做出了独特贡献。他发现“由于新近的系统性谬误有时排斥早先更合理的范式,经济学将会且已经以充满争议甚至曲折的方式发展,这使得经济思想走上了完全错误甚至悲剧的道路”。[7]

“经济史中的少数伟人理论”始于亚当·斯密,他不仅被认为是自由市场经济理论的奠基者,还是经济学本身的奠基者。“那些不幸生于斯密之前的人的思想都被忽视了。”不过,罗斯巴德揭示了一个从古人(希腊、罗马、中国)到中世纪经院学者的丰厚传统。他用令人着迷的详尽史料说明,经济思想并不始于亚当·斯密,也没有因为这位英国加尔文教徒的研究而达到高峰:“照例,经济思想诞生于希腊。”希腊人是自然法概念和原则的最早发现者。

古希腊的遗产:希腊人和自然法

由于经济学尚未与其他科学分离,罗斯巴德有关古希腊经济思想的观点源于文化和哲学家的视角。柏拉图是最早的极权神秘主义者、寡头主义者(oligarchist)和所有未来的执政党的先驱。根据早期居于主流的柏拉图学派的观点,自然法施加的“限制”是无法忍受的,因此人的目标就是“超越”它们。由于偏离了真正的自我——一种永恒的、超越时空的自我——人类始终在试图重新达到这种神明般的状态。正如罗斯巴德在之后500多页里生动描述的那样,克服这种“偏离”成为数十种宗教和意识形态运动的动力和首要目的,从新教改革到马克思世俗化的千禧年主义和共产主义运动——包括后千禧年时期,美国经济和社会改革中的那些虔诚先知。

尽管错误连续不断,尤其是柏拉图的有害影响持续存在,但是随着亚里士多德的出现,经济科学的发展向前迈出了巨大的一步。虽然他也延续了希腊人对商业的歧视,但他对柏拉图的寡头集体主义发起了一场强有力的抨击。亚里士多德指出,柏拉图式社会的铁板一块侵害了人类多样性这一自然法则。既然双方都能从自由交易中获利,那么柏拉图的经济学将会同时惩罚生产者和消费者。在对公有财产的详细驳斥中,亚里士多德认为私有财产更富有生产力,也更有助于社会和平。同样,私有财产也不可避免地依附于自然法,这样私有财产就不能被政府法令所废除。古希腊哲学家最伟大之处在于强调了,根据亚里士多德的观点,私有财产制度使人们能道德地行动,也就是能实践慈善。在柏拉图的共产主义之下,这种机会是不会产生的。亚里士多德反对柏拉图严格限制个人财富积累的观点,相信在普罗大众中灌输贵族的苦行主义(asceticism)是控制人们不加约束地拥有财富和物质欲望的唯一方式。[8]

和柏拉图一样,亚里士多德对商业有一种贵族的偏见。这种对企业家的阿提卡式蔑视①在之后几个世纪产生了巨大的影响,所有影响都不幸达到了极致。正如罗斯巴德指出的那样,亚里士多德的思想是托马斯传统的哲学基础。受圣托马斯·阿奎那及其继承者的影响,中世纪禁止“高利贷”——有息贷款,这一思想就是建立在亚里士多德对货币的错误认识之上的。虽然亚里士多德认识到了货币这一商品的效用,但他依然将有息贷款谴责为“非自然的”,因为他认为借贷是“非生育的”,本身不

① 阿提卡(Attic)是古希腊城邦雅典所在地,这里的意思是古希腊人对企业家的蔑视。——译者

能产生财富。因此,这位古希腊贵族总结道:对贷款收取利息是非自然的,也是不道德的。正如罗斯巴德在随后几章中指出的那样,经历了从中世纪早期一直到文艺复兴晚期几代托马斯主义经院学者,亚里士多德所犯错误的可怕结果才得到纠正。

在论及亚里士多德的经济学不幸受到毕达哥拉斯的影响,充满不必要的数学术语时,罗斯巴德无法抑制的反偶像崇拜主张表现出来了。"这一贡献唯一可能的好处,"罗斯巴德写道,"就是给那些想要从亚里士多德的作品中读到精密的现代分析的经济思想史学家带来了许多欢乐时光。"但是伟大的思想家,不管他们有多伟大,"都会滑入错误和前后矛盾之中,甚至有时就是在胡扯。很多思想史学家没有认识到这一简单事实"。[9]

罗斯巴德批评了亚里士多德在《尼各马可伦理学》(*Nichomachean Ethics*)中关于交易互惠的讨论。亚里士多德描述一个建筑师用房子和鞋匠交换鞋,同时假设"用于交换房子的鞋的数量必然与建筑师和鞋匠的比例相符。因为若非如此,就不会有交换或贸易"。罗斯巴德回应道:"嗯?怎么可能会有建筑师和鞋匠的比例?更别说这个比例会同鞋子和房子的比例相同了!像建筑师或鞋匠这样的人,应该用什么单位来表示?正确的答案是:这些问题毫无意义。这种特定做法应该被当成是毕达哥拉斯式的数量迷信的不幸例子而予以舍弃。"[10]

很多人声称亚里士多德是劳动价值理论的先驱,这些人的努力实际上是一种"精致而徒劳的追寻"。这种追寻集中指向《尼各马可伦理学》的某一段,为未来几个世纪的经济科学带来了极为严重的问题。因为它包含了亚里士多德的格言:要使交易得以发生，不同的商品和服务“必须是等价的”。按照亚里士多德的观点，两人交易两种不同的产品，它们的价值必须相等，否则交易不会发生。正如奥地利学派的经济学家在两千多年后指出的那样，这显然是错误的。产品没有内在价值，其市场价值是由不同消费者的偏好决定的。罗斯巴德认为，交易不意味着价值相等，而意味着“主观价值的双重不均等”。[11]

在方法论上，亚里士多德是奥地利学派的先驱，因为他至少隐约认识到了所有经济学和哲学的基础都是由少数公理性概念组成的，都可以从这些概念得出，这些概念中最重要的就是人的行为。罗斯巴德引用了鲜为人知的《论题篇》（*The Topics*）。在《论题篇》中，亚里士多德展示了他对人的目的和手段的哲学分析。他把这些手段归类为“生产工具”，这些手段的价值源于一个事实，即它们的最终产品对人是有用的。如果人们对某种商品的需求很高，那么用于生产的手段就会从这一事实中获得较高的价值。他接着从公理性概念得出一系列更复杂的经济理论，这些公理性概念包括：人类行为的必要性，通过配置稀缺手段实现人的目的，以及人的多样性和不平等这一原始事实。

这两卷详细记述了奥地利学派和广义的自由市场经济学源于亚里士多德思想。亚里士多德的哲学体系建立在理性的至高无上和逻辑规则的基础上，为之后两千年的经济思想提供了概念框架和背景。但是紧随亚里士多德之后的一段时期，也就是公元前4世纪之后，“包括古希腊在内的古代世界在这几个世纪前后都成了经济思想的荒漠”。[12]尽管先进的经济制度出现在中国、美索不达米亚和其他一些地方——甚至在某些方面比亚里士多德时代的古希腊更为先进——但这些文明没有或少有经济思想产生。正如罗斯巴德所说:“这是一个重要的启示,与经济决定论者的看法相反,经济思想和观念不是简单地作为经济制度发展的反映而出现的。”[13]

那么,如何解释相对简单但又百花齐放的古希腊经济学思想呢?答案就在古希腊先贤宽广的哲学观中,也就是在希腊哲学家的方法论中,他们试图从少数不证自明的公理中推导出真理。不同于当今的实证主义者,亚里士多德相信自然法是客观存在的;在这一普遍、绝对的真理的基础上,后希腊时期欧洲文明的认识论体系形成了。在古希腊思想的宏伟大厦中有许多房间,它们都由同样的理性和逻辑的柱子支撑着,都属于一幢宏伟建筑的一部分。这幢宏伟的建筑就是奥地利学派所说的人类行为学,也就是对人类行为的研究,而经济科学是这一宽广领域的子集。然而在现代世界中,信息被碎片化为“比特”,实证主义者的“经验”证据模型被用来检验“实验室条件下”的经济理论,哲学家的智慧被实证主义者的冒牌“科学”所代替,而后者只会使用计算器、计算机模型以及所有现代的花哨物件。

但是两千年来,世界有幸避免了这些书呆子的规则。同时,亚里士多德的去世也意味着古希腊哲学思想,特别是经济思想的衰落。第一个犬儒主义者第欧根尼反对德谟克利特和亚里士多德对私有财产的认同,他认为钱是万恶之源。为了追求美德,他住在一个桶里,并和追随者一同立誓保持贫穷。虽然老第欧根尼是一个备受推崇的人物,对我们而言是一个不断追求真理的形象,但是罗斯巴德揭示道,他的罪恶在于,他认为人是一种堕落的生物。普罗米修斯为人间盗取火种而得罪天神,在第欧根尼眼里,这个英雄是头号罪人;在犬儒主义者看来,人类知识的增长乃至进步本身不是恩赐而是罪恶。

古希腊哲学的逐渐衰退伴随着斯多亚学派的缓慢兴起。斯多亚学派明确反对平等主义,其中一位领导者克里希波斯(Chrysippus)不无讽刺地说:"没有什么能阻止剧院的椅子比别的椅子更好。"同时,他也反对第欧根尼的格言"钱是万恶之源",认为:"只要有适当的报酬,聪明的人就会翻3个跟头。"[14]

斯多亚学派率先将自然法系统地运用于个人。随着古希腊城邦政治的衰落,随着城邦(polis)的终结,斯多亚学派开始自由地将自然法运用于整个人类而不只是小小的部族,构建一个适用于所有国家的普遍伦理准则。罗斯巴德写道:"有史以来第一次,成文法开始不断受到一种以普遍而永恒的人性为基础的超验批判。"[15]

罗斯巴德从古罗马晚期的斯多亚主义者——伟大的罗马政治家、演说家西塞罗那里追寻到了亚里士多德和斯多亚学派的深远影响,这位古罗马法学家所构想的法律传统成为日后英国普通法的基础。虽然没有真正的经济思想存世,但是一些罗马法学家宣称财产权是自然法的固有内容。从某种重要的意义上说,正是这样的精神驱使西塞罗"为西方思想贡献了一个伟大的反国家主义寓言":

> 西塞罗讲述了一个海盗的故事。这个海盗被拖上亚历山大大帝的宫殿,当亚历山大谴责他的海盗和抢劫行为,并

> 问他是什么动机促使他用小船把大海搞得不得安宁时，他犀利地回答道："就是那个促使您[亚历山大大帝]把整个世界弄得不得安宁的动机。"[16]

考德的理论：文化、经济和国家

丰富的事例和分析，清晰透彻的语言，广博的研究范围和闪耀的智慧之光，这意味着我们很难概括这两卷书。作者以新颖的风格将蕴含着如此丰富信息的材料呈现给我们，本身就称得上是一项文学成就了。面对浩如烟海的资料——到目前为止，我们的分析所涉及的只不过是这本书的前30页——罗斯巴德还能保持甚至强化他的焦点，引导读者进入叹为观止的陈述中。在这个夸张的年代，书籍往往被冠以"不朽的"一词，但这一说法对于《经济学思想史》来说绝对名副其实。在风格和内容方面，这部作品代表了罗斯巴德作为一个作家、教师以及理论家的巅峰。这部权威著作内容广博，体现了他的方法：经济学不是碎片化的伪科学，而是结合了政治、伦理、宗教和哲学的领域；简言之，不是一种如物理学一般细微的"硬科学"，而是一种更为广泛的"软科学"——一门关于作为人究竟意味着什么的"科学"。

在阅读《经济学思想史》的过程中，我们不仅同时在读哲学史、政治学史，更重要的还有宗教史。在这里，我们遇到了那个富有争议的观点，即亚当·斯密远非经济学的创立者，而是一个主要错误的始作俑者，这个错误使得经济学研究转向，原初奥地利学派(proto-Austrian)强调相对稀缺性的主观效用价值论被劳动价值论所替代。罗斯巴德已经证明,这个由经济史学家埃米尔·考德(Emil Kauder)提出的完全正确的观点,是他这部作品的核心。中世纪和文艺复兴早期的西班牙与意大利的经院学者,18世纪的法国经济学家都有比斯密更深刻的市场概念,在斯密之前,学者已经在强调主观价值论、企业家精神和价格随需求波动。斯密改变了一切。他把经济学的焦点转向了劳动价值论,并如罗斯巴德所说的那样"主要聚焦于不变的长期'自然价格'均衡,那是一个没有企业家精神的世界"。考德的历史分析给予斯密一个头衔——"卡尔·马克思的一位必要的前辈"。[17]

然而,考德的理论远不只是批判斯密。正如罗斯巴德在导言中讲述的那样,考德的理论还提出了一个问题:"比如,为什么主观效用论这一传统能够在欧洲大陆(尤其是法国和意大利)繁荣,然后在奥地利得到复兴,而劳动和产品成本理论会在英国大行其道?"考德将其归因于不同宗教的深远影响:经院学者是天主教徒,法国、意大利和奥地利都是天主教国家。而且,这些受天主教影响的经济学家"强调消费是生产的目的,消费者效用和享受——至少是适度的享受,是有价值的活动和目标。相反,始于斯密本人的英国传统是加尔文教派的,反映了加尔文派的一贯思想:努力工作和辛苦劳动不仅是好事,而且其本身即是善;而消费者的享受至多就是一种不得已的邪恶,一种促使劳动和生产能够持续进行的必要条件"。[18]

天主教相对人文主义的信条,转化为这样一种观点:生产的目的是消费,消费不是罪恶的,并且应该享受生命。这样的心理背景就会孕育出主观经济价值论,因为不同的人喜欢不同的东西。

然而新教徒的价值观、教义和情感环境相当不同,所产生的经济理论也是如此。首先,新教教义是对所谓的正在逐渐消失的真正(原初)基督精神的背叛。尤其令这些背叛者恼怒的是西班牙经院学者精细的经济分析,他们(在中世纪中后期)废除了所有中世纪对贷款("高利贷")利息的非正式禁令。其次,加尔文教派强调劳动本身就是一种善——辛勤劳动是上帝的荣耀——这有助于劳动价值论,这一理论将内在的价值尺度归因于人的劳动产物。新教和天主教的自由意志之争所隐含的经济意义也非常清楚:如果像早期加尔文教徒所主张的,人注定要走某一条道路;如果这种选择并非来自他们的行动而是不可知的上帝意志,那么人的经济选择也一定是注定的。不同于天主教理论家的自然法传统,加尔文派和路德派的理论家反对将理性作为伦理的框架,坚持上帝的启示是通往真理的唯一途径。"如果理性不能建构伦理体系,"罗斯巴德写道,"这就意味着路德和加尔文其实必须抛弃自然法。而如果他们这么做,就表明他们放弃了发展了几个世纪的那个据以批评国家专横行为的基本标准。"新教徒的态度至少首先是"政权是由上帝授予的,那么不管国王多么残暴,都是神授予的,必须绝对服从"。[19]

新教教义的国家主义方针也与"专制国家的世俗主义辩护士"的目标相差无几,并且,"这两个看似矛盾的群体不仅拥有共同的敌人,而且非常接近。从许多方面来看,他们简直是孪生兄弟而不只是偶然的盟友”。[20]

在民族国家兴起的年代，专制君主及其宫廷智囊发现，新教徒回归了将成为其优势的早期基督徒的“纯洁”。夺取教会财富，废除对立的权力中心，建立一个新的国家控制的教会——新教革命在整个北欧夺取权力，抛弃教会，甚至导致更激进的千禧年派（如各种再浸礼派）的出现。在“新教徒和天主教徒”一章中，罗斯巴德详细记述了他们的极端思想和激进的杀戮行为。

虽然路德和加尔文的早期教义十分有助于国家崇拜，新教徒在天主教国家（尤其在法国）受到的宗教迫害，使得新教徒圈子内反国家权威的自由意志主义理论得到了发展。胡格诺派的作家们被迫放弃加尔文教派有关无条件服从国王的教条，重建了人民主权的自然权利理论。相较于广受吹捧的社会学家马克斯·韦伯的理论——认为资本主义的兴起源于新教（加尔文教派）的兴起——罗斯巴德指出，“将加尔文教派视作‘现代化’和革命的，视作激进的、民主的思想的创造者”的流行观点过于简单了。真实情况是，加尔文教徒最初是国家主义者和专制主义者，“只有在敌对的天主教政权的压力下才是革命的和反霸权的，这迫使加尔文教派回到天主教经院思想中的自然法和人民主权等主题”。[21]

罗斯巴德批评韦伯的观点忽略了早期意大利城邦、安特卫普和德国南部的资本主义发展的真正根源。罗斯巴德的观点与韦伯恰恰相反。正如他在讨论加尔文教派和天主教之间的观点差异时指出的那样：

> 天主教国家和经院思想同加尔文教派的关注点南辕北辙。经院思想的关注点在于消费和消费者,它们是劳动生产的目的。劳动本身不是一种善,而是导致市场消费的一种方式。亚里士多德式的平衡或者中道被视作良善生活所必需的,这种生活同人性相契合,最终能导向幸福。[22]

按照经济学的看法,南欧的天主教文化"强调消费和闲暇的愉悦,还有生产性努力的重要性"。另一方面,北方冷酷的加尔文教派强调"工作和节俭的极端重要性",并将闲暇斥为"懒惰"。所有"反偶像崇拜在加尔文教派中登峰造极——他们通过谴责感官愉悦来表达宗教虔诚"。任何人都会在简单陈述观点之后停止讨论,不再给出更多的证据。然而,在典型的罗斯巴德式的恢弘文风中,作者对主题的阐释富有洞见。"这一差异的一个表现,"他写道,"就是每到宗教节日,天主教国家都尽情享受;而对清教徒来说,这是偶像崇拜,甚至连圣诞节都不应视作感官愉悦的机会。"[23]

有一个决定性的论据——一个生动难忘的例子能够加以证明,说明文化和宗教信仰在经济思想演变中具有中心地位。通过收集到的可观的证据,罗斯巴德证明,无论何时何地,激进的苦行主义的兴起——从柏拉图的哲学王独裁统治,到激发了进步主义时代美国资本主义"改革"的后千禧年虔诚——都不可避免地成为暴政的逻辑依据,并且为大规模流血事件埋下祸根。这是《经济学思想史》的一个主要论题,同时也贯穿于罗斯巴德所有大大小小的作品之中:人的享受、价值与快乐在生命中是重要的，因此在经济学中也是重要的。

马基雅维利和重商主义：给当代的一课

如要完整而全面地考察这部上千页的鸿篇巨制所包含的材料，那么篇幅至少会是目前的2倍之多，也超出了本书的研究范围。既然已经激起了读者对真相的兴趣，我们就花点篇幅谈谈重要部分，其中之一就是罗斯巴德论述马基雅维利的部分。

就其本身而言，这一部分单拎出来也是一部综合性分析杰作。在这里，罗斯巴德使现代社会科学家提出的“价值中立”，服从于自由意志主义严谨的阶级分析，并得出结论：“马基雅维利创立现代政治科学一事具有深远的意义。对于现代‘政策科学家’来说……马基雅维利是一个将自己相当合适地放在君主（或者更广泛意义上的统治阶级）的顾问这一位置上的人。作为一个纯粹的技术人员，这个顾问就统治阶级如何实现他们的目标提出切实的建议。而正如马基雅维利所理解的那样，这些目标可以归结为……保持和拓展他们的权力。”然而，两者在一个重要意义上有分歧：“尼科洛·马基雅维利从来没有设想——或者说狡猾地——宣称要成为一位真正的科学家，因为他是‘价值中立的’。‘老尼克’”（Old Nick）[①]从来没有装作价

① 马基雅维利“被看作是西方历史上独特的人物，一个有意识的邪恶传教士，一个恶魔，释放了政治世界中的魔鬼。在英语中，把他的教名用作恶魔的同义语：‘老尼克’”。见罗斯巴德著，张凤林等译：《亚当·斯密以前的经济思想》，北京：商务印书馆2012年版，第308页。——译者

值中立,他只不过是将基督徒的道德目标替换成了另一个明显不同的道德原则——保持和拓展君主的权力。”罗斯巴德把马基雅维利那一章起名为“老尼克:是邪恶的布道者还是第一个价值中立的政治科学家?”在最后,罗斯巴德总结道,马基雅维利“是现代政治科学的创立者和著名的邪恶布道者”。之后,罗斯巴德对16世纪专制主义思想进行了引人入胜的考察,马基雅维利当初的追随者和坚定效仿者旨在用类似的、毫无道德感的建议去争取君主的信赖。[24]

从16世纪至18世纪,重商主义经济学随着欧洲民族国家的兴起而发展。罗斯巴德这样描述重商主义经济学:“一套包含国家建设、大政府、繁重的皇室支出、高税收……通货膨胀和财政赤字、战争、帝国主义和吹捧民族国家的体系。简言之,这是一套与当今非常相似的政治经济学体系,除了一个无足轻重的例外——经济的主要关注点是现代大规模工业而不是商业贸易。”[25]

这引起了(也将再度引起)一个有趣的问题,那就是:这本《经济学思想史》是写给谁的?显然,这种带有专业的经济学副标题“经济学思想史”的著作,多半只有专业学者感兴趣,也许只有他们感兴趣。如果这部作品的作者不是默里·N.罗斯巴德的话,那么肯定就是这样了。正如我们所看到的那样,就罗斯巴德而言,学术研究像各种辛勤劳动一样,其本身不是最终目的,而是达到目的的手段。这一目的是快乐地生活在一个自由社会,或这种自由的前景不太遥远的社会。这部《经济学思想史》是一种时间跨度长而且复杂的叙述,可以从很多层次去解读。除了向学者、经济学家和一般的知识分子等读者陈述外，在这些（以及许多别的）段落中，罗斯巴德也经常直接同自由意志主义者对话，并通过他们与所有人沟通。

罗斯巴德在详细的描述中展现出的17世纪法国的政治风貌，和我们当下的情况非常相似。统治精英不仅奢侈、腐败和堕落，而且在艺术上自命不凡、自我吹嘘。受人敬仰的法兰西学院在让－巴蒂斯特·柯尔培尔（Jean-Baptist Colbert）的重商主义计划中诞生的故事，罗斯巴德在书中有详细的精彩论述。柯尔培尔是法王路易十四的经济顾问，同时也任职于多个艺术卡特尔，比如“具有合法垄断地位的艺术机构”的美术与建筑学院。甚至连音乐和戏剧也未能幸免于柯尔培尔式的卡特尔化（Colbertian cartellization）。金钱以各种补贴和资助的形式注入艺术。“作家、艺术家、科学家、历史学家、哲学家、数学家和散文家”几乎个个都由政府豢养：

> 如此规模的补贴让同时代其他国家对人文科学和国家科学基金的资助相形见绌。喷涌而出的大量资助彻底颠覆了法国知识分子原本可以拥有的独立精神。整个国家的思想都被颠覆了。[26]

我们的时代也有类似的情况，一大批御用文人仍然依靠国家的施舍过活，这让人非常痛心。前事不忘后事之师，或许还有一线生机。伴随这一历史错误的，是对法国的放肆行为越来越多的反应。在路易十四——所谓的太阳王时期，这个专制国家在光怪陆离的奢侈铺张上达到了顶峰。罗斯巴德带着我们穿梭于历史长河,领略 17 世纪、18 世纪原初自由意志主义运动:从 1636 年反对没收性税收的“乡巴佬起义”(croquants' rebellion),直到挑战重商主义现状的自由放任主义理论家和经济学家的出现。[27]

一种条理清晰、表述明确的对抗柯尔培尔主义和马基雅维利主义的国家和统治者思想的反对意见在法国出现了,它呼吁自由贸易、自由放任以及有限政府。大部分反对者都是罗马天主教的神职人员。他们重提亚里士多德和托马斯的传统,并特别强调要充分理解帝国主义和战争之间的关键联系,战争往往是国内暴政(特别是毁灭性税负)的原动力和逻辑基础。在一本以给国王的公开信的形式而写的匿名小册子中,最伟大、最激进的反专制主义牧师——康布雷大主教弗郎索瓦·德·萨利南·德·拉莫特·费奈隆(Francois de Salignan de la Mothe Fenelon),谴责太阳王的大臣让国王误入歧途:

> 他们无限地增加了你的收入和你的开支。他们把你抬上了天堂……他们以整个法国的贫困来维系宫廷中无法自拔的极度奢华。他们抬举你的代价是毁灭这个国家的各个阶层,好像你通过镇压臣民就能变得伟大一样。[28]

费奈隆总结道:这些乱臣贼子决心不计代价——哪怕是毁灭整个国家或王国——打败他们的敌人。太阳王的群臣把国王的名字变得“可憎”,因为他们不需要公民而“只要奴隶”,并且

“导致了流血战争”。他们迫使忠诚的臣民起来反抗，“因为您的战争夺走了他们用辛勤劳动换来的面包”。[29]

作为国王情妇的宗教导师和勃艮第公爵——路易十四的孙子，王位的第二顺位继承人——的家庭教师，费奈隆有一个极好的地位来施加影响，他也将此用到了极致。年轻的公爵很快成了费奈隆的忠诚信徒，宫廷中信奉原初自由放任主义的勃艮第的支持者把所有希望都寄托在公爵的王位继承上。费奈隆的政治小说《忒勒马科斯历险记》（*Telemaque*）是写给年轻公爵的教科书。在书中，一个叫忒勒马科斯的年轻君主漫游古代世界寻找治国建议。当然，这个建议就是：自由放任。聪明的腓尼基人门特说：“首先，不要做任何干预贸易的事情。”在神秘之地萨兰特“商业是完全自由的”，贸易“就如潮水涨落般自然”。[30]

费奈隆雇用了弗朗索瓦·勒布朗（Francois Le Blanc），年轻的勃艮第公爵的教育随之进一步提升。勒布朗是一本重要的货币理论著作的作者，打算写一本书来论述国家行为在外交政策方面的影响。费奈隆相信“战争是最大的邪恶”，[31]并且决心把反对穷兵黩武的理念灌输给年轻的公爵。不幸的是，勒布朗还未完成巨著就离世了。

路易十四的儿子——大太子的去世意味着勃艮第公爵将是下一任继承人。费奈隆和勃艮第人都欢欣鼓舞。然而，他们没能高兴多久。第二年，勃艮第公爵以及他的妻子和长子就因为麻疹而去世了。这部分的内容再次提出这个问题：罗斯巴德在《经济学思想史》中到底是在向谁叙述。在历史叙述的过程中，作者腾出时间，直接对未来的自由意志主义骨干说话。他写道：

“勃艮第集团的悲剧结果表明计划中存在重大的策略性失误，不仅是勃艮第集团，还有重农学派、杜尔哥以及其他18世纪晚期的自由放任主义思想家。因为他们的希望和战略一直囿于君主政体及其本质上的专制统治网络。简言之，他们的想法是要进入宫廷，影响权力核心并且劝说国王采用自由意志主义的想法，发动自由放任主义的革命。”[32]

很难相信罗斯巴德在写这几句话的时候，没有想起曾经在加图研究所的同志。他们的策略是跟随精英、“向政权（Power）示好”。正如罗斯巴德指出的那样，这完全就是费奈隆式的：一个政治小团体希望通过宫廷密谋来赢得一场宫廷政变。他知道，不论从理论上还是从自身的经验来看，这样的策略都注定要失败。“依赖国王的良好意愿，本身就有一些内在的缺陷。”为了在策略问题上让未来奉行自由意志主义的学者永远铭记这个教训，罗斯巴德继续说道：

> 第一，正如勃艮第公爵这件事情一样，这需要依靠个人的生存和健康。第二，还有一个更加系统的缺陷是：即使一个人能说服国王，使他相信实现臣民的利益需要自由和自由放任，但是那种关于他自己的收入能和臣民的繁荣同比例增长的流行观点也是不可靠的。因为通过残酷地迫使臣民辛苦劳作以获得可能的最大化收入，国王的收入在短期甚至是长期内都是可以实现最大化的。另外，对君主的利他性的依赖至多也不过是一根摇摇欲坠的芦苇。由于上述原因，恳请君主自上而下实施自由放任注定是失败的策略。[33]

罗斯巴德没有到此为止，而是一贯地建议道：在他看来，“一个更好的策略”应该是“从遭受统治和剥削的大众中自下而上地组织起巨大的反抗力量”。不幸的是：

> 17世纪、18世纪博学而老练的自由放任主义思想家们……断然拒绝了这一推荐策略，认为它是不合适的，甚至是疯狂的……尤其是那些有影响力的人和特权阶层，他们并不会抛弃特权，在所继承的政治体制之外从事这一孤独而危险的任务。[34]

这同罗斯巴德素来的乐观态度截然相反。尽管他认为自由的最终胜利几乎是不可避免的，但是从短期来看，自由的拥护者不仅在人数上寡不敌众，就连心智也不成熟。罗斯巴德沮丧地发现，“没有人在从事这项工作”——不论是支持奥地利学派的人类行为学或米塞斯派，还是保存老右派的火种，抑或是指出赫伯特·胡佛的保守国家主义是现代福利国家的真正先驱。这一颓丧的感觉意味着，罗斯巴德必须一个人去填平缺口。他的伟大之处就在于，他用相对短暂的生命设法填平了如此多的缺口。

信奉自由放任的功利主义者在太阳王长期统治的末期出现，这很好地证明了自由放任经济学的不断完善和流行，以及作为新自由意志主义概念架构的自然法的复兴。正如罗斯巴德指出的那样，不同于大多数今天所谓的“功利主义者”，自由放任的法国理论家们知道战争是“维系政府破坏性干预行为的标准借口”。自由放任经济学家布阿吉尔贝尔（Pierre le Pesant Sieur de Boisguilbert)认为剥削和战争是国家主义的自然恶果,而和谐与和平是不受皇家法令管制的市场的结果。[35]

法国功利主义者将市场看成是不受胁迫和扭曲的自然法运行的经济结果。在这方面,我们看到的一个巨大进步是,保罗·德·贝莱斯巴(Paul Seigneur de Belesbat)和布阿吉尔贝尔等理论家能够同牛顿等17世纪晚期学者的新机械论宇宙哲学协调一致。与费奈隆的神秘主义不同,他们持有理性主义的信念,"本身不是反基督教的",但是"肯定以一种乐观的、更以人为中心的信仰代替了基督教的苦行主义。同时,他们迎合了逐渐崛起的自然神论,这种宗教认为上帝是造物主或钟表发条,创造了宇宙运行的机制和自我维系的自然法则,接着就从世界中隐没了"。[36]

很多人推测,罗斯巴德晚年——特别是专注于完成《经济学思想史》的时候,突然信教了,更有传闻说他改信了罗马天主教。正如乔伊·罗斯巴德所说:"果真如此那就好了。"[37]以上引用的关于一个可能已经"从世界中隐没"的上帝的观点,似乎最接近他所认同的宗教教义。他称赞天主教经院学者是奥地利学派的先驱,加剧了这个关于他改信宗教的推测,而他支持考德的宗教文化理论则更证实了这一点。但是,他有关人类事务中的宗教的本质和重要性的看法要比这复杂得多。在1990年的一封信中,他抨击了自由意志主义者反宗教——尤其是反基督教——的典型立场。从战略上来说,激进的无神论者显然只会与大多数美国人格格不入,因此执着于反宗教将使自由意志主义运动走向消亡。"但是,还有一个原则问题",他继续写道:

> 我深信自由、有限政府、自然权利和市场经济只在西方文化中发展绝不是偶然。我深信其原因在于，基督教特别是罗马天主教孕育和培养了这种观点。第一，相比把城邦视为美德与行动的核心的古希腊思想，基督教的独特之处在于它关注(a)按照上帝的形象创造的**个人**，还有(b)最为神秘的道成肉身理论，上帝完全按照凡人创造圣子——这意味着每个个体以及他的救赎都是上帝最为关心的。

罗斯巴德接着指出基督徒所扮演的重要角色，他们继承了罗马民法、产权法和基督教经院思想的自由意志主义部分。再加上教徒的跨民族性，事实是：

> 它不依附于任何一个国王或政府，因此对于国家权力起到了重要的审查作用。诛杀暴君和革命权利的概念都是由天主教经院学者发展起来的。洛克(和他在美国独立战争中的追随者)是一个信奉新教(英国圣公会)的经院学者，发展和明确了天主教经院学说。因此，尽管我不是一个信徒，但我仍然称颂基督教，尤其是巩固了自由思想的天主教信仰。(同样也巩固了艺术、音乐和建筑，但那是另一个话题。)

在同一封信中，他重申了他的无神论立场："在宗教问题上，我们这些老派自由意志主义者不是神权论者。"他写道："显然，我不可能既是自由意志主义者又是无神论者。"然而，左翼自由意志主义者对宗教的敌视是"非常可怕的"，这种敌视基于无知以及“不断成长着的青少年反抗美国中产阶级”的那种痛苦。[38]

罗斯巴德对宗教的态度，尤其是对天主教的态度反映了很有趣的一点。他的敌人抨击他“不包容”，然而，罗斯巴德却是一位能够称颂某个他并不认同的教义，并视之为“自由的支柱”的人。当然，他的确是有些“不包容”！罗斯巴德的思想远没有囿于意识形态，反而因其对自由的全身心投入而拓宽。在他长达一生的反对国家主义的战斗中，罗斯巴德团结所有可以团结的人，才在能够获胜的地方取得胜利。

在分析英国重商主义学者时，罗斯巴德依旧探讨宗教信仰在经济思想发展过程中的极端重要性。不像经院学者、加尔文教派和法国的天主教保皇派，英国圣公会的信徒认为国王和上帝是同一个人。这种观点根植于作为国王统治教会工具的圣公会的起源。这种世俗和宗教的融合代表了 16 世纪早期至 17 世纪初保皇主义思想的重要一支。在天堂中存在，在人间也不能例外，或者如罗斯巴德所说的那样：“必须要在凡间政府和社会生活中复制出一套据说在天堂中存在的‘政府的’和社会的等级制度。”[39]

弗朗西斯·培根爵士：一个修正主义的观点

另一个在《经济学思想史》中无处不在的罗斯巴德主题是历史修正主义。我们发现，在英格兰，第一个表述“格雷欣法则”的人是托马斯·史密斯爵士（Sir Thomas Smith），而不是他的同事托马斯·格雷欣爵士（Sir Thomas Gresham，约 1519—

1579)。[40]我们还得到了独家新闻:著名的首席大法官爱德华·柯克爵士(Sir Edward Coke)是一个所谓的"经济自由主义者",他被英国马克思主义历史学家克里斯托弗·希尔(Christopher Hill)视为英国自由放任活动家中的开创者。在马克思主义者看来,柯克传说中的"反垄断"判决,"是正在崛起的清教徒商人阶层归顺经济自由和自由放任的体现"。[41]罗斯巴德表明,柯克的整个政治生涯都是基于他支持重商主义而非自由放任,并且重点强调柯克希望由国会而非国王管理商业贸易。

罗斯巴德还用绝佳辩才戳穿了另一个人的虚名,这个人就是弗朗西斯·培根爵士(1561—1626)。培根被法国百科全书派誉为"所有哲学家中最伟大、最博学和最雄辩的人",至今仍贵为社会思想的巨人。培根作为"经验主义的先知"的地位,使他成为这本"奥地利学派"经济学思想史的首要批评对象。作为"原始和朴素经验主义的先知,事实挖掘上的权威",培根是"元经验主义者",他的角色是规劝所有人去收集事实,仅仅是事实,所有的事实。"随后,包括理论知识在内的所有知识就会像凤凰一样,自洽、自足地从堆积如山的数据之中飞出来。"[42]

培根将知识分为两大类:神的知识和自然的知识。在前者中,信息以神启的方式,直接从上帝及其代理人那儿获得。另一方面,自然世界的知识只能以"归纳"这一经验主义方法而获得,犹如罗斯巴德对这一过程的描述,"大量的详细资料能以某种方式使自己成为普遍真理"。[43]

罗斯巴德指出,这一方法

> 在科学如何发挥作用方面是完全说错了。没有一个科学真理是靠初步的事实挖掘而被发现的。科学家首先必须要有构建好的假说;简言之,科学家在收集和比较事实之前,必然想好寻找什么和为什么寻找。社会科学家有时会被培根的理论所误导,认为他们的知识是"完全真实的",是没有前提假设的,因而是"科学的"。而事实上,这只是表明他们的前提和假设隐含在观点背后。[44]

世界或许是物质的,或许是精神的。就前者而言,知识"纯粹是可感知的和经验的";而在后一种情况中,知识则来自神圣启示。这两种情况都将理性排除在外。[45]

于是在培根的世界观里,天主教经院学者及其新教支持者的自然法遭到否决,代之以伦理相对主义。没有了自然法,对国家权力及其运用的约束就被破坏了,个体公民就有被国家奴役的危险。

按照罗斯巴德的看法,培根的声望源于"他成功地抓住了时代精神;他是在恰当的时代传播观念的恰当人选"。有大量的证据支持这种看法,最令人吃惊的是培根卷入了17世纪神秘主义的狂热世界。罗斯巴德指出,培根的"科学"标榜近来已经被揭穿了。据披露,他是玫瑰十字教派神秘炼金术士的成员(或支持者)。玫瑰十字教派以神秘的炼金术典籍和他们所想象的犹太卡巴拉秘法(Jewish Cabala)作为教条,认为亚当的罪并不是获得知识而是拒绝知识。人们依然可以通过魔法和统治者的睿智获得这种知识或者说远古智慧。这些统治者"拥有这种神圣的知识，会帮助人类实现他们真正的神明般的本性，从而走向完美和幸福”。[46]

当时，“超自然‘知识’明确成为新的时代精神的一部分”，正如罗斯巴德指出的，也有必要对那些“对英格兰国王的绝对权力和荣耀的头脑简单的颂扬”进行升级和现代化。罗斯巴德写道：“培根的‘科学实在论’完美地适应了这项新的任务。”[47]

培根是马基雅维利的崇拜者，他有意识地在政治作品中模仿“老尼克”的写作风格，直接向国王表达自己的观点并扮演总顾问的角色（他在真实生活中扮演的角色）。回顾培根的政治家生涯，他生于一个英国权贵精英家庭，罗斯巴德指出这是培根能有社会科学理论家虚名的一个主要原因。在对培根精彩人生的生动描绘中，罗斯巴德强调了培根作为御用文人的角色，并且记述了他不断上升到权力巅峰的过程：从掌玺大臣到大法官。培根被指控受贿，并被判有罪。他认罪，但是声称收受贿赂“从未影响他的判断，并且他自己的‘意图’永远是‘纯洁的’。然而，若用他自己的经验主义方法去审判他，他的这些‘形而上学’观点应该会引起怀疑”。[48]

在讨论英国培根主义运动的过程中，罗斯巴德研究了大量名人。他对每个名人都给予浓墨重彩，这是为了让读者总览17世纪英国“启蒙”知识精英。这些“新科学”的信徒鱼龙混杂，既有真正的科学家，也有装模作样的追随者。培根主义者以“乡绅阶层的清教徒最喜爱的哲学家和理论家”而闻名。正如罗斯巴德所说，他们

> 从不真正忠于任何特定形式的政体。就像培根本人一样,他们能在君主专制统治下飞黄腾达。对于这些“科学的”“价值中立的”未来国家管理者来说,君主制、共和制、国会、国王、教会等所有的政体形式并不是特别要紧。[49]

罗斯巴德直言不讳地说,培根主义者是善变的谋取最佳机会的人。他们能适应任何政权,只要它“足够国家主义”,只要他们有“足够的空间去实现权力梦和‘科学’梦”。他们是一群野蛮和古怪的人,沉浸在数字命理学、卡巴拉神秘主义和迷信之中。他们把自己想象为“无形学院”(invisible college),像从事另一门需要“科学”调查的“知识”一样从事神秘学。正如罗斯巴德所说:“17 世纪科学狂潮建立在半地下的神秘主义炼金术和卡巴拉传统的古老数字命理学基础上,这导致了科学家尤其是那些为之喝彩的人,带着一种傲慢和疯狂的热情对社会生活进行量化和数学研究。”接着,罗斯巴德引用了哈佛大学杰出社会学家皮蒂里姆·索罗金(Pitirim Sorokin)的观点——索罗金在 1956 年的著作《现代社会学中的风尚与怪癖》(*Fads and Foibles in Modern Sociology*)中说,这种疯狂“从那时到现在一直存在,就是‘数量狂’和‘计量狂’”。罗斯巴德滑稽地描述了英国皇家学会的成立及其一直记录毫无意义的无用数据的疯狂,从而把现代的数量狂趋势追溯到了培根主义时代。[50]

当时主要的哲学家——斯宾诺莎、笛卡儿、莱布尼兹、牛顿,都在构建索罗金所描述的“普遍量化科学:万能测量学及其分支,心理测量学、伦理测量学和社会测量学”。培根学说对“社会测量学”的贡献就是威廉·配第爵士(Sir William Petty)的《政治算术》(*Political Arithmatic*)。这本培根主义小册子鄙视智识辩论,仅仅醉心于“数字、重量和尺度”——这句口号在配第的著作中随处可见。他是痴迷于“数据”的现代“社会科学家”的鼻祖;他用可靠的统计数据武装自己,标榜以百分比来测量社会和经济的相互作用。

罗斯巴德捕捉到了配第有趣的一生中所有怪异的细节。他在《政治算术》中建言献策,认为应该以增加劳动生产率的名义强迫苏格兰和爱尔兰人迁移到英格兰。让我们感到特别欣慰的是,讽刺作家乔纳森·斯威夫特(Jonthan Swift)将讽刺的矛头直指这些培根主义者。他们的傲慢注定了他们易受嘲讽。

罗斯巴德指出,在《格列佛游记》(*Gulliver's Travels*)中,斯威夫特老练地讥讽了拉普塔岛等地的疯狂科学家,他们要把如今所谓的培根式“研究项目”付诸实施。在《一个谦卑的建议》(*A Modest Proposal*)中,斯威夫特滑稽地模仿了痴迷于数字的配第的浮夸风格和伪数学精确性。斯威夫特嘲笑了配第书中的统计神秘主义——配第在书中(同样以增加劳动生产率的名义)严肃地建议对爱尔兰未婚妇女进行生育补贴。斯威夫特同样利用客观真实的统计数据提出了一个谦卑的建议。斯威夫特估算“这个王国人口的总量”在“150 万人”,减去富人的孩子以及因为夭折、流产和其他原因死亡的孩子,他认为“贫困家庭每年会生育 12 万个孩子”。斯威夫特认为不可能抚养这么多的小孩,声称他在伦敦听一个美国人说过,1 岁左右的婴儿“不管炖烤烘煮,都是最美味、最有营养、最健康的食物”。正如罗斯巴德所说:“接着,斯威夫特运用最符合价值中立、数字命理学、经验主义的配第式方法,证明每年把 10 万个小孩卖给人吃掉是最为经济的。”[51]

“政治算术”以“计量经济学”的形式在现代复兴,期待有另一个斯威夫特来嘲讽这种自诩为“科学的”精确性。这些新培根主义者(更远可以追溯到新毕达哥拉斯主义者)渴望为数字崇拜的经济学派别(除了玫瑰十字会以外)建立一些理论先例,他们已经从查尔斯·达维南特(Charles Davenant)——罗斯巴德所说的“花一辈子谋取最佳机会的律师”——的著作中明白了这一点。就像很多挂在画廊中的恶棍和英雄的画像一样,罗斯巴德对达维南特生平的概述,将人物特征与意识形态联系起来。由于 1688 年的光荣革命,达维南特从税务专员的位置上退了下来,用笔来捍卫他内心最亲近、最珍爱的东西:自身的经济利益。正如罗斯巴德所说:“他的所有出版物的中心都是为他的政治利益——追求补贴和恢复他在政府中的高位——进行诡辩。”他的《论维持战争的方法与途径》(*Essay upon the Ways and Means of supplying the War*)催促增加税收——“这恰巧是达维南特擅长的领域”。达维南特的下一项行动则是保卫东印度公司的运营:他写了一系列书反对“唯金银主义者”和原初贸易保护主义者,为东印度公司辩护。但是直到 1698 年东印度公司嘉奖时,他才获得了一份工作。1703 年,他恢复政府要职,成为负责进出口的长官。达维南特这个“政治算术”的虔诚拥护者在恢复政治地位以后,大部分写作都服务于政治。正如罗斯巴德所说,他的态度“随着政治风向而改变”,唯一不变的主题则是他始终在谋取最有利的机会。罗斯巴德说:“他以无人敢鄙夷却也无人信任的方式结束了职业生涯。”他破产了,只能靠朋友钱多斯公爵(Duke of Chandos)的资助为生。[52]要不是达维南特突然“发现”“需求法则”——他在《论贸易差额》(*Essay Upon the Balance of Trade*,1699)中没有提供证据——“他将成为一个被遗忘的、微不足道的重商主义作家”。[53]

在现代计量经济学的高级祭司们将达维南特封圣以前,人们不会注意到这些迷你传记(例如达维南特的小传)的作用和优点。罗斯巴德在导言中写道:“历史必然意味着对真实人物及其抽象理论的叙述性讨论,包括胜利、悲剧和冲突。除了纯理论冲突以外,往往还有道德冲突。”[54]经济学家的个性、生活环境、野心、政治观念和宗教信仰对经济科学的进程产生了决定性的影响。罗斯巴德坚信这些因素绝非次要,为了“丰富多彩”都需要纳入经济学思想史。重商主义本身就是一个为特殊利益——各自要求补贴、特权、垄断和其他权利——辩护的联盟,是一个非常适合像达维南特这样的人生存的体系。达维南特作为政治和脑力雇佣兵的一生,同样也体现了重商主义经济“原则”。

达维南特发现的所谓需求法则认为,小麦的稀缺不仅只是提高小麦的价格,而且这是“一种有明确数量关系的效应”。罗斯巴德用几段话便戳穿了这个谬论。即使达维南特著名的价格表建立在精确的统计数据之上,它也只在特定的年份、特定的地点,作为特定时间点上消费者头脑中的主观反映才是有效的。[55]

由于在17世纪40年代的英国内战期间,现状的算术辩护者的地位有所下降,平等派在第一次大规模的自由意志主义运动中崛起,这在争取自由的历史上具有里程碑式的意义。然而,平等派所提出的自由市场、言论自由、信仰自由和自由贸易等方案不敌克伦威尔主义者——大部分原因是共和运动的破坏,这一运动在克伦威尔死后瓦解了。罗斯巴德认为天主教经院学者是亚里士多德和托马斯自然法传统的继承者,他的这一主题在对约翰·洛克的讨论中开始发挥作用。洛克是一位伟大的自由意志主义理论家,一个世纪之后,他对北美殖民地的影响催生了第一次成功的自由意志主义革命。

曲折前行:从坎蒂隆到斯密

罗斯巴德的洛克小传描绘了他设想的经济政治思想演变方式:思想不是在真空中运作的静态的教条或范例,而是在交换意见的背景下运作的矛盾观念。罗斯巴德谈到洛克受益于阿什利勋爵(沙夫茨伯里伯爵一世,当时古典自由主义运动的领袖),转向了自然权利-自由意志主义哲学。他抱怨道,这一关系的重要性"时常被历史学家所掩盖,因为他们对于政治理论和哲学的常见发展方式持有一种荒诞的修道士般的恐惧,认为那总是意味着残酷的政治和意识形态斗争"。流行的观点似乎认为,有必要"将洛克的理想形象塑造成一个纯洁而超然独立,同现实世界肮脏而世俗的政治利益相分离的哲学家"。[56]

正如我们所见,这和罗斯巴德所采用的方法完全不同:就像他不把经济学从政治、宗教和文化意识形态中分离出去一样,他也不会相信一个学者能把自己和真实生活分开。罗斯巴德就如同学者中的斗士，他参与到他那个时代所有重要的论战之中，他认为真实世界并不肮脏和世俗，而是永远让人兴奋。

这种对思想史——尤其是经济学思想史——如何曲折前行至今的动态理解，体现在《经济学思想史》的另一个独特方面。出于对其著作“不寻常的篇幅”的歉意，罗斯巴德写道：“之所以比大多数著作要长，是因为它坚持要把所有‘次要’人物和他们的相互影响都纳入进来。”[57]理解所谓次要人物的关键作用是理解罗斯巴德的思想——不仅是经济思想——演化理念的核心。虽然乔纳森·斯威夫特非常出名，但他的著名讽刺小说的真正目的却鲜为人知。而罗斯巴德在讨论斯威夫特的讽刺小说的政治经济学起源时，不仅添加了引人入胜的叙事，还从社会和政治的背景下讨论个人的行动与思想，编织成了一条色彩艳丽、层次丰富的华美壁毯——从实践上展现了人类行为学这一研究方法在经济学和社会科学中至高无上的地位。

在罗斯巴德的手中，“沉闷的科学”成了一场充满所有人类要素的思想冒险——不仅有观念的力量，还有人类情感的力量：爱恨、贪婪、禁欲以及上帝和魔鬼，这一切都是经济学思想史中重要的（通常也是决定性的）因素。

罗斯巴德关于18世纪崛起的硬通货和自由放任理论家的研究，在有关理查德·坎蒂隆（Richard Cantillon）的章节中达到高潮。他对坎蒂隆的评价是“现代经济学之父”——请注意！不是被神话为当今温和保守主义之神的亚当·斯密，而是“法国化的爱尔兰商人、银行家、冒险家，他撰写的第一部有关经济学的作品，比《国富论》早出版40年”。[58]

坎蒂隆应当享有“第一位经济学家”的头衔，因为他最早将经济学从神学和道德哲学中分离出来。罗斯巴德认为，不管伦理和宗教如何重要，为了摆脱重商主义者的混乱，将纯粹的经济学事务从中分离出来是十分必要的。[59]在探究政府角色和适合于规范经济事务的伦理之前，必须先发现并分析市场如何运行、为什么能够运行的基本原则。

坎蒂隆的《商业性质概论》（*Essai sur la nature du commerce en général*）第一次对市场过程进行了系统调查。[60]他超越了经院学者，在亚里士多德传统的基础上，从公理概念中推断出普遍原则，并且使用米塞斯所说的“思想实验”来检验他的基本假设。罗斯巴德说：“人类生活不是一个实验室。在实验室中，研究员能让所有的变量都保持不变，然后通过改变一个变量来考察它的影响……但是理论家在分析因果关系的时候，可以不用实验室试验，而代之以思维抽象。”这些“思想实验”开始于简单的模型，并逐渐演变为更高级的复杂模型。读者可以回想布阿吉尔贝尔——他生动描述了专业化和贸易之间的关系，提出了最简单的交易（两个生产者，一个生产羊毛，一个生产小麦），然后把分析扩展到了更广阔的领域（一个小镇、一个省、一个国家，最后是整个世界）。坎蒂隆在《商业性质概论》中采纳了这种方式，并且使用的方式更加大胆、更富有启发性。

在封建领主征战和国家法令的影响下，法国成为一个拥有大量土地财富的国家。坎蒂隆巧妙地将整个世界构想为一个巨型庄园，唯一的土地垄断者仅依靠发布命令来指导经济，而其他人则遵守命令。坎蒂隆对模型进行了修改:地主将土地分包给生产各种产品的租户。这改变了地主的功能和地位。这些生产者现在必须相互交易,不再依附于皇室地主,成了必须存在于竞争环境和价格体系中的自由人和企业家。在不断复杂化的层层递进中,坎蒂隆分析了自由市场经济的起源,以及既是商品也是交易媒介的货币的发展。

罗斯巴德指出,坎蒂隆完全不赞同"内在价值"这种观点。他发展和详述了古老的经院思想,认为价格是人的主观评价的结果,这预示了后来奥地利学派的洞见。在企业家理论方面,坎蒂隆再次成为奥地利学派的先驱。他关注企业家作为不确定性和风险的承担者这一核心角色,认为风险承担者的收入取决于可变因素。作为经济活动的催化剂,坎蒂隆的企业家是供求的重要平衡者(相反,罗斯巴德强调,熊彼特认为企业家具有"破坏性"特征)。

坎蒂隆的贡献大部分被遗忘了,奥地利学派则重拾了他的洞见,F. A. 哈耶克使人们重新关注他的作品(他为 1931 年德文版的《商业性质概论》写了引言)。罗斯巴德认为,经济学界似乎全然忘记了这位真正的奠基者,其原因是"现代经济学是一系列自诩能够完全决定人类行为——至少在经济学领域能够如此——的规范模型和等式"。它没有为不确定性、企业家精神等概念留下空间,因为这些概念不可能被"塞进具有各种限定条件的数学模型中"。如果确实有可能罗列出一系列包含企业家预测能力的等式,这难道不就自行破坏了企业家才能这个概念吗?罗斯巴德写道:"经济理论必须在形式优美但是错误、扭曲的数学模型和对真实人类生活本身的'文学'分析之间做出选择。"[61]

坎蒂隆在货币、贸易、企业家精神、价值和价格理论中,"第一次详细阐述了市场经济是一个各部分完美融合的、'自然的'、自我约束的均衡模式",政府干预只能阻碍这部完美机器运转。[62]通过进一步阐明他的主题——经济思想发展的方向并不总是向上和向前的——罗斯巴德注意到,坎蒂隆运用前奥地利学派的范式分析了新货币的注入如何让那些最早获得货币的人受益,而损害了后来获得货币的人的利益。相较于洛克的货币数量理论(至今仍受到货币主义者和新古典主义者的追捧),这种分析更加精妙。

罗斯巴德对坎蒂隆的生平叙述也强调了考德的论点:自由放任主义的真正温床是南欧天主教国家,而非信奉新教的英格兰(反传统智慧)。罗斯巴德明确指出了坎蒂隆的成就:这个法国化的爱尔兰人不仅是第一个系统思考经济学的作家,还直接影响了法国重农主义者、A. J. R. 杜尔哥、大卫·休谟,甚至是亚当·斯密——"他对自己的原创性有着超高的意识,因此几乎不引用或承认许多先驱"。[63]

斯密作为一个经济学"伟人",经济思想的非凡创立者和源头,他的出现使坎蒂隆的重要思想,乃至所有出现在他的伟大思想之前的经济思想都变得黯淡无光。罗斯巴德认为这种"抹杀使得斯密的古典经济学抓住并主导了经济思想长达 100 年"。对斯密的崇拜使经济学从主观主义—自然法—亚里士多德—托马斯的大陆思想传统"偏离为""不列颠范式",即斯密的所谓古典主义经济学,至今仍然“深陷于总量分析、价值的生产成本理论、静态均衡状态、‘微观’和‘宏观’的人为划分,以及整体和静态分析”。[64]

在说明18世纪中叶法国重农学派的政治经济学思想时,罗斯巴德讲述了一个重农学派开创者弗郎索瓦·魁奈医生(Dr. François Quesnay)如何回应法国太子抱怨国王难当的故事。魁奈认为当国王一点也不难,当太子问道:“如果你是国王,你会做什么?”魁奈回答道:“什么也不做。”这是一个简单鲜明却又充满自由意志主义的答案。[65]

法国重农主义是一场有组织的运动,拥有自己的期刊、沙龙和宣传骨干,魁奈和他的追随者的作品广为流传。由于魁奈是国王的情妇蓬皮杜夫人的私人医生,他的主要助手米拉波侯爵(Marquis de Mirabeau)也是一位知名作家,因此重农学派在知识分子中获得了显著地位。他们的信仰体系的核心是尊敬农业,认为它是国家的心脏和灵魂。因为土地是经济活动中最重要的组成部分,是唯一的生产要素,农业之外的所有行业都是“不生育的”。尽管他们一般都始终支持自由市场,反对重商主义者的控制,但是他们在经济技术分析方面的贡献却不如坎蒂隆。重农主义者坚持一种令人困惑的价值的“生产成本”理论,预言了斯密的劳动和内在价值理论——忽视消费者的主观价值。另外,他们还支持反高利贷法案。虽然还不是那么糟糕,但如今让人“更加不快”的肯定当属魁奈的《经济表》(*Tableau économique*, 1758)。罗斯巴德用他独特的风格将《经济表》描述为“一张令人费解的、充斥着各类术语的表格,旨在描绘支出从一个经济阶层流向另一个阶层的过程”。它刚出版时未引起重视，“但它被20世纪的经济学家重新挖掘出来，他们着迷的原因是经济表的极度费解。毕竟能借此发表论文总是再好不过了！”[66]

罗斯巴德把重农学派描述为一个“教派”，这使人想起他对安·兰德的“客观主义”崇拜也有非常类似的描述。像兰德一样，魁奈实际上也被追随者神化了：“重农学派的教派性质表现得最露骨的莫过于他们用在领袖身上的形容词。魁奈的信徒将他视为苏格拉底，习惯性地称他为‘欧洲的孔子’。”[67]

除了创立者和主要理论家个人魅力导致的个人崇拜，另一个和兰德主义者的相似之处是重农学派的策略观：就像兰德主义者一样，尽管表面上是“资本主义激进分子”，实际上却渴望就职于权力核心。重农学派的所有策略都建立在一种可能性之上，即让国王理解自由放任的优点。虽然重农学派激进地反对以重商主义为基础的君主政体，但是也从未想过皇权将会、可能会或者应该会被推翻。我们可以通过一两个例子来说明，这种转变国王态度的策略是不可能实现的：一个德意志的小国——巴登的总督改信了重农学派，急切地在领地实践了重农学派的学说。魁奈还拥有一批皇室的支持者，其中包括瑞典国王古斯塔夫三世和利奥波德二世、托斯卡纳公爵以及后来的奥地利皇帝约瑟夫二世。罗斯巴德提到，那位虔诚的总督有一次见到他的重农学派导师米拉波，便问道：“重农学派的理想是不是要让君主不再必要。”米拉波脸色发白，“严厉地”提醒他的年轻弟子：君主的权力虽然有限，但仍然被视为是合法的。

A. R. J. 杜尔哥（1727—1781）以富有才气的技术分析在重农主义者中脱颖而出，他的经济学著作只是他作品的一小部分，其余大部分则有关历史、语言学和自然科学。他出生显赫，家族的先辈一直是皇室顾问。他对经济理论的贡献简要却又卓著，在方法和经济结论上预见了奥地利学派的洞见：不仅是他对国内国际自由贸易的辩护，还有他对市场过程的技术分析。杜尔哥的演绎法运用了思想实验和克鲁索经济学。通过这种分析，他得出了一个极其精妙的市场经济观点，远超所谓的自由市场思想之父亚当·斯密：杜尔哥以未臻成熟的形式，预见了奥地利学派关于成本是被迫放弃的收益、时间偏好、主观主义价格观以及市场中预期的重要性等观点。虽然在某种程度上杜尔哥受重农学派的土地神秘主义影响，但他承认其他生产要素，即时间和劳动必然同时存在。罗斯巴德也有一个欣喜的意外发现——有些卓越成就其实属于这位鲜为人知并在很大程度上被人遗忘的经济学大家，不过往往归功于他人了。此外，杜尔哥对收益递减规律的分析“在 20 世纪以前都没有人超过，甚至也没有人达到他的水平”。[68]

罗斯巴德对亚当·斯密的批评是这一卷的核心。他生动表达了这本著作的两个主要论点：不论是考德的理论还是库恩的“范式”理论，都清楚地证明，斯密的影响把经济学思想从原初的奥地利学派的正确道路上引入歧途，从而直接导向了计划经济。斯密的第一个大问题是他把劳动分为“生产性的”和“非生产性的”，前者仅限于生产实体商品的劳动，与投入消费品中的劳动相对应。这“导致他产生偏好资本品投资的偏见，因为根据定义,资本品存量体现在实物当中”。另一方面,消费品则会被使用殆尽,即为消费者所享受。这种资本投资偏见根植于加尔文教派的神学理论。罗斯巴德写道:“亚当·斯密的长老会教派的意识使他看重劳动耗费本身的价值,导致他回避了自由市场中消费和储蓄之间的时间偏好问题。”[69]

斯密所谓非生产性从业者的黑名单,不仅包含佣人、“演员、小丑、音乐家、歌唱家、舞蹈家等”(斯密语),还有牧师、医生、律师和“各类文人”。[70]

斯密对资本品的吹捧并不限于耐久性,他认为房子不是“生产性的”。斯密只对生产更多财富的资本品感兴趣。斯密谴责奢侈,罗斯巴德认为这是一种“加尔文主义的轻蔑态度”,是在生物学意义上伤害人类,导致更低的出生率。斯密也谴责高利润,认为这会把资本家引向歧路。据斯密说,高利润“破坏节俭,在其他环境下,节俭天然是商人的特性”。

虽然今天除了计划经济者,其他人都认为斯密的劳动二分法是过时的、没有意义的,但他在《国富论》中提出的价值理论则更为过时——今天,我们仍在承受着这个灾难性的后果。罗斯巴德指出,斯密的价值理论是一种“退化”,不仅是从发展了几个世纪的主观价值论退化到内在价值论,而且相比斯密自己未曾出版的讲义而言,也是“一种类似的退化”。[71]

几个世纪以来,价值都由效用和稀缺性决定,斯密“严格而固执地将效用同价值和价格分隔开来,使彼此水火不容”。不仅如此,斯密还完全放弃了稀缺性的概念:“由于稀缺性不再是价值悖论的答案,主观效用实际上退出了经济学,消费和消费者需求也同样如此。效用不再被用于解释价值和价格，当几十年后左翼分子和计划经济者欢呼雀跃地谈论着‘为利润而生产’和‘为使用而生产’之间的关键差异时，这两个分离的概念将再次出现。”这是斯密使用价值和交换价值二分法的回响。《国富论》中的价值和价格概念，决定性和毁灭性地改变了主观效用理论的发展道路，转向了只存在于幻想的“均衡”状态中的“自然价格”理论。[72]

罗斯巴德对斯密方法中的技术缺陷的分析令人陶醉，即使对外行来说也是如此。但是那些斯密的辩护者可能会声称，他获得声名的原因是他为市场辩护和反对政府干预，也就是说来自他的政治立场。但是即便就这一点来说，罗斯巴德认为斯密也是非常不称职的。对于一个虔诚的“武德”（martial virtue）信仰者来说，他对民族国家军事荣耀的忠诚使他能够容忍“英国重商主义的堡垒”——《航海法案》（Navigation Acts）。斯密旗帜鲜明地反对法国自由放任主义的鼓吹者，而后者非常了解战争、税收和专制主义统治之间的必然关系。[73]除了军国主义，公共教育是另一个必需品。因为正如斯密所说，受教育的人“不易被错误地导向恣意地或不必要地反对政府的措施”。斯密是一个自由市场的拥护者吗？当他主张对纸币（请不要发行小面额纸币！）进行管制，容忍银行部分准备金制度、公共工程、政府创造货币、国营邮局、宣布实物支付为非法和一些出口限制时，答案是他不是。这部分清单还要加上斯密对税收的主张，包括更高的土地税和建立对贸易的税收障碍。他的税收计划的顶峰是累进所得税，多年后马克思使之成为共产主义政策的重要部分。[74]

我们从斯密那里继承的另一个有问题的重要遗产则是控诉“异化”,据说“异化”是劳动分工和专业化所致。另外,斯密回到前经院时期,呼吁恢复反高利贷法并做出最高5%的贷款利率的限定。其全部意图就是驱使资本远离“浪费的”消费者、挥霍者和不道德的奢华的追求者,转移到冷静和节俭的商人手中——他们听从神明的教诲保持悭吝,会将资本投入更多的资本品中。关于自主的消费者在自由市场中的时间偏好,斯密不过就谈了这么多!

正如罗斯巴德所说,传统观点给予我们的有关亚当·斯密的认识和“真实故事几乎是相反的”。斯密并非现代经济学的伟大创立者和自由市场思想的伟人,用罗斯巴德的话来说,“这是学科史上一个符合库恩范式的典型案例”,学科的真正知识没有增加反而是减少了。

回顾《经济学思想史》第1卷的叙述范围和详细分析,我的目的不仅是让读者熟悉这部著作环环相扣的主题,也是为了让人们深入了解作者的个性和意图。对于任何认识罗斯巴德的人来说,他对这个冷酷、拒绝快乐、反消费主义的狂热加尔文主义者的不幸影响的关注并没有神秘之处。你对(通常是)随和、温和的享乐主义者罗斯巴德——一个阳光的乐观主义者对这一黑暗学说的反应,还有别的期待吗?罗斯巴德关注“被遗忘”的人物的经济思想,除了表明思想的相互作用很大程度上是社会思想演化的催化剂,还让他有机会表达他最喜爱的论点之一:未被意识到的天才的观点遭到了压抑和忽视,其伟大而原创性的贡献迟早会被揭晓。在《经济学思想史》中，这种熟悉的叙述以不同形式出现，或许罗斯巴德也在想象自己故事的一种可能结果。

如果真是这样，那便是他惯有的谦虚态度的体现。因为《经济学思想史》第 1 卷的单独出版已经打破了默默无闻的可能性，第 2 卷——《古典经济学》(*Classical Economics*)的出版则确立了作者在社会思想编年史领域的重要地位。然而，对罗斯巴德所有著作的详细分析已经超出本书的范围。我会把我的未竟工作留给读者，去继续研究罗斯巴德关于斯密主义运动，J. B. 萨伊、杰里米・边沁、约翰・斯图尔特・密尔和大卫・李嘉图的生平和著作的第一手娴熟考察；还有，他对货币和银行发展理论的深入分析也有待研究。

现在我们要前往第 2 卷后半部分，看看罗斯巴德对马克思主义的详尽分析(第 9—13 章)。之所以这样，首先是这些章节引人入胜，文笔出众；其次是他把考德和库恩的观点与对马克思主义和共产主义的探讨相结合，这是非常特别的，值得说明。

神秘和世俗

我们已经在罗斯巴德对再浸礼派的讨论中看到，早期“前马克思主义”的共产主义学说的繁荣是 16 世纪宗教变革的结果。他们也有一个世俗主义派系，在法国大革命期间尤其活跃。罗斯巴德引用了两位共产主义作家的作品，一位是著名的自由放任主义者孔狄亚克(Etienne Connot de Condillac)的兄长贵族加布里埃尔·博诺·德·马布利(Gabriel Bonnot de Mably,1709—1785),另一位则是《自然法典》(*Le Code de la Nature*,1755)的作者乔瓦尼·摩莱里(Giovanni Morelly)。

马布利是一个多产而受欢迎的作家,还是一个彻底的平等主义者,他坚信道德激励能代替物质激励。在新社会中,胜利者获得的不是利润和工资,而是勋章、绶带和其他各种表明光荣和赢得同伴尊重的物品。他的另一个建议是,即使由于缺乏激励而生产较少,社会也必须设法适应这种状况——这个立场同如今那些生态社会主义的环保主义分子有着诡异的相似性。

马布利认为人类太腐败堕落而无法适应他的理想,而摩莱里认为私有产权是一个不自然的瘤子,如果人类显露真正的本性的话,私有产权制度将会消亡。在摩莱里的共产主义乌托邦里,私有产权将不会存在,国家将管理人的所有事务:个人从事的工作,他的孩子的抚养,他所吃的食物和他所穿的衣服,所有这一切都由国家提供和决定。摩莱里的狂热幻想正如罗斯巴德所描述的那样:"所有的建筑必须一样,并且聚集在相同的街区;所有的衣服都是用同一种织物做的。"简而言之,乌托邦事实上是一个噩梦般的人间地狱,正如苏格兰经济史学家亚历山大·格雷(Alexander Gray)所说,"如果能选择逃离的话,神志清醒的人无论如何都不会同意住下来"。[75]

但是历史表明,这个荒唐、荒谬的事业并不是没有坚定的信徒为其摇旗呐喊。前马克思主义的共产主义理论家——尤其是摩莱里在服装方面颇有争议的社会主义——在法国大革命的动乱之中找到了拥趸。1795 年,弗朗索瓦·诺埃尔·巴贝夫(François Noël Babeuf)成立了平等派密谋组织(The Conspiracy of Equals),这是一个深受摩莱里等作家鼓舞的秘密的共产主义革命组织。在宣言中,这些密谋者宣告了他们的目标:"我们追求真正的平等,否则将大开杀戒。"他们不是沉浸于美梦的空想家——计划逃到某个地方或者自愿组成一个公社,相反,他们是一群企图发动暴力革命、全副武装的空想家。他们的宣言声称:"我们愿意扫除一切。如果有需要,就让所有的艺术消失,只要我们能够获得真正的平等。"[76]

如果密谋者的计划得以进行的话,艺术以及人类文明的所有伟大成果,必将消失。在巴贝夫未来的理想社会中,所有财产都是公有的,被保存在公共仓库中,由信仰巴贝夫主义的"长者""平等地"分配——这个附加条款使罗斯巴德意识到,"在这个极其'平等'的世界中将会有一群'长者'!"朴素的卢梭/马布利信仰早已远去,它根植于埋藏在私有产权和市场关系之下的人类与生俱来的高贵精神,一个新的平等主义者正等待着喷涌而出。巴贝夫的策略是组建起一个由职业革命家构成的先锋党,以此窃取政权并建立极权的独裁统治,这简直是某些独裁者的原型。像乌托邦者一样,巴贝夫主义者细致入微地设想了他们未来的平等主义天堂,甚至包括对饮食的安排。罗斯巴德写道:"每个公社每餐饭都要公开地吃。当然,必须强制所有公社成员出席。"而巴贝夫主义者拿什么娱乐呢?罗斯巴德告诉我们,根据他们自己的说法,"所有的私人娱乐活动都会被'严格禁止',唯恐'想象力在严苛的监管之下冒头,产生与公共利益相违背的邪恶'"。[77]

当他们试图在法国军队中招募人员时,警察粉碎了巴贝夫的密谋组织;巴贝夫于 1796 年被逮捕,次年即被处决。然而,巴贝夫的精神没有随他而消亡,反而促使另一个由平等派密谋组织成员菲利普·邦纳罗蒂(Filippo Buonarotti)领导的新巴贝夫主义党崛起。邦纳罗蒂在朋友拿破仑的干预下成功地逍遥法外,余生都在试图建立一个国际性的巴贝夫主义组织。他于 1828 年出版的《为平等而密谋》(*The Conspiracy for Equality*)广为流传,唤醒了各地激进社会主义分子心中的巴贝夫主义事业。

罗斯巴德在描述当时两个极端平等主义青年代表时,对两股竞争性的派系做了对比。一个是英国信奉社会主义的基督徒约翰·古德温·巴姆比(John Goodwyn Barmby),另一个是西奥多·德萨米(Theodore Dezamy)——罗斯巴德说他是"马克思最欣赏的人"。巴姆比实现共产主义的方式显然是神秘的,他写了"共产主义的赞美诗和祷文",还设想建立"公有制社会"(communitariums)。事实上,那是一个极端平等主义教会,"由一个至高无上的公社统治阶层来管理,由选举产生的公社王和公社女王领导。巴姆比一再强调信仰,最先做的事情便是将自己封为'平等主义教会的教皇'"。[78]制造这个较为古怪的趋势的,还有傅里叶主义者、欧文主义者,以及杂七杂八的伊加利亚主义者(Icarians)和其他乌托邦派系。他们各自绘制平等主义公社的蓝图,而且全都建立在创立者的平等主义幻想、建筑品位和饮食怪癖之上。这些蓄意策划的公社并没有维持多少年。

与这些爱幻想的乌托邦主义者截然不同的是更讲究实际、更加危险的德萨米,他是一个好战的无神论者,纯洁意识形态和组织纪律的鼓吹者。德萨米是早期运动中“导师的原型”，他谴责罗斯巴德所说的那种“准宗教的、富有诗意的说教”倾向，这种倾向在埃蒂耶纳·卡贝（Étienne Cabet）的乌托邦小说《伊加利亚旅行记》（*Voyage to Icaria*）中有体现。平等主义者不再对实现他们崇高目标的手段多愁善感：平等主义革命必须是即刻的、彻底的，必须废除货币并在不久之后废除所有私产。未来不会再有关于国家文化和语言自主性的资产阶级谬论：“世界性的国家”将使用一种世界语，家庭等分化的资本主义团体将会被废除。

罗斯巴德指出了很重要的一点，那就是这两类思潮（乌托邦神秘主义和粉饰的“科学主义”）之间从来没有明确的界限。德萨米所有粉饰为无神论的战斗状态，都在措辞上掺杂了千年降福说的弥赛亚主义，他说“这一崇高的虔诚构成了平等主义”，并且规劝迷途的支持者重返“平等主义的教会，除此之外没有救赎”。[79]

在罗斯巴德的神学政治分类中，这种“世俗化”平等主义本质上就是后千禧年主义天启学说。正如罗斯巴德所说，“它将在19世纪控制美国北方大多数的新教教会”。他们的目标是“用国家权力胁迫伦理和美德，然后在美国乃至全世界建立天国”。

按照罗斯巴德的观点，表面上世俗化的平等主义的同类是第1卷所看到的“立即主义”的后千禧年主义：再浸礼派、闵采尔主义者，以及其他旨在立即实现纯洁的乌托邦并声称天启大屠杀的必要性的派别。

另一方面，19世纪主流新教教会的后千禧年主义基督教弥赛亚主义，则代表了后千禧年主义中的“渐进主义”派系，他们“用一种不太暴力和鲁莽的方式”夺取权力。罗斯巴德引用历史学家让·B. 匡特(Jean B. Quandt)的话,认为一个卓越的后千禧年主义经济学家的典型特征就是“将国家神化并把基督教社会化”。[80]

总之,不管我们讨论后千禧年主义的哪个派系,他们出现在世界舞台上都给自由事业带来了麻烦。罗斯巴德认为:“如果用政治哲学家埃里克·沃格林(Eric Voegelin)的话来说,那就是由于他们‘将末世论内在化’,从而引起了严重的社会和政治问题。”在沃格林看来,他们将“末世”(天国)带到人间的尝试是现代社会的祸根。这是再浸礼派(他们是信奉弥赛亚主义的基督徒,是现代社会主义运动的先驱)的异端邪说:他们的选民教条完全改变了基督教的救赎概念,从原初天主教-托马斯主义所说的个体灵魂通过行善和忏悔获得救赎,变成了选民集体注定获得救赎,由上帝(或者按照历史唯物主义的观点,由历史)选中去开辟新千禧年,也就是人间天国。这“同正统的基督教教义,奥古斯丁对个体灵魂救赎的强调相差甚远”。[81]

罗斯巴德归纳了3个主要的思潮,它们贯穿了当时的(神秘和世俗的)弥赛亚平等主义和千禧年主义宗教运动:(1)选民概念是建立人间天国的必要催化剂;(2)天启思想——“审判日血腥的善恶大决战”——被16世纪德国和荷兰的再浸礼派所接受,也被卡尔·马克思所接受;(3)相比那些疯狂的乌托邦平等社会主义者——他们事先布局好的平等主义天堂的蓝图中包含着纷杂繁芜的细节,就连建筑、衣服款式、饮食安排(包括菜单!)都悉数囊括——虔诚的弥赛亚主义者对各自的人间天国的细节特征说得并不清楚。罗斯巴德用一个有趣的类比将原因归结为“若是把理想社会的各个细节都描摹清楚,那么就会让人失去对这个必然到来的未来世界的敬畏感和神秘感,而这些感觉对于他们的学说而言是至关重要的”。罗斯巴德继续说道:

> 同样地,一到下半场,科幻电影就失去了原有的魅力和兴奋感。到时候,神秘、强大、不可捉摸的怪兽有了具体的形象,它只不过是一只缓慢移动的、带有绿色斑点的生物,不再神秘,变得稀松平常了。[82]

对未来平等主义天堂的模糊化,并非貌似多余,而是起到了一个重要的战略作用。这不仅给平等主义激进分子灌输了敬畏感和神秘感(同样适用于宗教圣战),还为他们攫取和维持权力提供了策略上的灵活性。然而,这种讳莫如深还有一个原因,一篇论文记述了这个问题。马克思在世的时候,《私有财产和共产主义》并未公开,这是可以理解的;正如罗斯巴德所说,马克思在文中承认,随着他们的胜利,敌人的最大噩梦也将成真。马克思用独特的方式表达了这一点:“正像妇女从婚姻转向普遍卖淫一样,财富即人的对象性的本质的整个世界,也从它同私有者的排他性的婚姻关系转向它同整个社会的普遍卖淫关系。”在这个“粗陋的”阶段,马克思承认“嫉妒和将一切降低到普通化程度的愿望”将激发这个伟大的历史转折,前往共产主义。在此,罗斯巴德又一次回顾了“这个由16世纪使用暴力胁迫的再浸礼派强制实施的骇人政权”,他们的狂热消除了宗教和精神病理学之间的界限。[83]

除了这种宣泄式的思维混乱，按照魔术般的“方法论”，世界革命激荡的第一阶段之后将迎来更高的纯粹阶段。使第二阶段和起初的“粗陋”阶段区别开来的是，在更高的形式上，劳动分工将被废除。不可能存在劳动分工，因为对于这位黑格尔主义者来说，个体是不存在的，只有人类这样的集体组织才是真实的。马克思认为，劳动分工是人与自身悲哀的隔绝的证据，是个体同自己真实的本性相“异化”的证据，而真实的本性只有在共产主义条件下才能实现。我们讨论的异化不仅仅是斯密意义上的，即由于专业化分工，人脱离于自己的劳动产品；也是形而上学意义上的，也就是黑格尔意义上的，即与上帝相脱离。

罗斯巴德再一次回到库恩的论点，即宗教思想对经济思想发展过程有重要且经常是决定性的影响。就像末日神学对经济和政治思想发展的重要影响一样，罗斯巴德指出，创世神学（以创世论而闻名的神学派系）对经济和政治思想的发展同样有着重要的影响。上帝为什么创造宇宙？这是创世论提出的问题。正统基督徒、天主教和清教徒有着相似的回答：出于他无限的爱和仁慈。诺斯替派（Gnostics）或者罗斯巴德所说的“异教徒和神秘主义者”的回答则是：“出于感觉到的需要和不完美”。[84]

这种异教的核心教条是人——“只是作为集体的有机组成部分，不能视为任何特殊的个体”——与上帝相脱离并不断寻求重新结合（reunion）。罗斯巴德认为，这种辩证神学——有统一、分离和再统一三个阶段——可以追溯到古希腊的柏拉图主义哲学家普罗提诺，他怒斥任何形式的差异化与多样性，在人类中这表现为个人主义。普罗提诺说,这些不守成规的人“背叛了所有人”。[85]

罗斯巴德比较了这个形而上学的异端学说和正统犹太－基督教观点,后者认为亚当堕落那一刻便是人类道德脱离上帝之时。基督教教义认为,在耶稣的生死之中,神与人类重新建立联系。因此,人的异化即便没有结束,也在减弱。总之,通往救赎的道路总是畅通的,异化是有可能消除的。

根据柏拉图式的神秘观点,根本没有个人救赎。相反,他们——大部分是基督教中的异教徒——认为获得救赎的只有“大写的人”,即“一个集体的人或有机体”。[86]

马克思、黑格尔和浮士德

这种神秘的创世论被各种基督教异教徒保留到了中世纪,他们相信一种令人眩晕的泛神论,以及渴望与上帝或“救世主”重新结合的秘密的诺斯替派。这个神秘学说的目标是清空自己的血管来使上帝充溢其中。德国补鞋匠、神秘主义者雅各布·波墨(Jakob Boehme)认为在“努力”(*nisus*)的催化下,“无”可以转变成“有”。他的作品是一座供后来的唯心主义哲学家挖掘的富矿,他们甚至模仿起了波墨对资本化的偏爱。罗斯巴德补充道:“顺便提一下,这是黑格尔及其追随者的典型特征。他们以为通过资本化的方式,就能使晦涩难懂的崇高概念变得宏伟和可以解释。”[87]

这一切的重要意义就在于,黑格尔将三段式的(或者说“辩证的”）神秘异端创世论世俗化了。马克思为了寻找一个理论引擎来驱动他的社会主义革命事业，就吸取了黑格尔的辩证法。

罗斯巴德提到了浮士德问题，它随着黑格尔提出其哲学思想而广为流传，它可以被视为黑格尔主义运动的一个象征，是当时弥漫在整个德国知识界的狂妄傲慢气氛的一个标志。浮士德将黑格尔体系放在德国浪漫主义的哲学表达中。这种浪漫主义认为，由于和上帝脱离，人是悲剧的存在。如果上帝没有伸出神圣之手让人类与他再次结合，那么人类必须想方设法成为上帝。在寻找上帝（或者用黑格尔的话来说，就是世界精神）的过程中，人（更应该是大写的人）将会发现……他自己。罗斯巴德说，面对创世论者所提出的“上帝为什么创造世界”这一经典问题，黑格尔的回答是，“为了让他自己意识到他就是世界本身”。[88]

对于黑格尔主义者来说，历史是人类自我意识或认识到“自己就是上帝”的“展开过程”。在历史的最初阶段，人类对自身的神性和起源完全无知，历史就在人类创造性的自我实现过程中展开；到了历史的结束阶段，人类终将和世界精神重新结合。

罗斯巴德通过诗人、小说家、哲学家和神学家追踪了辩证法的演变过程。他引用了 M. H. 艾布拉姆斯（M. H. Abrams）写的关于 19 世纪浪漫主义作家的著作中的论断：“浪漫主义的幻象构成了神学的世俗化。”[89]华兹华斯、济慈和柯勒律治都沐浴在浪漫主义意象之中——人神合一（man-god）、泛神论，还有集体与上帝再结合的三段式辩证法。在德国，反启蒙的神秘主义大雾更加浓厚。德国浪漫主义者,包括黑格尔、谢林、席勒、荷尔德林和费希特——他们都是图宾根大学的神学学生——都是普鲁士-德意志民族国家意识形态殿堂的卫士。

虽然黑格尔通常忽视个体,将其视作宇宙机器中微不足道的齿轮,然而在极少数(但极为重要)的场合中,他也不得不承认会有“伟人”出现,代表世界精神的辩证动荡。罗斯巴德指出,“当最爱国的普鲁士人奋力反抗拿破仑帝国的入侵时……黑格尔却有不同的反应”。一封给友人的充满欢喜的信,反映了他对拿破仑的看法,“他是世界精神”,骑马在城市的大街上宣告“历史的终结”。[90]

像浪漫主义同道和遍及欧洲的知识分子一样,在国家专制主义教条下,黑格尔最初对法国大革命理想的拥护逐渐转变为憎恨和厌恶。对于改良的革命者(或“新保守派”)黑格尔而言,国家,尤其是德国,是世界精神或上帝的一种表达。违抗国家必然使人脱离“真正的”自我;真正的“自由”就是听从权威,尤其是在位的普鲁士君主腓特烈三世的权威。

这表明,黑格尔是大批叛变的激进分子中的第一人,他们成了御用文人,成了那个他们曾经衷心期盼它灭亡的统治阶级的辩护者。黑格尔不出所料地获得了嘉奖,他在新成立的柏林大学里获得了一个有权有势的职位。他“华而不实、歇斯底里的柏拉图主义”——正如卡尔·波普尔所描述的黑格尔哲学那样——只是数不清的专制主义辩护中的升级版本,这些辩护自古以来就由御用文人源源不断地生产出来。由于普鲁士权贵的支持,黑格尔主义“能够在19世纪横扫德国哲学,成为除了信奉天主教的南德和奥地利以外地区的主导思想”。[91]

然而,黑格尔的去世以及在世纪之交诞生于德国的激进学生运动中的“左翼黑格尔派”,导致了对黑格尔“正确路线”的重新评估。由于对腓特烈三世统治希望的破灭,左翼黑格尔派准备倒向世界精神。另一场大革命将宣告当前国家的灭亡,这次还将诞生世界共产主义。没过多久,两股弥赛亚主义势力开始争夺运动的领导权:一方是以波兰伯爵奥古斯特·采什科夫斯基(August Cieskowski)为代表的鲜明的基督徒和神秘主义作家;另一方则是以马克思为代表的世俗派。最终,无神论者获胜。关键在于,这相当于把一种本质上宗教性的概念世俗化了。这种神秘异端创世论的世俗化,由 19 世纪浪漫主义付诸实施,黑格尔主义者提供给他们充分的空间,马克思则建立了他的唯物主义体系。在这个体系中,宗教的弥赛亚主义变成了德国唯心主义者情绪多变的辩证法沉思。历史的车轮拥有了无产阶级和辩证法注入的能量和动力,将冷酷无情地碾过资产阶级并建立世界共产主义国家。马克思用现代唯物主义将阶级斗争理论作为驱动人类革命的动力。

物质生产力的概念在马克思主义“科学”中拥有护身符的地位,被认为能够决定一切。根据马克思的理论,人类的所有行为都是由各种“生产方式”和“社会经济结构”所决定的。人类社会的一切其他事物,不仅包括政治和法律,还包括艺术,都被归为“上层建筑”。“上层建筑”位于“基础”之上,底部的基础则是技术。这个技术来自哪里?如果将技术归结到人类个体身上,将会颠覆他们所期望的唯物主义因果论:技术决定意识。引用米塞斯的话说,对于他们而言,关于工具和机器的起源的猜测是被禁止的,"它们存在,这就足够了;我们必须假设它们是从天上掉下来的"。罗斯巴德进一步补充道:"任何技术上的改变也必将是从天上掉下来的。"[92]

罗斯巴德对"意识形态"概念的批判——不管说话者恰巧属于什么阶级,意识都是由"阶级利益"决定的——批评了"自我否定"的思想。人们都知道,马克思等知识分子创立了马克思主义体系,这个体系到底是为了什么?

在对"东方的专制统治"和封建主义这两个资本主义之前的历史阶段的讨论中,马克思认为统治者的阶级特权来源于国家;专制君主和他的宠臣从国家中获得财富和权力,封建领主也从相似的国家行为中获得财富和特权。当他讨论资本主义时,阶级和权力之间的关系经历了一个未被承认的改变——从享受来自国家的特权到在自由市场上根据自愿协议买卖劳动这一事实。在他的阶级理论中,正如《资本论》第 3 卷最后一章提出的那样,马克思理论中的这一问题并没有展开。

在追溯马克思主义阶级概念的起源时,罗斯巴德的叙述令人着迷,他找到了早期自由意志主义的阶级分析。它们由法国经济学家 J. B. 萨伊、夏尔·孔德(Charles Comte)和夏尔·迪努瓦耶(Charles Dunoyer)提出,但是被糊涂的圣西门伯爵(Comte de Saint-Simon)扭曲了。孔德和迪努瓦耶的阶级分析定义了两个永恒的对手,即国家与人民。平等主义者圣西门把它替换成了雇主 - 雇员模型。当激进自由放任主义者的同路人聚集在法国期刊《监察官》(*Le Censeur*)——这本杂志把自由放任和工业主义誉为同一历史推动力的两个方面——周围时,圣西门与他们决裂并形成了自己的教派。圣西门主义者是最先使用"社会主义者"一词的团体,他们鼓吹由技术官僚和中央银行家联合治理的国家。鉴于孔德和迪努瓦耶已经想象到新工业主义的最终结果是一个无国家的未来,在那时"人的政府会被物的管理所代替";圣西门主义者则梦想着,这种工业主义有一天将被国家高层的新兴精英——投资银行家、知识分子和工程师所管理。圣西门主义运动在欧洲极为流行,罗斯巴德在一部有趣的思想侦探作品中表明,马克思无疑也深受圣西门的影响。然而马克思一直在孔德-迪努瓦耶和圣西门的观点之间游弋,就连未来的历史学家都困惑了。

罗斯巴德认为,能够代表马克思主义体系并解释其所有特征的观点,不过是一句话,即"卡尔·马克思是一个共产主义者"。共产主义是马克思体系的一切,是原因也是终极目标,是历史进程的顶点,是降临人间的世俗化天国。

罗斯巴德成为约翰·兰道夫俱乐部主席时,他发表了著名的就职演讲,谴责20世纪是全人类历史上无与伦比的毁灭的世纪。"废除20世纪!"他宣告,返回那个决定性的十字路口,在那里我们选择了错误的转向。在那个背景下,他想重新获得的是老右派的遗产。在《经济学思想史》中,他试图使他所说的"范式缺失"得到认可和恢复。罗斯巴德反对把历史看作是到达真理和光明的一系列自动的上升过程,他坚信知识缺失之后会被重新发觉,坚信历史充满不确定性,因此需要英勇抗争来维持和改善人的处境。

《经济学思想史》将罗斯巴德的思想和兴趣统一到一个巨大而浩瀚的体系中,与其他作品建立了联系,并且让我们能够鸟瞰他的思想——这真的是他体系的巅峰。然而,不同于其他体系的建造者,罗斯巴德没有将他的继承者限制在另一个封闭的范式中,也没有建立一个僵化的体系。他希望在经济思想中开拓出广阔的、迄今未曾被探索过的领域,而他则是这个领域中的一位伟大的解放者。《经济学思想史》标志着科学经济学理论的终结已经开始(他书中记录了这些失败的做法),标志着一种新人文主义在经济学乃至所有社会科学中的开始。这是一场革命的开始,而最终结果将是人文科学的重新人文化。

注释

1. Mises to Rothbard, 29 May 1950.
2. Murry N. Rothbard, "New Light on the Prehistory of the Austrian School," in *The Economics of Mises*, ed. L. Mogs (Kansas City: Sheed and Ward, 1976), pp. 67 – 77.
3. Rothbard to Evers, 16 April 1983.
4. Rothbard, *Economic Thought Before Adam Smith*, volume 1 of *An Austrian Perspective on the History of Economic Thought* (Brookfield, Vt.: Edward Elgar Publishing Company, 1995), p. xv.
5. 同上,第 vii 页。
6. 同上,第 ix 页。
7. 同上,第 x 页。
8. 同上,第 13—15 页。
9. 同上,第 16 页。
10. 同上。
11. 同上,第 17 页。
12. 同上,第 18 页。

13. 同上。
14. 同上,第21页。
15. 同上。
16. 同上,第22页。
17. 同上,第xvi页。
18. 同上,第xii页。
19. 同上,第137页。
20. 同上。
21. 同上,第169页。
22. 同上。
23. 同上,第141—142页。
24. 同上,第191—192页。
25. 同上,第213页。
26. 同上,第247—248页。
27. 同上,第262页。
28. 同上,第264页。
29. 同上。
30. 同上,第265页。
31. 同上,第266页。
32. 同上。
33. 同上,第266—267页。
34. 同上,第267页。
35. 同上。
36. 同上,第272页。
37. 对乔伊·罗斯巴德的采访。
38. Rothbard to Justin Raimondo, 18 March 1990.
39. Rothbard, *Economic Thought Before Adam Smith*, p. 227.
40. 同上,第282页。粗略地说,格雷欣法则所表达的是“劣币驱逐良币”。但是这种表述并没有涵盖事件的关键。正如罗斯巴德所说,格雷欣法则的“见解在于,如果政府人为地固定两种或两种以上的货币之间的相对价值,那么被政府高估的货币会把被低估的货币驱逐出市场”。

41. 同上。
42. 同上,第 292 页。
43. 同上。
44. 同上,第 292—293 页。
45. 同上,第 293 页。
46. 同上,第 294 页。
47. 同上。
48. 同上,第 295 页。
49. 同上,第 299 页。
50. 同上,第 302 页。另见 Pitirim Sorokin, *Fads and Foibles in Modern Sociology* (Chicago: Henry Regnery, 1956), pp. 103, 110, and passim.
51. 同上,第 304 页。
52. 同上,第 309—310 页。
53. 同上,第 310 页。
54. 同上,第 xiii 页。
55. 同上,第 311 页。罗斯巴德研究证据之后得出结论,达维南特根本没有统计数据或者“培根的研究项目”来支持他的观点,他和算术界同行“编造了数据,作为他们‘新科学’的一部分”。
56. 同上,第 315 页。
57. 同上,第 xiii 页。
58. 同上,第 345 页。
59. 同上,第 348 页。
60. 写于 18 世纪 30 年代,但是直到 1755 年才发表。
61. Rothbard, *Economic Thought Before Adam Smith*, p. 352.
62. 同上。
63. 同上,第 361 页。
64. 同上。
65. 同上,第 371 页。
66. 同上,第 375 页。
67. 同上,第 366 页。
68. 同上,第 394 页。

69. 同上,第 444 页。
70. 同上,第 444—445 页。
71. 同上,第 448 页。
72. 同上。
73. 同上,第 466 页。
74. 同上,第 468 页。
75. Cited in Rothbard, *Classical Economics*, volume 2 of *An Austrian Perspective on the History of Ecomonic Thought* (Brookfield, Vt.: Edward Elgar Publishing Company, 1995), p. 303.
76. 同上,第 305 页。
77. 同上,第 306 页。
78. 同上,第 310 页。
79. 同上,第 312 页。
80. 同上,第 318—319 页。
81. 同上,第 318 页。
82. 同上。
83. 同上,第 322—323 页。
84. 同上,第 349 页。
85. 同上,第 350 页。
86. 同上。
87. 同上,第 351 页。
88. 同上,第 352 页。
89. 同上,第 358 页。
90. 同上,第 354 页。关于黑格尔的历史“终结论”以及他对拿破仑的极度迷恋,详见 Francis Fukuyama, “The End of History?” *The National Interest* (summer 1989). 另见 Alexander Kojeve, *Introduction to the Reading of Hegel* (New York: Basic Books, 1969).
91. Rothbard, *Classical Economics*, p. 356.
92. 同上,第 373 页。

第八章　遗　产

罗斯巴德的《经济学思想史》涉及面广，处理的问题错综复杂，观点新奇、具独创性，不愧是一部杰作。因此，当我们在第2卷的结尾，读到他关于帕累托的题外话“我们将在下一卷中看到帕累托的论点是如何引导他……”时，才会尤其心痛。[1]

不幸的是，没有后续了。随着第1卷和第2卷准备出版，罗斯巴德希望继续写第3卷，可以说至少在他的脑海里，第3卷已经写好了。这是他的一贯做法：先打好腹稿，在脑海里把它组织成一本书或一篇文章，然后坐下来迅速付诸笔端。20世纪经济学思想史的故事，奥地利学派的崛起，凯恩斯的胜利，凯恩斯范式的危机，以及罗斯巴德体系的总结和巩固——这一切的一切，都随着这位20世纪的伟大思想家的陨落而消亡了。

恶毒的小威廉·F.巴克利发了一通无知且恶意十足的讣告来庆祝这个悲剧。[2]罗斯巴德的去世让巴克利欣喜不已，这意味着“他对保守自由意志主义运动的影响结束了”。除了品位成问题之外，巴克利在逝者墓前耀武扬威，举止滑稽，显得很不成熟。这位宣传员的作品集被彻底遗忘之后，罗斯巴德的丰功伟绩仍将长存。巴克利看不起罗斯巴德没有参与冷战运动，还用措辞巧妙的谎言解释这种蔑视："赫鲁晓夫的豪车从路上驶过的时候，罗斯巴德为他鼓掌喝彩。"[3]这种话在那些了解罗斯巴德的人看来，完全就是胡说。众人皆知罗斯巴德两耳不闻窗外事，他竟会突然冲下楼，跑到街上为某个人喝彩？这个人还是俄国的独裁者？这怎么想都是荒谬的。巴克利还说："罗斯巴德分不清伦理主次。"说这种话的人曾经对"冷战时期的大政府"极尽溢美之词，认为只有"我们国内的极权官僚"才能战胜红色威胁。[4]

巴克利写道，"默里·罗斯巴德的判断有缺陷"，但回想起来，巴克利的判断才是漏洞百出。事实证明，苏联解体了（原因是内部动荡，而非美国军事干预），但是巴克利在1952年推崇的极权官僚（"哪怕是杜鲁门掌握全局"[5]）却丝毫没有衰退的迹象。相反，它的触角无处不在，比历史上任何时刻都更强大、更无孔不入。对此，不只巴克利，几乎所有人都有不可推卸的责任。

巴克利对罗斯巴德在约翰·兰道夫俱乐部发表的演讲感到震惊。在演讲中，罗斯巴德详细陈述了《国家评论》编辑们对"右派"的一系列清洗。这些事实他无法辩驳。他引用了罗斯巴德的演讲："清洗就这样开始了。巴克利和《国家评论》一个接一个地清洗和排除所有所谓的'激进分子'和'不值得尊重的人'。这些人包括：孤立主义者（例如约翰·T. 弗林）、反犹太复国主义者、自由意志主义者、安·兰德派、约翰·伯奇协会成员"，还有不那么沉迷于马丁·路德·金的美国南部地方主义者。巴克利轻描淡写地忽略了这段历史，反而指责罗斯巴德认为“赫鲁晓夫在道德上比艾森豪威尔更可取”。但是,弗林何罪之有?我们可以举出一个特别惊人又有据可查的例子。弗林是一名了不起的调查记者,同时公开反对罗斯福新政。他是美国第一委员会纽约分会的领导,一直处于老右派领袖的前列。20世纪50年代,巴克利创办《国家评论》,他邀请弗林投稿。这位老派美国第一主义者写了一篇文章,谴责冷战和军工综合体是“制造就业的废物”。巴克利拒收这篇文章,随之寄出了一张100美元的支票和一封信批评弗林没有领会“苏联的客观威胁”。这位年轻的导师严厉地对弗林这个右派元老解释道:“(苏联)是对我们每一个人自由的威胁。”作为反击,弗林迅速退回支票,表示他对“这一小堂课”“非常感激”。[6]从此之后,弗林这个老右派的首席代言人兼记者一次都没有出现在巴克利的杂志页面上。

巴克利斥责罗斯巴德“过分顾虑”,不相信赫伯特·胡佛、罗纳德·里根、米尔顿·弗里德曼和纽特·金格里奇这样的保守派领袖。罗斯巴德是第一个对这些保守派元老恶言相向的右派人士,但他不是最后一个,只是领先于时代罢了。正如罗斯巴德在约翰·兰道夫俱乐部和其他地方指出的那样,是巴克利自己在冷战问题上的顾虑扰乱了保守派运动。

巴克利极度无知,再加上他的个人及政治目的,他看不到罗斯巴德思想更重大的意义及其对意识形态的影响。他以为:“最后,罗斯巴德和他的信徒会像韦科惨案中的大卫·考雷什①

---

① 1993年,美国执法人员围困大卫·考雷什(David Koresh)所领导的大卫教派在得克萨斯州韦科附近的总部,造成双方共死亡86人。——译者

及其残众一样。是的,罗斯巴德相信自由,就如同大卫·考雷什信奉上帝。”

巴克利明显的敌意使他看不到自由意志主义作为一股政治和思想力量正在壮大,而罗斯巴德正是这股力量的中流砥柱。颇为讽刺的是,自由派评论家E. J. 迪昂(E. J. Dionne)更加理解罗斯巴德作为美国政治前沿运动催化剂的重要意义。在他的书《为什么美国人恨政治》(*Why Americans Hate Politics*)中,迪昂追溯了20世纪60年代的保守派思想发展过程,还以更客观的方式讲述了自由意志主义与保守派分裂的历史。“作为一种正式的运动,”他总结说,“自由意志主义只会取得有限的进展。作为一种态度,自由意志主义将有巨大的成长空间。”[7]

迪昂追溯了自由意志运动的发展,从自由美国青年的历史性集会到自由意志党的诞生和兴衰。他在《新个人主义评论》里准确叙述了哈默威与巴克利的冲突,还提到了科赫-克兰年代。在他笔下,他们和罗斯巴德的分歧弱化了。迪昂似乎赞赏罗斯巴德作为自由意志主义思想家和战略家的意义,但是他混淆了克兰的战术机动与罗斯巴德自己的观点。他写道:“曾经的个人主义者罗斯巴德虽然怀疑科赫和克兰有‘实用主义’的危险倾向,但是科赫-克兰战略反映了罗斯巴德的核心政治理念,即自由意志主义的政治基础理应存在于保守派运动之外。”[8]

然后他继续引用《探索》杂志的记录,说该杂志“似乎更关注社会问题和外交事务,以及根据传统政治光谱,自由意志主义者要归为‘左派’这样的话题……这本杂志试图在所有问题上忠于自由意志主义者信仰,反倒使左派的敌对文化对它有种亲切感。”[9]

罗斯巴德的“核心政治理念”并不是未来属于雅皮士和自由派媒体选民——克兰猜测他们会团结在自由意志党及其1980年总统候选人周围。他始终坚信，自由意志主义者理应面向庞大的美国中产阶级，也就是绝大多数的美国人。迪昂提到，自由意志党候选人克拉克称自己为“低税率自由派”，但没有提到罗斯巴德的愤怒回应。他认为：“罗斯巴德－科赫－克兰战略是向左靠拢的。”但是，正如我们所看到的，罗斯巴德在1978年之后拒绝了这一战略。迪昂只看到了表象，即欧内斯特·范·登·哈格（Ernest van den Haag）描述的：“自由意志主义与所有保守主义传统，甚至传统本身相对立。”[10]

迪昂误认为自由意志主义反感传统，这不仅将政治哲学与文化立场混为一谈，也忽视了古老而辉煌的自由意志主义传统，这与他的见解相互矛盾。迪昂将传统主义和自由意志主义对立起来，错误地宣称后者的信徒“早已准备打着启蒙理性主义的旗号，去推翻传统和宗教”。[11]

以高于人为法的自然法为基础的自由意志主义是传统的精髓，本质上与宗教概念是一致的。罗斯巴德也用了两大卷的篇幅来阐述，古往今来宗教一直是个人自由的保护者和捍卫者。迪昂关于自由意志主义的观点肤浅而缺乏独创性，是他的自由理性主义倾向的投影。

总之，不论巴克利还是迪昂，他们都不理解罗斯巴德的真正贡献和他对社会思想史的影响。这是可以理解的。虽然巴克利非常有勇气地把他的一本书命名为《一个自由意志主义记者的自白》(*Confessions of a Libertarian Journalist*),迪昂又以同情的语调描写自由意志主义运动,但是即便是用这个日益灵活的术语的最宽泛解释,他们都不算是自由意志主义者。

或许就连罗斯巴德的许多追随者或从前的追随者也对他和他的思想存在这种误解,因此需要更复杂的解释。撇开过去痛苦的派系纷争,众星闪耀的自由意志主义组织和智库可以说是滞留,或者迷失在了罗斯巴德的思想宇宙的某个篇章里。

广义上,影响日盛的加图研究所已经在推行旧罗斯巴德式战略,《走向自由意志主义社会变革理论》一书对这个战略进行了概述。他们坚持强调干部系统的重要性,这也是罗斯巴德战略观的一部分。在冷战时期,他们也一直遵守罗斯巴德的格言,即必须建立一种明显超越左派与右派的独立自由意志运动。最重要的是,他们始终拥护罗斯巴德推崇的和平的非干预主义外交政策。在海湾战争期间,加图研究所勇敢地站出来反对战争狂热,这一行为给他们招来了强烈的谴责。在这一路上,加图研究所没有充分理解他们的思想之父和奠基人的巨大贡献,但是他们一直忠于罗斯巴德理念的根本。

自由意志党日益萎缩,似乎回到了早期的样子。现在,自由意志党恰似20世纪60年代的自由意志主义运动,那个时候,罗斯巴德和卡尔·赫斯带领学生追随者脱离了保守主义运动——带有一股反主流文化热潮的自由市场经济。在20世纪70年代末80年代初,这个党派兴奋的活动家对选举成功的幻想在很大程度上消散了,但是忠实的追随者似乎没有意识到时代已经比他们领先了。如同垂死挣扎的社会主义劳工党,从19世纪60

年代起至今都还在招募候选人,自由意志党无疑也将坚持到最后一刻。万世长存不可得,对忠实追随者来说,这已经是最好的结果。

罗斯巴德在加图研究所和自由意志党上投入了大量的时间和精力,最终却都分道扬镳,不过他没有排斥有组织的自由意志主义运动这种想法。在生命的最后10年里,罗斯巴德初心不改,又把所有精力投入了米塞斯研究所。这体现了他人生发展的“旧自由意志主义”阶段。毫不夸张的是,米塞斯研究所将罗斯巴德的精力从政治领域重新聚焦到了学术轨道上,给予了他在研究上所需要的道义和组织支持。在他离世之后,米塞斯研究所仍是罗斯巴德思想“正统”的中心。米塞斯研究所称赞罗斯巴德是系统的自由理论(以私有产权为基础)的奠基人,奥地利学派经济学大师,以及老右派的典范。

无论与罗斯巴德有何分歧或关联,自由意志主义运动的这三大分支都属于罗斯巴德派,都在基本方向上得益于他的一个或另一个思想演化阶段。不管是好是坏,无论承认与否,他们都是他的孩子。

罗斯巴德称门肯为“欢乐的自由意志主义者”,他在一篇歌颂此人的艺术和思想意识的文章中写道:“在典型的美国文化中,理解 H. L. 门肯是不可能的。”同理,像巴克利和迪昂这样的“专家”也很难真正理解罗斯巴德。这样的误解也体现在许多自由意志主义者,乃至认识罗斯巴德的人身上。

在赞赏门肯的文章中,罗斯巴德写道:“美国**文化**很难理解生机勃勃的风趣幽默与对原则的忠诚可以融为一体。一个人要么是幽默的人，用温和或尖酸的方式打趣别人的年龄；要么是庄重严肃的思想家。很少有人能理解，从某种意义上来讲，一个热情洋溢、机智风趣的人会更加忠于原则和积极的思想。”[12]

很难进一步简洁明确地描述罗斯巴德这个人，这个思想家。从某种意义上说，写于1962年的《欢乐的自由意志主义者》（“The Joyous Libertarian”）一文是他所有作品中最有自传特征的，因为他在门肯身上看到了自己。20多岁时，作为一个年轻的老右派人士，作为冷门而无甚影响力的自由意志主义学者和活动家圈子中的一员，罗斯巴德对巴尔的摩圣人门肯的发现就像是一个启示——就像照镜子一样。他将门肯的困境描述为“生不逢时的个人主义者和自由意志主义者”，其实也是在说自己：

> 他发现，自己生活的世界充斥着愚蠢、欺骗和暴政，即使还未被这三者所主宰。如果他是一个喜欢反思的人，那么他就有三条路可选：(1)他可以退出政界和社交界，过自己的日子……(2)他可以试图把世界变得更好，至少以这种内心的最终希望来构想和传播他的观点；(3)他可以留在世界，在这种洋相百出中自得其乐。[13]

这也是年轻的罗斯巴德在20世纪40年代后期所面临的选择。他把门肯当作榜样，也是他最终选择方向的一个重要推动力。那些走上第三条路的人需要有“一种对世界有独特判断的不凡个性”，这种个性与已经成年且非常成熟的罗斯巴德高度吻合。首先，需要有一种自信，“要极具‘主见’且无惧和大众判断相对抗”。正如我们所看到的,这种品质在罗斯巴德身上体现得淋漓尽致。[14]

“其次,他必须热爱生活,欣赏生活中的景致;他必须是一个非常关心自由和个人能力的个人主义者,既秉承真理和自由,也能享受和嘲讽一个背离其所能达到的至善的社会。”这段话肯定能描述和说明罗斯巴德在《自由意志主义论坛》及其后续杂志上的政治和社会评论、辩论、对纽约市长竞选的分析,还有他的政治活动。拉尔夫·雷克说:“应该从一个政治家的角度理解罗斯巴德的政治兴趣和活动。他总是喜欢大会和选举,并会选择一方予以热情支持。在选举之夜,他会忙于跟进选举结果,试图找出最后的渠道让他的人在选举团获胜。”[15]

跟门肯一样,罗斯巴德喜欢看政治大会之类的人间喜剧,这一切几乎都是无意的。但与门肯不一样的是,他没有“对绝大多数同胞在思想和行动上有任何改观深表悲观”(罗斯巴德这样描述门肯的心态),也不“认为那些愚蠢的美国公民注定永远如此”。他对普通美国人的信念促使他蔑视美国精英。终身的民粹主义者罗斯巴德敢于挑战现状,这点从他对乔·麦卡锡的辩护和他对罗斯·佩罗的支持中可见一斑。他知道与政府的战斗必然是一场持久战。他并不质疑哈耶克的观点,认为有必要教育一代知识分子,不过,他也认为必须要尽可能绕过精英,直接号召饱受国家权力剥削、人数众多的普罗大众。

罗斯巴德写道:“当然,门肯也有其他优秀的品质。”这些品质值得每个人学习,也是罗斯巴德本身的缩影:“热情奔放,充满智慧,精通多个领域的知识,对日常生活中的戏剧性事件有热情”。这种对戏剧的热情使得门肯成了“一名天生的记者”。然而,罗斯巴德写道:“尽管他对知识领域和学科有着异常强烈的热情,但是他没有塑造严谨思想体系的气质。然而,又有多少人做到了呢?”

答案当然是:没有多少。而能将门肯风格与那种严谨的思想、趣味感以及高度严肃性相结合的人就更少了。然而,罗斯巴德做到了。这种矛盾品质的结合在同一个人身上不常见,却是了解罗斯巴德和他生活的关键。

他的成就如此巨大,他作为经济学家、体系建造者以及思想企业家的遗产被保留了下来。首先,作为经济学家,他在美国牢牢建立了奥地利经济学派,拓展和完善了他的伟大导师米塞斯的遗产,并让纯粹的米塞斯派观点脱颖而出。作为体系建造者,他用了一生的时间为思想大厦建立了基本框架和坚实基础。牢记科学类比的局限性,他全部著作相当于提供了一种社会科学的统一场论。

作为思想企业家,多层次考虑他在这一领域的职业生涯是很有必要的。首先,作为米塞斯最成功和最有抱负的学生,他获得了惊人的成功。他单枪匹马复兴奥地利学派“失去的”(或被忽视的)知识,不仅让这些见解重见天日,还将其传播给了新一代的师生们。

作为意识形态运动的建立者,他投入了大量的时间和精力,但是成功与否却不确定。他最终放弃的自由意志党沦为了一个微不足道的党派。在罗斯巴德生命的最后几年,他称赞右翼民粹主义是自由意志主义社会变革的代理人,但右翼民粹主义的浪潮仍未实现其光明前景。然而,现在评说罗斯巴德是不是成功的运动建立者还为时尚早。毕竟,他在这一领域的努力很长时间之后才会初显成效。

罗斯巴德在许多方面和马克思对立,无论是意识形态还是性情。然而,他们的相似之处也同样引人注目:他们都是思想斗争中的强硬的政党代言人,坚持亲自参加战斗。然而罗斯巴德范式却将默默无闻地消逝在历史的轨迹中吗?

不用落入基督再临论者的陷阱,去预测何年何月会迎来自由意志主义革命;也不用寻找任何历史机制,以确保罗斯巴德雕像最终被竖立在美国国税局曾经的华盛顿总部所在地。可以肯定地说,罗斯巴德的遗产远远没有被充分认识,不过会随着时间的推移而增长。即使他的政治贡献还不甚明确,但是罗斯巴德范式仍有潜力成为一种有生力量。正如马克思主义者常说的,重点不是理解世界,而是改造世界。这种激情每天都驱策着罗斯巴德,这种对正义的激情是不可遏制的;无论是学术界爬满常春藤的墙壁,"智库"的象牙塔世界,还是政治派别的限制和约束,都无法遏制它。对罗斯巴德来说,受到顶礼膜拜是可笑的,他反对集体思想和宗派人格的狭隘自满。可想而知,他绝不会允许自己致力于建立一个无休止地重申自己教义的教派。

但是,他当然期待他的学说在未来可以广为人知,不是作为一种教条,而是作为行动指南。他曾经长期独自高举的自由意志主义的火炬,现在正被新一代的学者、记者和活动家接过。罗斯巴德的遗产是他们的最大财产。我这里说的不仅是他的思想,还有他不屈不挠的精神,这些都镌刻在他出版的作品中。罗斯巴德是现代最伟大的社会理论家之一，但这不是他遗产的全部——还有他的才智、幽默以及坚韧不拔。高度严肃和诙谐幽默相辅相成，贯穿他的工作和生活。能够纵情欢笑，用幽默点亮最黑暗的时刻，不管什么事都能找到快乐和希望，这些就是他坚持下去的内在力量。在罗斯巴德写的每一个字中，这位永恒的乐观主义者都在传递这种精神。这是他遗产的核心，也是他留给世界的礼物。这是自由世界兵工厂中的秘密武器，兰道夫·伯恩称之为“生命的秘密”。如果我们有智慧和勇气去拥抱它，“这种健康的朝气”就“能使一个人保持炙热和真实”。

在描述门肯在20世纪20年代的美国文化中的独特角色时，罗斯巴德可能也是在描述他自己：

> 他愉快地投身争论，欢脱地拆穿身边的荒唐空话和愚蠢行为。他刺穿虚夸作风的牛皮，快乐地清洗充满无耻、虚伪、荒谬和陈词滥调的肮脏之舍，像他说的那样“把死了的猫扔进寺庙”，只为向愚昧的崇拜者展示他这样做并不会当场被雷劈死。他做的这项任务，在任何时代都鲜有人能胜任，他这样做完全是为了自娱自乐；在做这项工作的过程中，他对整整一代的最优秀心灵产生了巨大的解放力量。[16]

无论是在这一代人的心中还是在下一代人的心中，罗斯巴德思想的解放力量都在发展壮大。他建立了一座自由丰碑，一幢高耸入云、不容忽视的知识大厦，一种对现状的守护者的挑战和责备，还有一份对未来革命者的激励。

注释

1. Murray N. Rothbard, *Classical Economics*, volume 2 of *An Austrian Perspective on the History of Economic Thought* (Brookfield Vt.: Edward Elgar Publishing Company, 1995), p. 456.
2. William F. Buckley Jr., "Murray Rothbard, RIP," *National Review*, 6 February 1995.
3. 同上。
4. William F. Buckley Jr., "A Young Republican's View," *Commonweal*, 25 January 1952.
5. 同上。
6. See Justin Raimondo, *Reclaiming the American Right* (Burlingame, Calif.: Center for Libertarian Studies, 1993), p. 112.
7. E. J. Dionne, *Why Americans Hate Politics* (New York: Simon & Schuster, 1991), p. 270.
8. 同上,第 273 页。
9. 同上。
10. 同上,第 274 页。
11. 同上,第 282 页。
12. Murray N. Rothbard, "H. L. Mencken: The Joyous Libertarian," *New Individualist Review* 2, no. 2 (summer 1962): 15. 着重部分为原文所有。
13. 同上。
14. 同上,第 15—16 页。
15. Ralph Raico to the author, 12 March 1999.
16. Rothbard, "H. L. Mencken: The Joyous Libertarian," p. 16.

译名对照表

人名：

埃弗斯，威廉森 Evers, Williamson
巴恩斯，哈里·埃尔默 Barnes, Harry Elmer
巴克利，小威廉·F. Buckley Jr., William F.
鲍兹，大卫 Boaz, David
比尔利，伊万 Bierly, Ivan
伯恩，兰道夫 Bourne, Randolph
伯恩斯，吉恩 Burns, Gene
伯格兰，大卫 Bergland, David
布坎南，帕特里克 Buchanan, Portrick J.
布利斯，拉塞尔 Bliss, Russel
查尔斯·科赫 Charles Koch
柴尔兹，小罗伊·A. Childs Jr., Roy A.
多尔夫曼，约瑟夫 Dorfman, Joseph
多尼根，帕特丽夏 Donegan, Patricia
费伊，西德尼·布拉德肖 Fay, Sidney Bradshaw
弗莱明，汤姆 Fleming, Tom
弗里德兰德，兰尼 Friedlander, Lanny
弗里德曼，米尔顿 Friedman, Milton
弗林，约翰·T. Flynn, John T.
福尔迈尼，罗伯特 Formaini, Robert
戈德华特，巴里 Goldwater, Barry
戈德隆德，托尔斯滕 Gardlund, Torsten
戈登，托马斯 Gordon, Thomas
戈夫曼，约翰 Gofman, John
格里夫斯，珀西 Greaves, Percy
格林斯潘，艾伦 Greenspan, Alan
哈默威，罗纳德 Hamowy, Ronald

哈珀,F. A.　Harper, F. A.
赫斯,卡尔　Hess, Karl
霍克,克里斯　Hocker, Chris
加勒特,加雷　Garrett, Garet
加里斯,埃里克　Garris, Eric
凯普哈特,罗伯特　Kephart, Robert
坎贝尔,格伦　Campbell, Glenn
考德,埃米尔　Kauder, Emil
科尼埃尔,赫伯特　Cornuelle, Herbert
科尼埃尔,理查德　Cornuelle, Richard
科佩尔,特德　Koppel, Ted
科斯特洛,鲍勃　Costello, Bob
克拉克,爱德华·E.　Clark, Edward E.
克兰三世,爱德·H.　Crane III, Edward H.
肯普,阿特　Kemp, Art
库恩,托马斯·A.　Kuhn, Thomas A.
拉文纳尔,厄尔　Ravenal, Earl
莱恩,罗斯·怀尔德　Lane, Rose Wilder
兰德,安　Rand, Ayn
雷克,拉尔夫　Raico, Ralph
雷施,乔治　Resch, George
里德,伦纳德　Read, Leonard
利焦,伦纳德　Liggio, Leonard
卢诺,哈罗德　Luhnow, Harold
罗克韦尔,小卢埃林·H.　Rockwell Jr., Llewellyn H.
罗斯巴德,默里·N.　Rothbard, Murray N.
罗斯巴德,乔安(乔伊)　Rothbard, JoAnn (Joey)
迈耶,弗兰克·S　Meyer, Frank S.
麦考密克,罗伯特　McCormick, Robert
麦克布莱德,罗杰　MacBride, Roger
门肯,H. L.　Mencken, H. L.
米科尔曼,阿兰　Milchman, Alan
米勒,米尔顿　Mueller, Milton
米塞斯,路德维希·冯　Mises, Ludwig von
诺克,阿尔伯特·杰伊　Nock, Albert Jay
诺兰,大卫·F.　Nolan, David F.
帕特森,伊莎贝尔　Paterson, Isabel
皮尔森,乔治·H.　Pearson, George H.
普尔,罗伯特　Poole, Robert
乔多罗夫,弗兰克　Chodorov, Frank
乔姆斯基,诺姆　Chomsky, Noam
施拉姆,威利　Schlamm, Willi
斯宾塞,赫伯特　Spencer, Herbert
斯蒂格勒,乔治·J.　Stigler, George J.
斯特龙伯格,约瑟夫·R.　Stromberg, Joseph R.
泰鲁,大卫　Theroux, David
坦普尔顿,肯尼思·S.　Temple-

ton, Kenneth S.
特伦查德,约翰 Trenchard, Thomas
威廉姆斯,威廉·阿普尔曼 Williarms, William Appleman
维克塞尔,克努特 Wicksel, Knut
沃茨,奥瓦尔 Watts, Orval

书籍、报刊、文章:

《奥地利学派经济学季刊》 *Quarterly Journal of Austrian Economics*
《奥地利学派经济学评论》 *Review of Austrian Economics*
《奥地利学派史前史新说》 "New Light on the Prehistory of the Austrian School"
《壁垒》 *Ramparts*
《编年史》 *Chronicles*
《创新者》 *The Innovator*
《对美联储说不》 *The Case Against the Fed*
《捍卫极端先验论》 "In Defense of Extreme Apriorism"
《国家评论》 *National Review*
《华尔街、银行和美国外交政策》 *Wall Street, Bank and the American Foreign Policy*
《欢乐的自由意志主义者》 "The Joyous Libertarian"
《教育、自由与强迫》 *Education, Free and Compulsory*
《经济学思想史:奥地利学派的视角》 *An Austrian Perspective on the History of Economic Thought*
《科学的外衣》 "The Mantle of Science"
《理性》 *Reason*
《连续》 *Continuum*
《罗斯巴德-罗克韦尔报告》 *Rothbard-Rockwell Report*
《美国大萧条》 *America's Great Depression*
《让经济学更有意义》 *Making Economic Sense*
《人、经济与国家》 *Man, Economy, and State*
《世界大战起源新说》 "New Light on the Origins of the World War"
《守夜人》 *The Vigil*
《探索》 *Inquiry*
《为了新的自由》 *For a New Liberty*
《为什么我们的钱变薄了?》 *What has government done to our money?*
《现代》 *Modern Age*
《新个人主义评论》 *New Individualist Review*
《在自由中孕育》 *Conceived in Liberty*
《战争、和平与国家》 "War, Peace, and the State"
《自由的伦理》 *The Ethics of Liberty*
《自由市场》 *The Free Market*

《自由意志主义论坛》 *Libertarian Forum*

《自由意志主义评论》 *Libertarian Review*

《自由意志主义社团》 *Libertarian Connection*

《自由意志主义先锋队》 *Libertarian Vanguard*

《自由意志主义研究期刊》 *Journal of Libertarian Studies*

《自由意志主义者月刊》 *Libertarian Monthly*

《走向自由意志主义社会变革理论》 "Toward a Theory of Libertarian Social Change"

《左与右:自由的前景》 "Left and Right: The Prospects for Liberty"

《左与右》 *Left and Right*

组织、机构:

激进党团 Radical Caucus, RC

激进自由意志主义联盟 Radical Libertarian Alliance

加图研究所 Cato Institute

经济教育基金会 Foundation for Economic Education, FEE

科赫工业集团 Koch Industry

罗克福德研究所 Rockford Institute

米塞斯研究所 Mises Institute

纳撒尼尔·布兰登研究所 Nathaniel Branden Institute

人文研究所 Institute for Humane Studies

沃尔克基金会 Volker Fund

约翰·兰道夫俱乐部 John Randolph Club

资本主义青年激进者组织 Young Radicals for Capitalism, YRC

自由美国青年 Young Americans for Freedom, YAF

自由修正案全国青年理事会 Liberty Amendment National Youth Council

自由意志党 Libertarian Party

自由意志协会学生会 Students for a Libertarian Society, SLS

自由意志主义论坛 Libertarian Forum

自由意志主义青年团 Libertarian Youth League, LYL

译后记

我曾经与启蒙编译所合作，翻译出版了柯兹纳的《米塞斯评传》，10 年后，我又受邀担任《罗斯巴德传》的主译。本书的翻译是多位志同道合者齐心协力完成的，实际上是一项集体工作。除了署名的译者之外，陈虹、郑昊、屠禹潇、董子云也参与了翻译；作为特约编辑，董子云还承担了审稿及许多协调工作。他们对本书的翻译有不可或缺的贡献，我对他们不计名利的辛勤付出表示深切的感谢！

朱海就

2018 年 8 月于杭州

读者联谊表

（电子文档备索）

姓名：　　　年龄：　　　　性别：　　　宗教：　　　党派：

学历：　　　专业：　　　　职业：　　　　所在地：

邮箱______________________手机________________QQ_________

所购书名：_____________________在哪家店购买：_____________

本书内容：满意　一般　不满意　本书美观：满意　一般　不满意

价格：贵　不贵　阅读体验：较好　一般　不好

有哪些差错：

有哪些需要改进之处：

建议我们出版哪类书籍：

平时购书途径：实体店　网店　其他（请具体写明）

每年大约购书金额：　　　　藏书量：　　　每月阅读多少小时：

您对纸质书与电子书的区别及前景的认识：

是否愿意从事编校或翻译工作：　　　　　愿意专职还是兼职：

是否愿意与启蒙编译所交流：　　　　　　是否愿意撰写书评：

如愿意合作，请将详细自我介绍发邮箱，一周无回复请不要再等待。

读者联谊表填写后电邮给我们，可六五折购书，快递费自理。

本表不作其他用途，涉及隐私处可简可略。

电子邮箱：qmbys@qq.com　联系人：齐蒙

启蒙编译所简介

启蒙编译所是一家从事人文学术书籍的翻译、编校与策划的专业出版服务机构，前身是由著名学术编辑、资深出版人创办的彼岸学术出版工作室。拥有一支功底扎实、作风严谨、训练有素的翻译与编校队伍，出品了许多高水准的学术文化读物，打造了启蒙文库、企业家文库等品牌，受到读者好评。启蒙编译所与北京、上海、台北及欧美一流出版社和版权机构建立了长期、深度的合作关系。经过全体同仁艰辛的努力，启蒙编译所取得了长足的进步，得到了社会各界的肯定，荣获凤凰网、新京报、经济观察报等媒体授予的十大好书、致敬译者、年度出版人等荣誉，初步确立了人文学术出版的品牌形象。

启蒙编译所期待各界读者的批评指导意见；期待诸位以各种方式在翻译、编校等方面支持我们的工作；期待有志于学术翻译与编辑工作的年轻人加入我们的事业。

联系邮箱：qmbys@qq.com

豆瓣小站：https://site.douban.com/246051/